masteryourmind

ISA ULUBAEV

WENN DU SEIN WILLST, HÖR AUF ZU WERDEN

masteryourmind

ISA ULUBAEV

WENN DU SEIN WILLST, HÖR AUF ZU WERDEN

Das richtige Mindset schaffen, um nicht allen gefallen zu wollen und zu deinem wahren Selbst zu finden

mvgverlag

Bibliografische Information der Deutschen Nationalbibliothek
Die Deutsche Nationalbibliothek verzeichnet diese Publikation in der Deutschen Nationalbibliografie.
Detaillierte bibliografische Daten sind im Internet über http://d-nb.de abrufbar.

Für Fragen und Anregungen
info@mvg-verlag.de

Originalausgabe
1. Auflage 2022

Türkenstraße 89
80799 München
Tel.: 089 651285-0
Fax: 089 652096

Redaktion: Ralf Lay
Umschlaggestaltung: Manuela Amode
Umschlagabbildung: Isa Ulubaev
Layout und Satz: Müjde Puzziferri, MP Medien, München
Druck: Florjancic Tisk d.o.o., Slowenien
Printed in the EU

ISBN Print 978-3-7474-0270-2
ISBN E-Book (PDF) 978-3-96121-619-2
ISBN E-Book (EPUB, Mobi) 978-3-96121-620-8

Wir produzieren nachhaltig
www.m-vg.de

Weitere Informationen zum Verlag finden Sie unter
www.mvg-verlag.de
Beachten Sie auch unsere weiteren Verlage unter www.m-vg.de

INHALT

EINLEITUNG

Vielleicht fragst du dich, was dieser Titel bedeuten soll: »Wenn du sein willst, hör auf zu werden.« Welchen Unterschied zwischen Sein und Werden meine ich denn genau in diesem Zusammenhang? Interessanterweise ist da ein massiver Unterschied, und warum, das wirst du im Verlauf der weiteren Lektüre dieses Buches noch erfahren. Was du jedoch vor allem sehen wirst, ist, was für einen massiven Effekt es auf dein Leben haben wird, wenn du diesen Unterschied mehr beachtest und entsprechend lebst.

Vielleicht schaust du dich momentan um und fragst dich, wie es dazu kommen konnte, dass dein Leben derzeit so läuft, wie du es gerade erlebst; aber die Antwort darauf liegt ganz tief in dir. Der einzige Grund, warum die Dinge so laufen, wie sie derzeit sind, ist nämlich, weil du so bist, wie du bist. Dies ist der einzige Grund, warum du all das bekommst. Wie viele Menschen da draußen würden gern ihren Traumpartner haben, aber sind sie selbst die Person, die so jemanden verdient hat? Wie viele Menschen da draußen würden gern Millionen verdienen, aber sind sie denn die Person, die all das »verdient« hat? Damit will ich nicht sagen, dass du ab heute losgehen und dich totackern sollst, damit du all diese Dinge bekommst, aber ohne ein gewisses Maß an Arbeit wird es neben einer bestimmten Einstellung nicht gehen. Alles im Leben sucht den Weg des geringsten Widerstands; und seien wir mal ehrlich: Warum liest du diese Zeilen? Weil du vor allem einen leichten Weg suchst, um das meiste aus deinem Leben herauszuholen, richtig?

Ebendas ist der Sinn dieses Buches, denn was viele Menschen nicht verstehen, ist: Du kannst so viel schuften und dich anstrengen, wie du willst, wenn es nicht aus der richtigen Quelle kommt, dann wird es dir nur schaden.

Stell dir vor, du hast ein scharfes Messer in der Hand, aber du bist vollkommen unerfahren wie ein kleines Kind, das nicht mal eine Ahnung davon hat, welche Gefahr von dem Werkzeug ausgeht. Was, denkst du, wird passieren?

Das drastische und sicher auch in gewisser Weise »hinkende« Beispiel soll etwas illustrieren, was die wenigsten beachten: Was geschieht zum Beispiel, wenn du unglaublich hart arbeitest und intelligent bist, aber dennoch im Grunde *unbewusst*? Möglicherweise wirst du diese Intelligenz dazu einsetzen, um andere zu verletzen, indem du zum Beispiel Waffen baust oder Wege suchst, um andere zu manipulieren.

Sind also harte Arbeit oder Intelligenz für sich betrachtet schon ein Segen? Keineswegs. Es ist der Horror, wenn diese Fähigkeiten und Energien in den falschen Händen liegen. Das zeigt sich vor allem in unserer Geschichte, als Tyrannen und skrupellose Herrscher ihre Macht über dieses Potenzial dazu nutzten, um ganze Völker auszurotten. Mehr oder weniger geschieht das ja immer noch in einigen Teilen der Welt.

Was ich dir vor allem in diesem Buch nahebringen möchte, ist, die Quelle wirklich zu verstehen: die Quelle, aus der heraus du Macht gemeinsam *mit* anderen Menschen und der Welt hast, statt Macht »über« sie zu haben oder sie erringen zu wollen. Die unterschiedliche Konsequenz aus diesen beiden Ansätzen ist nämlich die Frage »Krieg oder Harmonie?« – was von beiden liegt dir eher am Herzen?

Du wirst die Mechanik dieses Universums verstehen und wie du sie für dich nutzen kannst, sodass du deine Träume zu realisieren vermagst. Alles, was du in deinem Leben kreierst, ist ein Produkt aus deinem Sein heraus, ob du es glaubst oder nicht. Sobald du dein Sein veränderst, wirst du feststellen, dass sich auch alles um dich herum verändert. Es tritt mit dir in Resonanz, als wäre es reine Magie.

Wenn du also bereit bist, dann lass uns loslegen, um dir das Leben zu bescheren, das du dir so sehnlich wünschst, und das am besten auf einem Weg, der vor allem von Harmonie bestimmt ist.

KAPITEL 1

AM ANFANG WAR DAS ENDE

DAS GEHEIMNIS, DAS DIR NIEMAND ERZÄHLTE

Über dein gesamtes Leben wurde dir höchstwahrscheinlich eine Lüge erzählt. Diese Lüge ist es, die dir sehr viele Kopfschmerzen bescherte. Sie ist der Grund für viel Leid und Kummer in dieser Welt, der eigentlich nicht nötig wäre, und diese eine Sache, die den meisten Menschen das Leben zur Hölle macht, ist ihre kleine Persönlichkeit. Was ich damit meine, ist, dass sich die meisten Menschen mit nichts mehr als ihrem Namen oder ihrer Herkunft sowie ihrer Religion oder ihrem Hab und Gut identifizieren und deshalb sogar in die größten Kriege dafür ziehen. Je nachdem, wie groß ihre Macht und ihr Ehrgeiz sind, entstehen dadurch größere oder kleinere Übel. Es ist schon ein Unterschied, ob du im Weißen Haus sitzt und einen Knopf drücken kannst, der Atomwaffen abfeuert, oder ob du Boss einer Firma bist und Leute feuerst, um deinen Hintern zu retten.

Diese Menschen glauben, sie müssten in ihrer Position ihr Gesicht wahren oder sich »verteidigen«. Aber seien wir mal ehrlich: Ist das wirklich erforderlich? Was würde denn passieren, wenn die Personen sich anders entschieden? Was wäre das Allerschlimmste, was passieren könnte, wenn die vermuteten Konsequenzen tatsächlich einträten? Es wäre in der Regel nicht annähernd so schlimm, wie es ihnen vielleicht vorkäme, und dennoch geben sie diesem Verhaltensmuster nach, obwohl sicher auch konstruktivere Lösungen denkbar wären. Aber warum tun wir dies überhaupt?

Angst ist der Grund dafür, dass wir diesem Verhalten nachgeben und selbst verraten. Nur aus diesem einen Grund glauben wir, dass wir irgendetwas verteidigen müssten und dass unser Leben davon abhinge. Aber was wäre denn, wenn wir über dieser Angst stünden? Dann wären wir genau das Gegenteil von ängstlich, nämlich mutig. Mut ist die

Lösung, um endlich aus deiner Misere herauszukommen: Doch um Mut zu haben, musst du vor allem eins tun, und zwar überzeugt sein. Du brauchst absolute Gewissheit in deinem Handeln und deinem Sein.

Was denkst du denn, woher diese Angst überhaupt kommt? Kennst du Sätze wie »Kann ich das überhaupt schaffen?«, »Kriege ich das denn auch hin?« oder »Wird das wirklich funktionieren?«? All diese Sätze sind doch nichts weiter als Selbstzweifel, oder? All das, was diese Sätze aussagen, ist aber: »Ich bin mir nicht sicher, ob es wirklich funktioniert, also stelle ich mir jetzt noch mehr Fragen in meinem Kopf, in der Hoffnung, dass ich eine gute Lösung finde, damit ich sichergehen kann, dass es funktioniert.« Doch ich habe gute Neuigkeiten für dich. Es *wird* funktionieren!

Ganz egal, was du dir im Leben wünschst, es funktioniert, doch es funktioniert vielleicht anders, als du denkst. Was, glaubst du, ist die Aufgabe eines Apfelbaums? Kokosnüsse wachsen zu lassen? Wasser zu spucken? Einen Nine-to-five-Job zu erledigen? Nichts davon. Die Aufgabe eines Apfelbaums ist es lediglich, der beste Apfelbaum zu sein, der er sein kann. Wie schafft dieser Baum das? Indem er genau das tut, was ein Apfelbaum tun muss, ohne ständig zu hinterfragen, ob er vielleicht auch etwas anderes sein könnte – so wie wir Menschen es tun. Wenn zum Beispiel ein potenzieller guter Bäcker sich fragt, ob er stattdessen nicht besser ein Pilot sein könnte, nur weil viele andere Pappnasen ihm gesteckt haben, dass ein Pilot zu sein ziemlich cool ist.

In dir liegt eine unfassbar wundervolle Gabe, und wenn du verstehst, was genau diese Gabe ist, und dann lernst, sie adäquat für dich zu nutzen, dann wirst du viele Früchte tragen, genauso wie dieser Baum.

Was diesen Baum jedoch dazu bringt, ein sehr starker Baum zu sein, sind nicht die Äpfel, die eines Tages auf ihm wachsen werden, sondern die Wurzeln, die jeden Tag darum kämpfen, dass der Baum niemals fällt. Genauso hast auch du starke Wurzeln. Die meisten wagen jedoch niemals, ihr Wurzelwerk zu ergründen, denn unter der Erde ist es dunkel, kalt, und es tobt ein ständiger Kampf. Doch es ist vor allem eins: unsere Natur. Genauso wie die des Baumes.

Was du also vor allem in diesem Buch lernen sollst, ist, dass du genauso wie jeder andere Mensch über diese wundervolle Macht verfügst, die tief in dir liegt. Das einzige Problem dabei liegt darin, dass wir uns meist nicht damit abfinden wollen, dass wir ein Baum sind, und stattdessen lieber ein Stein sein wollen, weil das gerade viel angesagter ist. Aber erklär mir bitte: Was ist der Sinn dahinter, Hochleistungssportler zu werden, wenn es dich nicht wirklich erfüllt, und du stattdessen lieber Gamer-Profi sein willst? Der einzige Grund, warum du den Hochleistungssport trotzdem wählst, ist doch nur, weil du gehört hast, dass du dort mehr Geld verdienen kannst, mehr Mädchen abkriegst oder einfach besser angesehen bist, nicht wahr? Aber es erfüllt dich trotzdem nicht. Also noch mal die Frage: Wo ist dann der Sinn dahinter? Hat es überhaupt einen?

Die Wahrheit ist nämlich, dass dir nicht gefallen könnte, was dort tief im Inneren eigentlich wirklich für dich bestimmt ist, und ebendas ist der Punkt. Zu lernen, dass es dir gefällt, ist Ehrlichkeit. Es ist die Fähigkeit, echt zu sein und zu dem zu stehen, was man wirklich im innersten Kern ist. Das bedeutet: Selbst wenn du herausfinden solltest, dass du gern Toiletten putzt, dann ist es an der Zeit zu verstehen, dass du es ruhig lieben darfst, selbst wenn du wie die meisten sicher denkst: »Gern Toiletten putzen? Im Ernst?« Ja! Denn eine Sache, die kaum einer versteht, ist ... Stell dir vor, du wirst zu 99 Prozent überzeugt Anwalt, weil es deine Eltern so wollten. Was, glaubst du, wird morgen passieren, wenn du in die Kanzlei läufst? Es werden plötzlich 98 Prozent, weil du es nicht wirklich liebst. Was, glaubst du, wird über ein Jahr passieren? Es sind dann nur noch 50 Prozent. Und was, glaubst du, passiert nach zehn Jahren? Es ist nur noch ein Prozent, und alles, was noch überbleibt, ist ein Schatten von der Person, die du wirklich bist. Aber was, denkst du, geschieht, wenn du zu 100 Prozent Toilettenputzer wirst? Du wirst es jeden Tag lieben. Du wirst begeistert sein. Du wirst jede Situation nutzen, um zu lernen, und täglich eins drauflegen – vielleicht über eine Firma, die du gründest, mit neuen Hygienekonzepten oder so, und möglicherweise wird diese Firma expandieren – so lange, bis du theoretisch den Globus mit sauberen Toiletten versorgen könntest und dafür gefeiert wirst, dass du die Welt auf deine ganz eigene Art und Weise zum Besseren verändert hast. Die Millionen von Euros, das Ansehen und der Erfolg kommen dann ganz von allein, wie von Zauberhand.

Ebendies ist das Spektakel, das immer wieder mal zu sehen ist. *Sobald du all das loslässt, was die anderen für dich wollen, wirst du all das kriegen, was du selbst wirklich willst.* Denn der Schlüssel zu deinem Leben liegt immer in dir. Niemals bei den anderen oder da draußen. Wenn du also bereit bist zu erfahren, wie du diesen inneren Schlüssel finden kannst, dann lies schön weiter, denn über die nächsten Kapitel werden dir möglicherweise die Augen aufgehen, und du wirst verstehen, dass du eines der mächtigsten Wesen bist, die es derzeit auf diesem Planeten gibt.

BEWUSSTSEIN

Ich bin mir sicher, dass du schon mal Computerspiele gespielt hast. Besonders Rollenspiele können es einem unglaublich antun. Wenn du bereits deinen Charakter erstellen durftest und dann durch eine riesige Welt gelaufen bist, um Abenteuer zu erleben, dann weißt du ganz genau, was ich meine. Wie soll der Charakter aussehen? Welche Größe soll er haben? Welche Fitness besitzt er? Wir lassen unserer Fantasie freien Lauf und bestimmen einfach, wie unsere Art aussehen könnte, mit der wir dann durch das weite Land streifen, nur um uns dann immer intensiver in diesen Charakter zu versetzen. Aber die Frage ist letzten Endes: Bist du wirklich dieser Charakter? Bist du wirklich die Person in dem Computerspiel, oder bist du immer noch die Person, die den Controller bedient? Selbstverständlich bist du immer noch die Person mit dem Gamepad, aber es kann manchmal so surreal wirken, dass wir uns wirklich in den Spielen verlieren. Ähnlich kannst du deinen Charakter im »richtigen Leben« formen.

Es gab Zeiten, in denen ich Spiele gespielt habe, in denen das Klettern eine besondere Rolle spielte; und danach sah ich so gut wie jede Wand außerhalb meiner eigenen vier Wände als eine potenzielle Möglichkeit zum Klettern. »Welchen Trick könnte ich an dieser Wand anwenden? Würde ich es wohl schaffen, über diese Kante auf die andere Seite zu springen?« All das waren Fragen in meinem Kopf, die mir nicht mehr aus dem Sinn gingen, einfach nur, weil ich ein Spiel gespielt hatte, in dem es um diese Themen ging. Ich wurde in eine ganz bestimmte Richtung gepolt.

Es gibt einen Test, bei dem Menschen auf der Straße gebeten wurden, einen Kaffee für einen kurzen Moment zu halten, sodass die Forscher sich kurz die Schnürsenkel zumachen konnten, nur um danach den Kaffee wieder in die Hand zu nehmen und den Passanten ein Magazin zu zeigen mit einem Mann auf dem Cover, den sie bewerten sollten. Die eine Hälfte fand den Mann auf dem Titelbild herzlich, warm und fürsorglich, die andere stufte ihn als kalt, distanziert und unsympathisch ein. Wie kam es dazu, dass es solch einen Unterschied in den Meinungen der Menschen gab? War es etwa, weil sie so individuell waren und wir Menschen eben eine eigene Meinung haben? Nein, es war der Kaffee, den sie gehalten hatten. Die eine Gruppe hatte nämlich einen kalten, während die andere einen warmen Kaffee in den Händen hielt. Ist es wirklich möglich, dass solch ein großer Effekt entstehen kann aus solch einer kleinen Sache?

Absolut. Was passiert mit einem Schneeball, der einen Berg runterrollt und immer mehr Fahrt aufnimmt? Er wird größer und größer. Ähnlich können aus der kleinsten Meinung die größten Überzeugungen entstehen. Dabei kannst du unfassbar weit vom Kurs abkommen, wenn du nicht genau beobachtest, was du denkst. Und ebendas ist der wichtige Punkt, auf den ich zu sprechen kommen will.

Du *bist* nicht dein Denken, genauso wenig, wie du der Charakter in dem Computerspiel bist. Du bist viel mehr als das, denn wenn ich dich frage, ob du deine Gedanken beobachten kannst, was wird dann die Antwort sein? *Ja, natürlich!* Wenn du also deine Gedanken beobachten kannst, wie kannst du sie dann *sein*? Wie kannst du etwas sein, was du betrachtest? Es ist nicht möglich.

Kannst du weiterhin deine Emotionen beobachten? Ja? Okay, wie kannst du dann deine Emotionen *sein*? Kannst du deine Handlungen beobachten? Ebenfalls: *ja!* Wie kommen wir also auf die Idee, dass wir unsere Handlungen wären? Was dir wohl nie jemand gesagt hat, ist nämlich, dass du all das gar nicht *bist*. Das, was du wirklich bist, ist das Dahinter. Der Beobachter, die Beobachterin. Das *Bewusstsein*, das all diese Dinge wahrnehmen kann.

Was passiert, wenn du einen kurzen Moment Luft holst und diesen Text beobachtest? Was passiert, wenn du einen kurzen Moment still bist und alles um dich herum wahrnimmst? Nimm dir einen kurzen Moment

Zeit und beachte deine Atmung. Ist sie tief oder flach? Wenn du sie ein wenig beobachtest, kann es passieren, dass du automatisch einen tiefen Zug Luft holst. Versuche nicht, deine Atmung zu kontrollieren. Lass einfach locker. Fokussiere dich auf deinen Körper, deine Schultern, deine Brust, und fühl dich einfach mal hinein. Was passiert? Merkst du, wie du gegenwärtig bist? Vielleicht schießen Tausende Gedanken durch deinen Kopf. Was tust du in diesem Moment? Wickelst du dich darin ein, oder lässt du sie einfach durchlaufen? Kämpfst du gegen diese Gedanken, oder beobachtest du sie ganz einfach?

Genau in dieser Wahrnehmung, in diesem Bewusstsein, liegt deine Superkraft. Nicht in der Identifikation mit dem Beobachteten, Gedachten oder Gefühlten – das du nicht bist, sondern eben »nur« wahrnimmst. Es ist die Quelle. Der Ursprung all der Dinge, die du im Leben willst und dir so sehnlichst wünschst. Es ist der Anfang für das Ende. Es ist die reinste Form des Seins, ohne Befleckung von außen.

Wenn du diesen Zustand beibehalten kannst, dann wirst du merken, dass magische Dinge geschehen, doch es geht noch weit darüber hinaus. Keine Sorge, das hier wird kein Buch, bei dem du wieder lernst, auf einem Meditationskissen zu sitzen, auch wenn das enorm wichtig ist. Was du vor allem lernen sollst, ist, dieses Bewusstsein zu nutzen, sodass du all die Dinge erhältst, die du dir im Herzen wünschst. Wie du das machst, wird in den späteren Kapiteln noch genauer erklärt. Hier und jetzt ist erst mal wichtig, dass du die Mechanik deines Geistes überhaupt grundlegend verstehst, damit du dir selbst nicht mehr im Weg bist.

DIE QUAL DER WAHL

Ist dir einmal aufgefallen, was für unfassbare Möglichkeiten es da draußen gibt? Ist dir aufgefallen, dass es immer mehr werden? So viele, dass man oftmals überfordert ist von all den Chancen, die man wahrnehmen kann, so als würdest du in ein imaginäres Restaurant kommen, das dafür bekannt wäre, die unterschiedlichsten und besten Gerichte anzubieten. Du hast aber nur eine begrenzte Zeitspanne, in der du in der Stadt bist, dann musst du wieder fahren, und es sind etliche Kilometer. Du weißt nicht, wann du wieder in der Stadt sein wirst, um das andere köstliche Essen genießen zu können. Das Problem dabei ist, dass dieses Restaurant Tausende von Gerichten anbietet. Eins soll besser als das andere sein, also was wirst du nehmen?

Du wirst bemerken, dass du in dieser Situation große Schwierigkeiten haben wirst zu wählen, was du wirklich willst, weil dein Kopf die ganze Zeit darüber nachdenkt, was am besten schmecken könnte.

Aber ist das überhaupt wichtig? Ich meine, die wahre Frage ist doch: Worauf hast du Lust? Wonach sehnt sich dein Gemüt? Was spürst du in deinem Inneren, was dich am ehesten zufriedenstellen würde? Pizza? Pasta? Gemüse? Wenn du kurz eine Pause machst und tief in dich hörst, wirst du merken, dass das Rauschen in deinem Kopf allmählich verschwindet und du ein Gefühl spürst, das dir einen Hinweis darauf gibt, was du am liebsten als Nächstes erfahren würdest.

Dies ist der magische Kompass, der in dir sitzt und dir vorgibt, was für dich wirklich zählt, aber dann hörst du plötzlich, wie ein Freund neben dir sagt: »Pizza? Du isst doch überall Pizza! Probier doch mal etwas Neues. Wie wär's mit Pasta? Immerhin wirst du lange nicht mehr die Möglichkeit haben, hier etwas essen zu können. Wie sieht's aus?« Und nun bemerkst du, wie dein Kopf sich plötzlich wieder einschaltet und du in die Begrenztheit gehst. »Ja, stimmt. Ich werde nicht mehr hier essen können. Ich sollte unbedingt dieses oder jenes ausprobieren, solange es noch geht.« Also holst du dir die Pasta und setzt dich mit deinen Freunden hin, aber tief in dir ist dieses unbehagliche Gefühl, das dir sagt: »Also eigentlich wollte ich ja Pizza. Hmmm ... Wie hätte wohl diese Pizza hier geschmeckt?«

Du bemerkst, dass du unzufrieden mit deiner Entscheidung bist, und bereust, was du getan hast.

Vielleicht kennst du solche Situationen auch im übrigen Leben. Genau solche Beispiele spiegeln unser Leben wider. Du hast eine zeitliche Begrenzung sowie unfassbar viel Auswahl. Dazu kommen ständig Menschen von der Seite, die dir erzählen wollen, was am besten für dich wäre. Aber was verdammt noch mal ist falsch an Pizza, wenn du sie liebst? Was verdammt noch mal ist falsch daran, deine Schule zu schmeißen und der weltbeste Kloputzer zu werden, wenn tief in dir etwas danach ruft? Gar nichts. Absolut gar nichts.

Dein ganzes Leben lang wurde dir weisgemacht, dass diese Stimme in dir Unsinn ist, doch ich habe gute Neuigkeiten für dich. Es ist das Beste, was dir je passierte. Es ist eine Intelligenz, die weit über unsere Vorstellung hinausgeht. Es ist ein Ruf, der sich durch dich ausdrücken will, um ganz bestimmte Erfahrungen in dieser Welt zu machen; doch wenn du nicht bereit bist, diesen Ruf zu hören, kann dir keiner helfen. Wenn du nicht bereit bist, den Mut zu haben, um zu lauschen und zu verstehen, was dieser innere Kompass dir sagen will, dann wirst du auf ewig verloren bleiben – in den Zwängen der anderen – und große Probleme damit haben, du selbst zu sein. Dafür musst du einfach verstehen, dass es etwas gibt, was für dich bestimmt ist. Die Frage ist nur, ob du den Mut hast, dich der ganzen Sache hinzugeben, oder ob du glaubst, dass du es besser weißt. Denn genau das ist das Ego. Es ist das, was dich von diesem goldenen Pfad abhält und dazu bringt, Dinge zu glauben, die niemals in deinem Herzen sind, sondern aus Ängsten entspringen.

DIE KRAFT, DIE IN DIR LIEGT

Wenn es darum geht, unseren Weg zu erkennen, dann ist es unglaublich wichtig zu wissen, dass die Kraft, die du eigentlich suchst, gar nicht dort draußen ist, sondern schon viel näher bei dir liegt, als du vielleicht denkst. Um das Ganze etwas klarer zu machen, möchte ich dir eine kleine Story erzählen, da ich glaube, dass sie das Ganze viel besser auf den Punkt bringt, als ich es jemals könnte. Die Geschichte handelt von einem kleinen Mädchen und einem großen Zauberer. Vielleicht hast du bereits davon gehört? Sie nennt sich »Der Zauberer von Oz«. Jedenfalls lief die Geschichte, wie ich sie verstehe, vor allem folgendermaßen ab:

Es gab einmal ein kleines Mädchen namens Dorothy, das gemeinsam mit ihrer Großmutter auf einer Farm lebte. Das Landleben verlief stets gleichmäßig – bis zu jenem Tag, an dem Dorothys Hund Toto einfach davonlief. Aus Angst, dass er verschwinden könnte, lief Dorothy ihm schnell hinterher, nur um auf dem Weg auf einen interessanten Wissenschaftler zu stoßen, der ihr sagte, dass sie schnell nach Hause müsste, da er hellseherische Fähigkeiten hätte und sehen würde, dass die Großmutter leiden würde, wenn Dorothy nicht bald nach Hause käme. Somit rannte Dorothy zurück, schweren Herzens wegen ihres Hunds Toto, nur um plötzlich zu bemerken, wie ein Sturm aufzog, der die ganze Farm erfasste. Ein Sturm so kräftig, dass er allesamt hineinzog und davonriss, sodass Dorothy sogar ihr Bewusstsein verlor.

Als sie die Augen wieder öffnete, bemerkte sie sogleich, dass sie an einem wildfremden Ort war. Sie hatte diesen Ort noch nie zuvor gesehen, und er war ihr nicht annähernd so vertraut wie ihr Zuhause. Alles sah hier anders aus. Die Wege, die Pflanzen, die Wesen.

Es beunruhigte sie, doch sie war nicht allein. Eine gutherzige Hexe namens Glinda sprach sie an, um ihr auf die Sprünge zu helfen. Das Einzige, was Dorothy wollte, war, nach Hause zu kommen, also riet ihr die Hexe, sich an den Zauberer von Oz zu wenden. Dieser Zauberer lebte in einem Schloss weit entfernt von dem Ort, an dem Dorothy sich momentan befand, doch es gab eine gute Möglichkeit, um dorthin zu kommen: ein goldener Pfad, der sich vom Heimatort der Hexe bis zum Schloss des Zauberers erstreckte. Alles, was man zu tun hatte, war, diesem Weg zu folgen, ohne davon abzukommen. Das war die einzige Bedingung, die Glinda an Dorothy gestellt hatte. »Folge dem goldenen Pfad. Schau nicht nach links und rechts. Hör nicht auf die Geräusche aus dem Wald, die von beiden Seiten kommen. Folge einfach nur dem goldenen Pfad, ohne zurückzublicken, dann wirst du deine Heimat finden. Dort am Ende ist das Schloss des Zauberers. Er wird dir jeden Wunsch erfüllen, den du hast. Gehe einfach immer geradeaus.« Das war alles, was sie zu tun hatte, also lief sie los mit dem Gedanken an die Heimat, bis sie plötzlich weitere Kameraden auf dem Weg traf, die sie unterstützen wollten. Dazu gehörten ein Blechmann, eine Vogelscheuche und ein Löwe. Alle drei hatten ebenfalls Wünsche an den Zauberer von Oz.

Der Blechmann wünschte sich schon lange ein Herz, da er immer der Meinung war, dass er niemals richtig fühlen könnte. Die Vogelscheuche wollte nichts so sehnlich wie ein Hirn, da sie dauernd dafür belächelt wurde, wie dumm sie doch ist. Der Löwe trachtete nach Mut, da ihn alle wegen seiner Feigheit ärgerten. Dabei war er doch ein Löwe. Wie konnte er da keinerlei Mut besitzen? Da Dorothy sofort bemerkte, dass alle drei in Ordnung waren, liefen sie gemeinsam los, um endlich ihre Wünsche wahr zu machen. Auf dem Weg dorthin jedoch bemerkten sie immer wieder die Ablenkungen des Waldes um sie herum. Von links und rechts kamen Töne, die verlockend klangen. Täuschungen, die ähnlich waren den Dingen, die sie bereits kannten. Omas Stimme, die Möglichkeit, Mut, Wissen oder Liebe zu finden. All diese Dinge waren verführerisch, und so kamen sie vom Weg ab. Wieder und wieder, doch auch wenn es ein harter Weg war, schafften sie es dennoch am Ende, in das Schloss zu gelangen, um den Zauberer von Oz zu treffen. Das war der Moment, auf den alle gewartet hatten.

Es war endlich an der Zeit, ihre Träume wahr zu machen, also fragten sie den Zauberer nach Mut, doch er antwortete nur: »Löwe. Du hast es bis hierher geschafft. Du hast Dorothy und all die anderen auf dem Weg beschützt, obwohl du Angst davor hattest. Du hast bereits all das, was du so sehr wolltest. Ist dir das nicht aufgefallen?« Der Löwe staunte und erkannte: »Ja ... Das stimmt.« Dann aber fragte die Vogelscheuche nach dem Hirn, das sie sehnlichst suchte, und der Zauberer antwortete bloß: »Liebe Vogelscheuche. Welch großartiges Geschick ihr doch bewiesen habt, als ihr noch vor misslichen Lagen standet. Nur ein wahrlich kluger Kopf wäre auf solch großartige Lösungen gekommen. Denkt ihr nicht, dass ihr vielleicht bereits besitzt, was ihr sucht?« Auch hier antwortete die Vogelscheuche überrascht: »Aber ja doch ... Ihr habt absolut recht, lieber Zauberer.« Dann war der Blechmann an der Reihe, und auch er wollte nichts mehr, als seinen Wunsch erfüllt zu bekommen, doch auch hier antwortete der Zauberer: »Blechmann. Du warst es, der Dorothy und all den anderen zur Seite stand, wenn sie einen Tiefpunkt erreicht hatten. Wenn sie glaubten, dass es keinen Ausweg mehr gab, warst du es, der ihnen zuhörte und ihnen sein Herz schenkte. Denkst du nicht, dass du bereits alles besitzt, was du dir wünschst?« Der Blechmann brach in Tränen aus und verstand: »Ja, oh großer Zauberer. Ihr habt recht. Ihr seid wahrlich großartig!« Nun war Dorothy an der Reihe, und auch hier war die Antwort dieselbe: »Denkst du nicht, dass du bereits alles hast, was du suchst?«

HEIMAT FINDEN

Und auch ich möchte dir diese Frage stellen. Unser ganzes Leben suchen wir da draußen nach etwas. Wir suchen einen Ort namens Heimat. Einen Ort, an dem wir sein können, wer wir wirklich sind. Aber ist dieser Ort wirklich da draußen? War er das jemals? Oder ist dieser Ort vielmehr tief in dir verborgen und du musst ihn nur noch finden?

Es gab einmal einen Mann, der seinen Schlüssel verloren hatte, also fing er unter der Straßenlaterne kurz vor der Tür an zu suchen. Ein weiterer Mann kam vorbei und half ihm dabei, bis er ihn fragte: »Wo hast du den Schlüssel denn zuletzt gesehen?« Der suchende Mann sagte ihm: »In meinem Haus.« Also fragte der Fremde: »Wieso suchst du dann hier draußen?« Der Mann antwortete: »Weil es drinnen dunkel ist und ich hier besser sehen kann.«

Ähnlich ist es auch mit uns selbst. Wir haben Angst vor dem, was wir tief in uns entdecken könnten, da es ungewiss ist. Wir haben lieber das Vertraute als das Ungewisse, da es immerhin sicherer scheint und wir den Umgang damit gewohnt sind. Dies ist eine der ersten Lektionen, die du unbedingt verstehen musst. Du wirst niemals wahren Frieden finden, ohne in das Dunkle zu sehen. Wenn du niemals bereit bist, den Schmerz in deinem Leben zu akzeptieren, dann wirst du immer wieder draußen nach den Lösungen suchen, um in die Ruhe zu kommen.

Ein Berater, der gerade Urlaub machte, beobachtete einen Fischer über die letzten Tage, und als dieser am Pier anlegte, ging er auf ihn zu, um ihm eine Frage zu stellen: »Wie lange warst du auf See, um diesen Fisch zu fangen?«

Der Fischer antwortete: »Nur ein paar Stündchen.«

Der Berater fragte ihn also: »Warum bleibst du nicht länger auf See, um mehr Fische zu fangen?«

Der Fischer erwiderte: »Dieser Fang reicht mir, um meine Familie für ein paar Tage zu versorgen.«

Der Berater wirkte verwundert und fragte noch mal nach: »Was tust du denn mit dem Rest des Tages?«

Der Fischer sagte: »Ich fahre nach Hause und verbringe Zeit mit meiner Familie und den Kindern.«

Der Berater verstand nicht ganz und sagte: »Hör zu, ich habe studiert. Ich kann dir beibringen, wie du mehr Fische fängst und deinen Ertrag steigern kannst, indem du ein paar davon verkaufst, um aus dem Erlös daraus Leute einzustellen, die ebenfalls Fische fangen gehen können, sodass du bald mehr Boote hast und sogar eine Fischfabrik eröffnen kannst.«

Der Fischer fragte: »Und wie lange wird das dauern?«

»So etwa fünfzehn bis zwanzig Jahre«, erklärte der Berater. »Das Beste dabei ist, dass du, wenn du das Ganze erst mal erreicht hast, dein Unternehmen verkaufen kannst. Und weißt du, was dann passiert? Du brauchst dir nie wieder Sorgen zu machen über dein Geld, kannst morgens ausschlafen und zum Spaß noch ein bisschen fischen gehen. Wie hört sich das an?«

Der Fischer wirkte etwas verwirrt und antwortete: »Aber das tue ich doch jetzt schon!?«

Genau das ist es, was wir leider immer wieder mit unserem Leben tun. Wir jagen etwas hinterher. Wir laufen schneller. Wir arbeiten härter. Wir springen höher, aber bemerken nicht, dass wir auf einem Laufband sind und uns nicht einen Zentimeter weiterbewegen, während wir uns die ganze Zeit abhetzen.

Wir sind wie ein Esel, dem man eine Karotte vor die Nase gebunden hat und der hinter dieser herrennt, ohne zu verstehen, dass er sie niemals wird erreichen können, ganz egal, wie schnell er rennt. Das ist der Ursprung unseres Leides, denn all das, was du haben willst, ist längst in dir, ganz egal, wie kitschig das auch klingt, und ich will dir auch erklären, warum das so ist.

Denk einmal genau darüber nach. Was ist das, was wir in all diesen Dingen suchen, die wir besitzen wollen? Warum kaufen wir uns beispielsweise teure Handys, Uhren oder Klamotten? Warum versuchen wir, den besten Job zu bekommen oder viel Geld zu verdienen? Was ist das, was wir damit jagen? Es ist das Gefühl, das damit verbunden ist. Warum kaufst du dir eine Rolex? Weil du das Gefühl haben willst, wichtig zu sein. Warum möchtest du eine wundervolle Partnerin oder einen Partner? Weil du das Gefühl haben willst, wertvoll zu sein oder Sicherheit zu haben. Warum willst du einen großartigen Körper oder ein wundervolles Aussehen? Weil du das Gefühl haben willst, angesehen zu sein.

All das kommt nur aus einer einzigen Quelle, und zwar dem Gefühl, nicht gut genug zu sein. Es ist ein Gefühl des Mangels, ähnlich wie bei dem Beispiel mit dem Restaurant. Was ist, wenn ich etwas verpasse? Was ist, wenn ich das falsche Essen wähle? Es ist die Angst, etwas zu verlieren – oder dass dir etwas entgehen könnte. Das ist der Grund, warum wir all diese Dinge haben wollen. Wir glauben, durch das Haben erhielten wir die Erfahrung, die uns von diesem Schmerz in uns erlösen kann.

Wie viele Menschen sind ihren Millionen hinterhergejagt, nur um zu merken, dass es nicht das ist, was sie wirklich erfüllt. Ich persönlich komme aus ziemlich armen Verhältnissen und bin ewig hinter diesem Geld hergejagt, und als ich plötzlich das erste Mal mehr Geld verdient habe, geschah etwas, was ich niemals erwartet hätte: Ich wurde unfassbar traurig. Ich hatte ein Produkt auf den Markt gebracht, das mir 30 000 Euro auf einen Schlag einbrachte, und ich erhoffte mir nun das glorreiche Gefühl, endlich angekommen zu sein. Doch was ich dann plötzlich merkte, war, dass ich nahezu depressiv wurde. Ich hatte es nicht verstanden. Das ist alles? Das war wirklich das, hinter dem ich mein gesamtes Leben hergelaufen bin? Das soll es wirklich gewesen sein? In mir entwickelte sich ein Gefühl von tiefster Trauer und Angst, weil ich eine Sache realisieren musste. Ich habe den Großteil meiner

Zeit damit verschwendet, einem Phantom hinterherzujagen. Deshalb will ich, dass du eine Sache weißt. Es ist niemals das Haben selbst, was dich wirklich glücklich macht, sondern etwas anderes, und zwar das Gefühl, dass du so sehr jagst.

DAS GEFÜHL KOMMT ZUERST

Nehmen wir mal ein paar Beispiele, um zu verstehen, wo der Unterschied zwischen dem Haben und dem Fühlen liegt. Stell dir vor, du sagst, du möchtest eine Million Euro verdienen. Was willst du mit diesem Geld? Es ist doch schließlich nicht das Geld selbst, was du möchtest, sondern das Gefühl, das du daraus gewinnen möchtest, nicht wahr? Das Geld an sich ist doch vollkommen nutzlos. Es ist einfach nur Papier, das in der Ecke herumliegt oder eben auf der Bank verrottet. Was aber kann es dir für Möglichkeiten geben? Sehr viele, stimmt's?

Es kann dir vor allem eine Sache geben, die sehr viele Menschen da draußen wollen, und das ist Freiheit. Das Gefühl, überall hingehen zu können, alles wählen zu können und sich keine Gedanken mehr darüber machen zu müssen, ob man seine Rechnungen noch zahlen kann. Das Geld an sich spielt also überhaupt keine Rolle, es ist immer das Gefühl, das damit verbunden ist, welches du dir durch dieses Geld erhoffst.

Was ist mit Beziehungen? Warum möchtest du einen Menschen an deiner Seite? Weil du dir ein Gefühl dadurch erhoffst, nicht wahr? Das Gefühl, angekommen zu sein und nicht in der Angst zu leben, dass du allein sein musst. Es ist dieses Gefühl, das die meisten sich so sehnlichst durch einen anderen Menschen erfüllt wünschen. Es ist niemals wirklich der Mensch selbst, der für sie eine Rolle spielt. Deshalb ist das meiste, was da draußen ist und das Thema »Liebe« betrifft, eher Egoismus. Die meisten Menschen wollen eine andere Person in ihrem Leben, nur weil sie sich ebenjenes Gefühl daraus erhoffen. Was sie jedoch nicht verstehen, ist, dass sie dieses Gefühl niemals bekommen, wenn sie ständig danach irgendwo da draußen suchen. Der Schlüssel liegt nämlich wie so oft bei dir und nicht außerhalb deiner selbst.

Den Fehler, den die meisten Menschen leider machen, ist es bei alldem, sich ausschließlich auf das *Haben* zu konzentrieren. »Hat sie mir zurückgeschrieben?«, »Habe ich die Beförderung bekommen?«, »Habe ich das Spiel gewonnen?« ... Es ist immer wieder eine Bestätigung erwünscht, um den inneren Zweifel zu besänftigen.

Man geht auf eine Person zu und sagt etwas Nettes zu ihr, nur um dann auf die Reaktion zu warten. »Sagt sie jetzt etwas Nettes zurück? Werde ich gemocht? Werde ich geliebt?« All das musst du jedoch in erster Linie nur tun, wenn du tief im Inneren den Glauben daran hast, dass dir etwas fehlt. Ist es nicht so? Genau das ist eben der Punkt, den so unfassbar viele Menschen übersehen. Du kannst noch so viel erreichen in der äußeren Welt; wenn du im Inneren leer bist, dann bringt es dir so oder so nichts.

DIE NEGATIVKETTE

Ganz egal, wie sehr du die Liebe oder den Erfolg im Leben jagst, am Ende spielt es keine Rolle, wenn die Quelle unrein ist. Ganz egal, wie lang der Fluss ist, solange die Quelle unrein ist, wird auch der Fluss der Quelle ähneln. Du kannst noch so sehr versuchen, diesen Fluss zu reinigen, wenn du niemals bei der Quelle ansetzt, dann wirst du dich zu Tode schuften. Erst wenn du es schaffst, die Quelle wieder ins Reine zu bringen, wirst du merken, wie der Fluss sich langsam anpasst. Von vorne bis hinten.

Genauso ist es mit all den Dingen in unserem Leben. Ganz egal, wie sehr du es versuchst, erfolgreich zu werden, wenn du es tust, weil du glaubst, dass du nicht gut genug bist, dann wird dich noch mehr Erfolg nur dazu bringen, noch elendiger von dir zu denken als vorher. Stell dir nämlich Folgendes vor. Stell dir vor, du glaubst, dass das große Geld oder die richtige Partnerwahl dir wahre Erfüllung bringt, aber nun gehst du los und merkst, dass diese Dinge dir nicht wirklich etwas gebracht haben, also fängst du an, mehr Angst zu haben. Ist es nicht so? Sobald du mehr Angst bekommst, fängst du an, noch härter zu arbeiten oder in die Beziehung zu investieren, und merkst dann erneut, dass es dir nichts gebracht hat – und so werden all die Ängste immer nur noch größer, wodurch du noch mehr arbeitest, so lange, bis du irgendwann in dir zusammenbrichst. Dies ist eben die ewige Negativkette oder eine »Tretmühle«, in der die meisten Menschen sich befinden.

Machen wir ein weiteres Gedankenexperiment. Nehmen wir einmal an, du hast Angst davor, allein zu sein. Was tust du also? Du suchst dir irgendwelche x-beliebigen »Freunde«, mit denen du dich regelmäßig triffst. Du betäubst sozusagen deine Angst davor, allein zu sein. Sie scheinen die Lösung für deinen inneren Schmerz zu sein. Nehmen wir weiter an, dass ihr jedes Mal, wenn du dich mit ihnen triffst, üblicherweise sehr ungesundes Essen in euch reinbaggert. Irgendwann merkst du plötzlich, dass du krank wirst, dir wird immer wieder übel, und du hast Bauchschmerzen. Was tust du also als Nächstes? Du gehst vielleicht zum Doc, oder du nimmst Medikamente, um die Schmerzen zu lindern. Diesmal dienen die Medikamente als Lösung für deinen grundlegenden Schmerz. Da du diese Medikamente nimmst, entsteht jedoch ein weiteres Problem, und zwar, dass du plötzlich schlechter schlafen kannst. Was tust du also? Du fängst an, dir ab und zu einen Joint anzuzünden, und kannst plötzlich besser einschlafen. Jetzt, wo du regelmäßig nachts einen Joint rauchst, bemerkst du plötzlich, wie du schlechter in der Schule wirst und die Noten in den Keller gehen, weil du dich nicht mehr konzentrieren kannst. Was tust du also? Du fängst an, mehr Kaffee in dich reinzukippen, damit du länger wach bist – und daraus entsteht ein weiteres Problem und dann ein weiteres und ein weiteres. Das Ganze sieht also beispielsweise so aus wie in der Abbildung dargestellt.

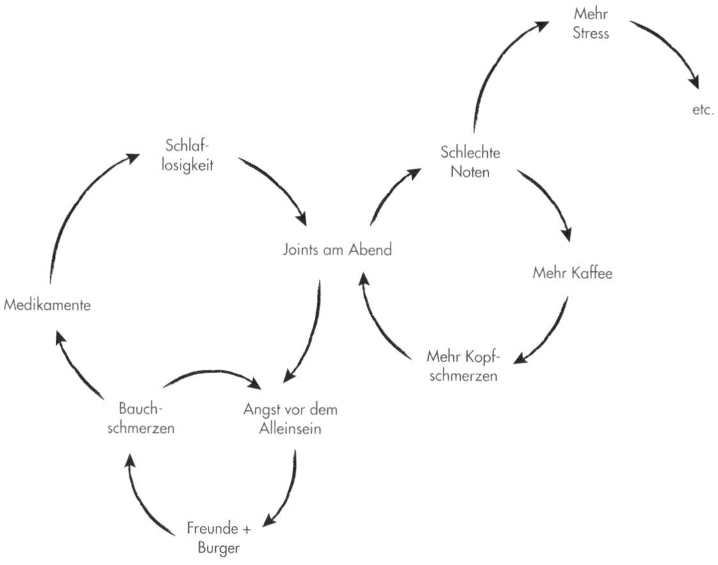

Alles in unserem Leben ist von solchen Mustern besetzt. Wir etablieren gedankliche, emotionale sowie physische und beziehungsdynamische Muster, die sich in unser Leben integrieren und immer mehr Fahrt aufnehmen und anwachsen – wie ein zu Tal rasender Schneeball, der zur Lawine werden kann.

Dies wäre so eine Negativkette, die sich aus einer solchen ursächlichen Angelegenheit entwickelt, wenn man nicht an ihr arbeitet. Diese eigentliche Ursache hier ist ja vor allem die Angst vor dem Alleinsein. Was wir ständig tun, ist, vor dem Kern, der in uns sitzt, wegzulaufen. Dieser Kern ist der Grund, dass drum herum so vieles angehäuft wurde, was uns nach und nach zerstört. Wie also kommst du zu diesem Kern, um ihn endlich aufzulösen?

FRAG DICH, WARUM

Was ist der Grund dafür, dass du all diese Dinge in deinem Leben haben willst? Beispielsweise die Burger, die du essen willst? Beispielsweise die Joints am Abend? Beispielsweise die Medikamente, die du unbedingt nehmen willst? Warum willst du all das? All diese Dinge sorgen jeweils auch dafür, dass du von ihnen abhängig wirst, und diese Bedürfnisse waren einfach nur daraus entstanden, dass du vor etwas *in dir* wegläufst. Dieses Weglaufen erschafft eine Kette von negativen Ereignissen in deinem Leben. Doch wenn du bereit bist, an den Kern vorzudringen und ihn aufzulösen, wirst du merken, dass auch all die anderen Dinge, die in der Folge auf den Plan getreten waren und dein Leben ausmachten, plötzlich verschwinden, da du keinen Zweck mehr darin siehst. Das bedeutet also, dass alte Dinge in deinem Leben gehen müssen, und ebendas kann einem auch unfassbar große Angst machen. Ich weiß, dies mag vielleicht ein wenig kompliziert wirken, aber bleib dran, dann wirst du verstehen, was ich meine.

Lass uns noch einmal ein Beispiel zitieren. Stell dir vor, ein junger Mann lernt eine tolle Frau auf der Arbeit kennen. Die beiden rauchen immer wieder in der Pause gemeinsam eine Zigarette. Das ist der Moment, in dem er die Möglichkeit hat, ihr ein wenig näherzukommen. Es ist ihm sehr wichtig, sie intensiver kennenzulernen. Er verbindet also schon mal etwas Positives mit dieser Zigarette. Meistens raucht er auch eine, wenn er auf der Arbeit gestresst ist oder sich aufregt. Was, denkst du, hat sein Gehirn jetzt vor allem gelernt? Möglicherweise etwas wie dies: »Ich muss oft gestresst sein, sodass ich immer noch rauche und einen Grund habe, mit dem Mädchen von der Arbeit zu reden.«

Ich weiß, das hört sich verrückt an, und es ist schon etwas komplexer, aber im Prinzip funktioniert unser Gehirn halt so. Es verkettet

Dinge wie diese und macht uns oftmals das Leben schwer, ohne dass wir wissen, woran das liegen könnte.

Sicherlich kennst du ebenfalls Menschen in deinem Umfeld, die ständig negativ sind, oder? Ob du es glaubst oder nicht: Diese Leute tun dies nur, weil sie indirekt etwas davon haben. Beispielsweise gibt es Menschen, die ständig Drama in der Beziehung verursachen. Man könnte meinen, das will doch niemand haben, aber was ist, wenn du dadurch die Aufmerksamkeit der anderen Person bekommst und ebendiese Aufmerksamkeit deine Angst vor dem Alleinsein betäubt? Siehst du, wie verrückt diese Verkettungen sein können? Und ich will gar nicht, dass du diese Dinge bis ins kleinste Detail verstehst. Das wäre weitaus zu viel verlangt, da diese Ketten extrem kompliziert werden können. Ich will einfach nur, dass du Folgendes weißt: Diese Ketten entstehen vor allem, weil wir niemals wirklich an der Ursache anpacken. Wenn wir dies nämlich tun würden, dann würden wir uns viele Probleme in unserem Leben ersparen. Es gilt also vor allem, an der Quelle anzusetzen. Wenn wir diese Ketten bis zu ihrem Ursprung verfolgen, werden wir oftmals auf eine unfassbar tief sitzende Überzeugung in uns stoßen, die immer wieder aufkommt, nämlich den Glaubenssatz »Ich bin nicht genug«.

Ebendiese Überzeugung gilt es ein für alle Mal aufzulösen, um sich endlich zu befreien.

KAPITEL 2

KONTRASTE

DIE QUELLE ALL DEINER PROBLEME

Wie löst du also dieses Gefühl von *»Ich bin nicht genug«* endlich auf? Genau hier liegt die große Aufgabe, die die meisten zu bewältigen haben. Es gibt einen unfassbar wichtigen Schritt, den du machen musst, den die meisten jedoch niemals wagen; und dieser eine Schritt ist, es einfach zu akzeptieren.

Wie lange kämpfst du schon gegen den Glaubenssatz an, nicht genug zu sein? Wie lange tust du bereits alles dafür, um von anderen gemocht zu werden, sodass dieses Gefühl endlich verschwindet? Wie lange arbeitest du daran, dass du endlich deine Ruhe findest, und wie sehr leidest du bereits unter diesem Zwang, der dich ständig wieder einholt?

Ich hatte bereits mit sehr vielen Menschen zu tun, die in Tränen vor mir zusammengebrochen sind, weil sie realisierten, wie lange sie schon dafür kämpfen, stark in ihrem Leben zu sein, nur um niemals das Bild zu verlieren, das sie sich vor den anderen Menschen aufgebaut haben. Die Angst, dass die anderen erfahren könnten, wer man wirklich ist, treibt die meisten beinahe in den Wahnsinn – und eben hier ist dein Mut gefragt. Hast du den Mut, zu der nicht so perfekten Version von dir zu stehen, die oftmals Angst hat? Die an sich zweifelt und häufig nicht so an sich glaubt, wie die ganze Welt da draußen es am liebsten hätte? Hast du Vertrauen darein, dass diese Welt dich auch so nehmen würde, selbst wenn du mal einen schlechten Tag hast und dich verwundbar zeigst, indem du offenbarst, was wirklich in dir vorgeht?

Hier haben nämlich die meisten Menschen ein großes Problem. Sie trauen sich nicht zu, diesen Schritt zu wagen, doch es gibt keinen anderen Ausweg. Es ist die einzige Möglichkeit, um wirklich in deine pure Kraft zu treten. Ohne diese Bereitschaft wirst du es schwer haben, aus diesem Teufelskreis herauszukommen.

Doch das ist kein Grund zu verzweifeln. Auf den nächsten Seiten werde ich dir genau erklären, was du tun musst, um dieses Elend ein für alle Mal zu beenden und ein neues Leben zu führen, deshalb mach dir keinen Kopf und lies einfach weiter; denn womöglich wirst du bald schon die Erfüllung für dich finden, wenn du erst einmal verstanden hast, wie dein Geist funktioniert. Doch zuerst musst du dein Bild von Gut und Schlecht beiseitelegen. Warum das so ist, wirst du in den nächsten Zeilen erfahren.

DER MANN UND DAS PFERD

Damit du noch genauer verstehst, was ich damit meine, lass mich dir bitte eine weitere Geschichte erzählen, die in mehreren Versionen verbreitet ist. Es gab mal ein kleines Dorf, in dem ein Mann mit seiner Familie lebte. Oftmals kamen Reisende vorbei und begutachteten sein großartiges Pferd. Sie waren erstaunt darüber, wie kräftig und groß es war. Alle lobten es ständig: »Was für ein großartiges Pferd! Die anderen müssen dich beneiden! Was für ein Glückspilz du doch bist!«, worauf der Mann jedoch entgegnete: »Vielleicht.«

Ein paar Tage später hörte man abends ein lautes Knallen, während die meisten schliefen. Am nächsten Morgen dann stellte die Familie fest, dass das schöne Pferd verschwunden war. »Oh nein! Das Pferd ist weg! Das ist doch etwas Schreckliches! Wie kann man nur solch ein Pech haben! So ein großartiges Pferd!« Auch darauf entgegnete der Mann jedoch nur: »Hm ... Vielleicht.«

Als ein paar weitere Tage verstrichen waren, geschah etwas, womit absolut niemand gerechnet hätte. Eine Horde wilder Pferde rannte in das Dorf hinein, geführt von einem Pferd, das so prächtig war wie weit und breit kein anderes – ebendas Pferd, das vor ein paar Tagen noch das Dorf verlassen hatte.

Daraufhin schrie die Menge: »Hurra, es ist zurück, und schau, es hat ein Dutzend weiterer Pferde mit sich gebracht. Wie kann man nur solch ein Glückspilz sein! Du bist so gesegnet!«

Der Mann jedoch entgegnete wiederum: »Mag sein, vielleicht.«

Ein paar Wochen vergingen, und plötzlich hörte man einen lauten Schrei von draußen, woraufhin alle Menschen rausrannten. Vollkommen schockiert und beinah erstarrt, sahen sie den armen Jungen des Mannes auf dem Boden liegen, mit einem schwer gebrochenen Arm, schreiend, sich quälend, weinend und kauernd.

Die Menge tobte wieder mal: »Welch schrecklicher Anblick! Der Junge ist vom Pferd gefallen! Es war eines dieser wilden Pferde! So etwas kann doch nicht wahr sein! Was für ein Pech ihr doch habt, werter Mann!«

Und ein weiteres Mal sagte der Mann: »Vielleicht. Ja, vielleicht.«

Ein Monat verging, und die Truppen des Kaisers zogen durch die Dörfer, da ein Krieg bevorstand. Sie klopften an jeder Tür, zogen die jüngsten Männer ein, doch bei einem hielten sie sich zurück. Es war der junge Mann, der vor Kurzem noch vom Pferd gefallen war. Mit seinem gebrochenen Arm war er den Truppen von keinerlei Nutzen, also ließen sie ihn daheim.

All die Menschen, die ihre Söhne im Krieg verloren hatten, beneideten den Mann, warfen ihm vor, dass er ein Glückspilz sei und das Leben doch gegen sie spielte. Doch das Einzige, was der Mann entgegnete, war wieder: »Vielleicht, meine Lieben. Vielleicht.«

DIE ILLUSION DES WERTS

Was ich dir mit dieser Geschichte sagen will, ist: Es gibt kein Gut und kein Schlecht. Es gibt lediglich das, was dich erfüllt, und das, was es nicht tut. Nichts von dem, was du tagtäglich tust, ist gut oder schlecht; denn es hängt immer davon ab, was du willst! Alles ist eine Frage des Kontextes, des Zusammenhangs. Denk doch mal genau darüber nach. Stell dir vor, eine Frau geht am Strand am Karibischen Meer und trägt einen knappen Bikini. Denkst du, es interessiert irgendjemanden? Nein, natürlich nicht. Warum nicht? Weil es ganz normal ist, am Strand im Bikini rumzulaufen. Was aber, wenn sie plötzlich in der Innenstadt von Köln im Bikini rumläuft? Jeder würde schauen und sich fragen: »Was zum Teufel denkt sie sich dabei?« Was hat sich verändert? Der Kontext. Ganz einfach. Was will man nämlich am Strand? Schwimmen, oder? Exakt. Genau das ist eben der Punkt. Was will man jedoch für gewöhnlich in der Stadt? Irgendwelche formalen Sachen erledigen. Was trägt man üblicherweise dazu? Normale Alltagsklamotten.

Du siehst also, es hängt immer davon ab, was wir wollen, ob wir »gut« oder »schlecht« sind. Am Strand war die Frau kein Problem für irgendwen, aber in der Stadt ist es plötzlich »schlecht«, was sie tut. Das bedeutet: Bevor du überhaupt sagen kannst, ob etwas gut oder schlecht ist, musst du zuerst das große Bild betrachten. Ist die Frau im Bikini, die im Zentrum Kölns herumläuft, wirklich schlecht? Nein, das ist sie nicht. Der Kontext versucht dir vielleicht das Gefühl zu geben, dass es so ist, aber das ist sie nicht. In keiner Weise. Genauso wenig bist du schlecht. Ganz egal, was bisher in deinem Leben passiert ist, diese Dinge passieren. Nur weil du mal etwas umgekippt hast, selbst wenn du mal jemanden bestohlen, vielleicht sogar mal jemanden verletzt haben solltest, bedeutet es nicht, dass du grundsätzlich und durch und durch »schlecht« bist.

Die Frage ist immer: »Warum« hast du es getan? Was war die »Quelle« deiner Handlung? Vielleicht hast du schon mal jemanden emotional verletzt, weil du wusstest, dass es keinen anderen Ausweg mehr gibt, oder hast du das Ganze einfach nur »aus Spaß« gemacht, was auch immer man darunter versteht? Aber selbst dann kann man immer noch nicht sagen, dass du grundschlecht bist, denn vielleicht gibt es einen weiteren Kontext. Was ist, wenn du selbst von klein auf miterleben musstest, wie deine Eltern andere Menschen verletzt haben, und dadurch einen Knacks wegbekommen hast, sodass du irgendwie glaubst, dich ähnlich verhalten zu müssen? Das rechtfertigt natürlich nicht, dass du andere Menschen verletzt. Niemand sollte so etwas tun.

Der Glaube daran, dass es in deinem Kopf die Kategorien von Gut und Schlecht gibt, ist die Wurzel deines Leids, glaub mir. Und wenn ich so darüber rede, kann ich mir gut vorstellen, dass Tausende Gedanken durch deinen Kopf schießen, etwa: »Aber was ist mit den Kinderschändern? Was ist mit den Serienmördern?« Das sind natürlich sehr extreme, leider aber realistische Fälle, und sie sollen hier nie und nimmer kleingeredet werden. Um das angemessen zu beschreiben, ohne es wirklich befriedigend greifbar machen zu können, müsste ich weiter ausholen. Es gibt neben vielfach beschriebenen psychologischen beispielsweise auch spirituelle »Erklärungsmodelle«, die das Ziel verfolgen, den Betroffenen eine Hilfe anzubieten. Und oft gelingt es ihnen dadurch auch, psychische Widerstandskraft zu entwickeln. (Das Fachwort für diese Widerstandskraft ist »Resilienz«, damit wirst du beim Googeln fündig.)

Das alles würde hier zu weit führen. Lass uns also bei weniger drastischen Problemen bleiben, die häufig auftreten und mit denen auch du zu tun haben könntest. Zum Beispiel: »Was ist mit meinen Eltern oder meinen Freunden, die mich hintergangen haben?«

Was soll mit ihnen sein? Sie sind, wie sie sind. Sie sind wie du auch nicht nur gut oder nur schlecht. Mehr oder weniger sind sie erfüllt von Hass, Zorn, Neid, Missgunst und alldem. Ebendas sind doch die Emotionen, die sie überhaupt dazu geleitet haben, all das zu veranstalten. Willst du es ihnen mit gleicher Münze heimzahlen? Nein? Warum hältst du dann den Zorn gegen sie in deiner Brust? Was macht dich dann so viel besser als sie? Nur weil sie zurzeit in einem viel schwereren Stadium dieses Zorns sind? Dann ist das Einzige, was euch unterscheidet, Zeit. Denn mit genug Zeit und der entsprechenden Einstellung könntest auch du dann dort landen. Das wäre nicht unrealistisch.

Lass uns also noch tiefer in die Materie gehen und verstehen, warum die kategorische Einteilung in Gut und Böse keine gute Idee ist.

Dafür musst du vor allem eins begreifen, und zwar Licht und Schatten. Diese beiden Dinge spielen eine große Rolle in unserem Leben. Wir verbinden Liebe, Leichtigkeit und Fülle mit dem Licht, während wir Schmerz, Trauer oder Kummer und das Böse mit dem Schatten assoziieren. Ich möchte, dass du verstehst, dass das eine nicht besser ist als das andere, es ist einfach anders. Darüber hinaus bedingt das eine das andere: Ohne Licht gäbe es keinen Schatten. Genauso wenig, wie ein kleiner Mensch besser ist als ein großer. Sie sind einfach unterschiedlich. Genauso wie ein Android nicht besser oder schlechter ist als ein iPhone, sondern dass diese beiden Dinger einfach anders sind, auch wenn viele das jetzt bestreiten würden.

Doch genau das hier ist eben der Punkt. Wir können nicht akzeptieren, dass Dinge einfach anders sind. Wir halten daran fest, dass sie entweder besser oder schlechter sind, dabei gibt es lediglich das, was ist. Einer der Gründe, warum wir das nicht verstehen wollen, ist, dass wir zu sehr daran festhalten, was wir selbst als wertvoll erachten oder was uns darüber beigebracht wurde, was wirklich wertvoll ist. Am Ende jedoch hat nichts einen solchen Wert.

Stell dir vor, ich habe einen 100-Euro-Schein in der Hand. Wie viel ist dieser Schein wert? Logischerweise kann ich mir einiges dafür kaufen, oder? Aber ist es wirklich so logisch? Was ist, wenn wir auf einer verlassenen Insel wären, wo das wertvollste Gut die Kokosnüsse sind, die man am Strand finden kann, mit deren Hilfe man am ehesten überleben würde? Was ist dieser 100-Euro-Schein dort wert? Rein gar nichts, stimmt's? Es hängt also davon ab, in welchem Kontext sich dieser Schein befindet.

Nehmen wir beispielsweise mal einen Spitzenfußballer. Was ist er wert? Mehr als du oder ich als Mensch? Nein, natürlich nicht. Wie viel ist er in einem Fußballstadion wert? Millionen! Wie viel ist er jedoch auf einem Basketball-Court wert? Nichts. Es hängt einfach nur davon ab, wo er sich befindet. Warum? Weil er je nachdem an Bedeutung gewinnt. Im Fußballstadion bedeutet er vielen Menschen eben mehr. Auf dem Basketball-Court bedeutet er vielen Menschen absolut gar nichts. Es hängt also nur von dem Markt ab, in dem er sich befindet.

Worum geht es auf diesen Märkten? Beim Fußball geht es um nichts weiter, als Tore zu erzielen. Das heißt, dass der Kicker hier eine gute Investition ist, während der Basketballer eher eine Fehlinvestition wäre. Der Wert einer jeden Sache hängt also immer davon ab, auf welchem Markt sie sich befindet und was man dort will.

Nehmen wir beispielsweise mal Gaming. Steigt oder sinkt dein Wert, wenn du dich auf einer Games-Convention befindest? Nehmen wir Dating. Steigt oder sinkt dein Wert, wenn du dich auf dem Dating-Markt befindest? Jetzt noch eine letzte Frage: Auf welchem Markt befindest du dich?

Und genau hier sollte es langsam klick machen. Was denkst du, warum viele Menschen so unfassbar unglücklich sind? Weil sie sich ständig auf dem falschen Markt befinden. Sie vergleichen sich dauernd mit den Besten der Besten. Dies ist der Grund dafür, dass sie ein großes Problem mit ihrem Selbstwert haben. Tief im Inneren glauben sie, dass sie nicht gut genug sind, und suchen sich dazu noch lauter Beispiele, um diesen Irrtum auch noch zu verfestigen.

FLUCH UND SEGEN

Könnten wir in einer Welt ohne Vergleiche überleben? Vielleicht ja, aber wir könnten definitiv keine Häuser bauen. Uns unterscheidet nämlich von den Tieren, dass wir in der Zeit reisen können. Ja, ich weiß, das hört sich jetzt ein wenig verrückt an, aber lies einfach weiter, und dann wirst du sehen, was ich meine. Dieses Konzept ist möglicherweise nicht einfach zu begreifen. Und manch einer musste sich wiederholt damit befassen, bevor er es wirklich verstand. Aber in genau diesem Verständnis liegt sehr viel Freiheit für dich. Du solltest dir nämlich unbedingt bewusst machen, dass Zeit nur ein Konzept in deinem Kopf ist. Das, was dich vor allem von den Tieren da draußen unterscheidet, ist ebendieses Konzept von Zeit und der damit einhergehende Vergleich. Was meine ich damit genau?

Was passiert, wenn eine Gazelle vom Löwen gejagt wird, aber gerade noch entkommt? Was »denkt« sich diese Gazelle danach? Sie wird es uns natürlich nicht erzählen, aber wie es aussieht, denkt sie sich *nichts*. Sie schüttelt ihren Stress ab und frisst dann weiter ihr Gras. Sie denkt nicht darüber nach, warum dieser Löwe so ein riesiges Arschloch ist oder warum er es vor allem auf sie abgesehen hat. All das ist gar nicht möglich für die Gazelle, weil sie nicht vergleichen kann. Warum aber kann sie nicht vergleichen? Weil sie kein Verständnis von Zeit hat. Erst mit einem Verständnis für Zeit kannst du nämlich sagen, ob etwas besser oder schlechter ist. Was machen Menschen nämlich in so einer Situation? Sie regen sich auf, rasten aus, drehen durch, da sie einen Vergleichswert haben. Jemanden zu jagen und ihn fressen zu wollen, ist ja immerhin etwas Böses oder? Das machen die guten Menschen aus den Superhelden-Filmen ja auch nicht. Die Wahrheit aber ist doch, dass es absolut nichts Böses ist. Es ist vollkommen normal. Es ist die absolute Natur, und das, was dort aus deinem Vergleich entsteht, ist ein massiver Widerstand gegen ebendiese.

Wir mögen es nicht, dass die Welt ab und zu hart und brutal ist. Wir wollen diesen Teil von uns in unserem Leben einfach nicht wahrhaben. Wir würden ihn am liebsten verleugnen und wegsperren. Wir haben ein großes Problem mit all den negativen Gedanken oder Gelüsten, die tief in uns sitzen, und kämpfen deshalb ständig dagegen an. Das ist der Grund, warum so unfassbar viel Druck in uns entsteht und wir eben erst recht all diese Dinge tun, von denen wir glauben, dass sie schlecht wären – statt sie nicht zu leugnen, sondern als unsere Schatten zu erkennen und für sich und andere, sozialverträgliche Umgangsformen mit ihnen zu finden.

Die Wahrheit ist also, dass das wahre Übel letzten Endes in deiner Bewertung der Dinge liegt. Dies ist auch der einzig wahre Grund dafür, dass du immer wieder am Boden liegst, wenn du glaubst, du wärest längst nicht genug, um in dieser Welt sein zu dürfen. Du denkst, dass du im Vergleich zu all den anderen Menschen und Dingen da draußen doch so viel weniger bist, aber das ist absoluter Unsinn.

Ich sage das, weil in jedem Samen ein unglaubliches Potenzial liegt, um Großartiges zu erreichen. Den Samen unterschätzen wir, weil er noch nicht zum Baum geworden ist, aber ist dieser Samen deshalb weniger wert? Warum sollte er das sein? Er hält doch genau dasselbe Genmaterial in sich, das nötig ist, um genau diesen Baum zu erschaffen, der wiederum viele Samen bildet. So gesehen stecken im Samen potenziell ganze Wälder. Das Einzige, was mit diesem Samen noch nicht geschehen ist: Er wurde noch nicht in den Boden gelegt, damit er endlich gedeihen kann. Genau das ist der Punkt, den zu verstehen unglaublich wichtig ist. Wenn du einen Samen gar nicht oder in den falschen Boden tust, dann wird er niemals wachsen können.

Es liegt also vor allem an dir, diesen Samen in den richtigen Boden zu legen, damit daraus ein wundervoller Baum und mehr entstehen kann. Wenn du jedoch immer wieder versuchst, diesen Samen in ungeeigneten Boden zu stopfen – sprich: wenn du zwanghaft versuchst, etwas hinzukriegen, wofür du überhaupt nicht geschaffen bist –, dann wirst du dich immer wieder als zu wenig wert erachten. Es ist ein vollkommen logisches Prinzip.

Frag dich also, was dich wirklich erfüllt. Was treibt dich wirklich an? Was inspiriert dich? Was wünschst du dir sehnlichst aus tiefstem Herzen? Wonach würdest du am liebsten streben, wenn es nichts anderes mehr gäbe außer dir und *einem* Wunsch? Sobald du an diesen Kern dringen kannst, wirst du merken, dass du von innen nach außen lebst und nicht mehr umgekehrt. Damit ist gemeint, dass du nicht mehr dort draußen nach Dingen suchst, von denen du dir im Inneren Erfüllung erhoffst, sondern in deinem Inneren Erfüllung findest, die die Dinge da draußen erschafft – zu deinem Wohl und dem Wohl der Allgemeinheit. Damit dies möglich ist, musst du jedoch tief in dich hineintauchen und den Vergleich mit den unrealistischen oder falschen Idealen beenden. Der beste Weg dazu ist, in diesen Moment zu kommen.

DIESER EINE MOMENT

Warst du jemals irgendwo anders als im Hier und Jetzt, jedenfalls körperlich? Gab es einen einzigen Zeitpunkt in deinem Leben, zu dem du dich konkret woanders befunden hast als in dem jeweiligen Moment, etwa woanders als hier, wo du gerade diese Zeilen liest? Nein, absolut nicht. Das ist nicht möglich. Dein Bewusstsein ist immer hier und jetzt in diesem gegenwärtigen Moment. Du kannst dem nicht entkommen. Es sei denn, du machst es dir gewissermaßen selbst vor, indem du anfängst, mit den Gedanken herumzuwandern. Am liebsten in die Vergangenheit und die Zukunft, um Berechnungen und Vergleiche anzustellen, nur um zu definieren, wer du eigentlich bist.

Stell dir ein Siegerpodest mit drei Plätzen vor. Die beiden Plätze links und rechts sind nur dazu da, um den ersten Platz in der Mitte hervorzuheben. Ist es nicht so? Wenn diese beiden Plätze an der Seite nicht da wären, was würde dann der erste Platz in der Mitte für eine Rolle spielen? Gar keine. Warum nicht? Weil unser Gehirn eben links und rechts braucht, um zu verstehen, wo unsere eigene Position ist, und meist platzieren wir uns ziemlich ungünstig statt in der Mitte. Klar brauchen wir den Vergleich, um Dinge zu verstehen, aber wenn wir uns dabei vertun, dann vergessen wir, wer wir wirklich sind. Und das ist pures Bewusstsein, das all diese Vergleiche wahrnehmen, beurteilen und berechnen kann. Wir *sind* nicht die Position, die dabei herauskommt.

Verzeih mir, wenn ich es etwas kompliziert ausdrücke, deshalb will ich es dir noch einmal anders erklären. Stell dir vor, es gäbe bei dem Siegerpodest nur diesen ersten Platz in der Mitte. Könntest du ihn dann verstehen? Könntest du begreifen, was er zu bedeuten hat, oder wäre es nur eine Säule? Stell dir einfach mal vor, dieses Podest wäre das Einzige, was in diesem gesamten Universum existiert. Es ist wirklich das Einzige, was existent ist, und nun beobachtest du es. Glaubst du, du hättest die Möglichkeit, es zu verstehen? Nein, eben nicht. Weil du halt keinen Vergleich dazu hast. Was aber, wenn du nun ein anderes, kleineres Podest danebenstellst? Was nun? Nun könntest du verstehen. Mit »verstehen« meine ich vor allem, den Dingen eine Bedeutung beizumessen.

Jetzt könntest du das Gesehene interpretieren, und dein kreatives Gehirn würde endlich einen Sinn darin erkennen. Du könntest dir des Weiteren Fragen stellen wie: »Warum ist das anders? Wie anders ist es? Wie könnte man es verstehen? Ist es kleiner? Ist es größer? Warum ist es kleiner oder größer? Warum steht es daneben?« Durch all diese Fragen würdest du anfangen, dir selbst Antworten zu geben wie: »Das ist kleiner als das andere Podest, weil es weniger ist.«

So arbeitet, vereinfacht dargestellt, unser Verstand. Er braucht immer einen Vergleich, um etwas verstehen zu können; und wenn er diesen nicht hätte, dann könnte er gar nicht funktionieren. Es ist also gar nicht der Vergleich an sich das Problem, sondern vielmehr die damit einhergehende Bewertung. Was wäre nämlich die Bewertung? Wenn du anfängst zu glauben, dass nur, weil das kleinere Podest »weniger« sei, du ebenfalls weniger wärest, falls du dich dort siehst. Sobald du anfängst, dich damit zu identifizieren und abzuwerten, fängst du auch gleichzeitig an zu leiden. Dabei sind die Podeste, egal in welcher Höhe, symbolisch gesprochen ohneeinander alle gar nichts »wert«, nicht in dieser Funktion denkbar; und wer heute auf Platz 2 oder 3 ist, kann morgen auch auf Platz 1 sein. Und wenn nicht, ist das auch kein Problem. Selbst alle, die es nicht wenigstens auf Platz 3 geschafft haben, sind dazu erforderlich, dass es dieses »Siegertreppchen« überhaupt gibt.

Kommen wir noch mal auf deine Schulzeit zu sprechen. Jeder musste in der Regel dieselben Dinge lernen, um ein Leben führen zu können, das auf materiellen Erfolg und gesellschaftliche Anerkennung getrimmt ist. Idealerweise wollte man Anwalt, Arzt oder Pilot werden, aber war man dazu überhaupt geeignet? Ebendas schien meist keine Rolle gespielt zu haben. Es war egal, ob du kreativ veranlagt warst, denn du musstest Anwalt, Arzt oder eben Pilot werden. Warum? Weil du sonst eben weniger wert wärest (Stichwort »brotlose Kunst«). Aber ich bin gekommen, um dir zu sagen, dass das absoluter Bullshit ist. Wie gesagt: Es ist die größte Lüge, die dir jemals aufgetischt wurde. Die Behauptung, dass du etwas leisten musst, um etwas wert zu sein – das ergibt absolut keinen Sinn. Es gibt Menschen, die unglaublich viel geleistet, die wie die Wahnsinnigen geackert haben, um gesellschaftliche Anerkennung und materiellen Wohlstand zu erlangen. Mit dem Ergebnis, dass für die Menschheit und den Planeten daraus nur Unheil hervorkam. Ich brauch dir ja nichts zu erzählen von Umweltverschmutzung, Klimakrise und Massenvernichtung. Beispielsweise dem Mann, der in diesem Land Millionen von Menschen getötet hat. Er hat ebenfalls viel »Leistung« erbracht, allerdings in einer desaströsen Richtung.

DAS INNERE NAVI

Du siehst also, Leistung spielt absolut keine Rolle, sondern vor allem, in welche Richtung diese Leistung abgeht. Entweder in eine Richtung, die wirklich deine ist, oder eine, die möglicherweise vollkommen vom Pfad (jedenfalls von deinem) abgekommen ist und von scheinbaren Sachzwängen oder gesellschaftlichen Auffassungen gesteuert wird, die stets hinterfragt werden sollten und sich mit der Zeit auch kolossal wandeln können. In dir sitzt ein Kompass, der dir immer sagt, ob du auf der richtigen Strecke bist. Sobald du aufhörst, darauf zu hören, wirst du merken, dass du unglücklich wirst, genauso wie viele andere Menschen, die leider den Mut verloren haben, auf ihr Herz zu hören.

Stell dir vor, du sitzt in einem wunderschönen Auto, etwa einem Ferrari, und du fährst los. Du entscheidest, wo du hinwillst, und schmeißt das Navi an, um dir anzuhören, wo du entangfahren musst. Dabei hast du vor allem nicht allzu viel Zeit und musst am besten rechtzeitig ankommen. Neben dir sitzt ein guter Freund oder eine gute Freundin, und du startest. Mit der Zeit wird es etwas langweilig, und dein Beifahrer schaltet das Radio ein. Es ist ein Song, den er eben sehr mag, also dreht er etwas auf. Nun merkst du plötzlich, dass du nur sehr schwer das Navi hören kannst, also drehst du dieses Radio wieder etwas runter. Dein Beifahrer sagt dir: »Hey, komm schon, Mann. Das ist mein Lieblingssong, lass mich den nur noch zu Ende hören.« Also stimmst du zu, weil du kein Spielverderber sein willst. Plötzlich merkst du, dass der nächste Song der Hammer ist, und freust dich, dass du ihn hören kannst, also lässt du dieses Radio weiterlaufen.

Mit der Zeit, nach dem ganzen Jaulen und Feiern, bemerkst du mit einem Mal, dass ihr vollkommen vom Weg abgekommen seid, weil ihr viel zu lange auf die Musik gehört habt, also drehst du dieses Radio wieder etwas leiser, hörst wieder auf das Navi – das ja immer wieder neue Routen vorschlägt, wenn du es ignorierst – und fängst an, Gas zu geben, bis die Person neben dir ins Bangen kommt und dir sagt: »Hey, hey! Komm schon! Beruhige dich. Du baust noch einen Unfall!« Also steigst du auf die Bremse, um deinem Freund keine Angst zu machen, aber gleichzeitig weißt du, dass die Zeit davonläuft, also versuchst du es einfach noch mal, ein wenig auf die Tube zu drücken, und schon springt dein Freund wieder an und sagt: »Hey, komm schon! Muss das wirklich sein?« Also trittst du wieder auf die Bremse. Dies passiert so lange, bis du irgendwann selbst eine Stimme im Kopf hast, die dir sagt: »Hey, komm schon, tritt auf die Bremse! Was ist, wenn es zu einem Unfall kommt? Muss das wirklich sein?« Nun konzentrierst du dich nur noch darauf, bloß keinen Unfall zu riskieren. Bloß keinen Fehler zu machen. Bloß nicht zu scheitern. Und du fährst, als ob die »Handbremse« dabei noch angezogen wäre, obwohl du in einem geilen Ferrari sitzt, der eigentlich dazu gemacht ist, schnell zu sein. Am Ende bleibt das Auto womöglich stehen, weil sich viel zu viel Verschleiß gebildet hat, sodass du an die Seite fahren musst mit einem qualmenden Auto und einem verzweifelten Kopf.

Das, was ich damit beschreiben wollte, ist bildlich gesprochen das Leben von 90 Prozent der Menschheit auf unserem schönen Planeten.

Die meisten verstehen gar nicht, dass sie in einem Ferrari sitzen und dazu gemacht sind, unglaublich viel Drive auf die Straße zu bringen. Es geht dabei nicht darum, ständig zu arbeiten, sondern sein volles Potenzial zu entfalten. Das kann manchmal eben bedeuten, dass man in einer Phase ist, in der man hart arbeitet, aber auch mal in einer Phase ist, in der man in die Ruhe zurückkehrt und so seinen Tank wieder auffüllt. Es gibt eben manchmal Geschwindigkeitsbegrenzungen auf der Autobahn, und du kannst nicht immer mit 300 Stundenkilometern über den Asphalt brettern.

Aber das sei nun erst mal beiseitegestellt; denn worauf ich eigentlich hinauswill, ist, dass du immer mit mehr als genug – oder im Falle des »Ferrari« viel mehr als genug – PS auf die Straße fährst, damit du wirklich deinen Zielort erreichst. Du hast jedoch nur eine begrenzte Menge an Zeit, und wenn du zu häufig auf die Bremse drückst, dann wirst du niemals ankommen. Wenn du das Radio zu oft zu laut drehst – das heißt, dich ablenken lässt oder dich in Traumwelten flüchtest (was ab und zu natürlich »erlaubt« ist und vielleicht auch sein muss) –, dann wirst du den Weg aus den Augen verlieren. Wenn du zu viel auf die Beifahrer hörst, dann wirst du ebenfalls scheitern. Diese Strecke ist dein Leben. Du hast tief im Herzen eine Bestimmung, die nur darauf wartet, erfüllt zu werden. Die Strecke findest du in deinem Navigationssystem, doch du kannst es nicht hören, wenn das Radio noch zu laut ist. Dieses Radio ist das Rauschen in deinem Leben. Die Stimmen in deinem Kopf, die dich den ganzen Tag beschäftigen. Das Navi ist dein Herz. Solange dein Kopf zu laut ist, wirst du niemals auf dein Herz hören können, deshalb ist es so unfassbar wichtig zu lernen, wie du wieder auf das Navi hören kannst, um endlich deinen Zielort zu erreichen.

Sobald du das Navi wieder hörst, drück auf die Tube und schäm dich nicht dafür, auch wenn die Beifahrer rumnörgeln und rumheulen, wissen sie ganz genau, worauf sie sich eingelassen haben, als sie sich zu dir ins Auto gesetzt haben. Sie wussten sehr wohl, dass es ein Ferrari ist, also lass dich von ihrem Geschwafel nicht zurückdrängen und drück auf die Tube. Diese Beifahrer sind dein Umfeld. Dieses Umfeld, das dir möglicherweise ständig erzählen will, dass du dich schlecht fühlen musst, wenn du zu schnell über dich hinauswächst. Oft haben wir Probleme damit, diesen Beifahrern einmal klipp und klar zu sagen, dass sie gern aussteigen können, wenn ihnen das Tempo zu hoch ist; und so kommt es oft dazu, dass wir irgendwann selbst glauben, zu schnell zu fahren, weil wir nicht früh genug die Reißleine gezogen haben.

Was also ist das Erste, was du tun musst, um wieder in Gang zu kommen? Du musst wissen, wohin du fährst. Wie findest du das heraus? Indem du auf das Navigationssystem hörst. Wie hörst du auf das Navigationssystem? Indem du das Radio endlich leiser drehst. Wie drehst du das Radio endlich leiser? Ebendas hier ist der Punkt, über den wir als Nächstes sprechen wollen, denn dieses Radio macht dir vieles kaputt, wenn du nicht weißt, wie es wirklich funktioniert. Sobald du jedoch verstehst, was dahintersteckt, kannst du bewusst damit umgehen und vermeiden, dass du das Navi überhörst. Also lass uns loslegen.

WORAN HÄLTST DU FEST?

Halten wir fest, dass der Kopf nur dazu da ist, um Vergleiche anzustellen, sodass wir in diesem Leben vorankommen können. Wir brauchen die Möglichkeit zu vergleichen unbedingt, denn durch das Verständnis der Zeit und die Fähigkeit, Vergleiche anzustellen, haben wir auch das Potenzial, unglaubliche Dinge wahr zu machen, zum Beispiel Häuser zu bauen, Maschinen zu konstruieren, Leben zu retten, zu den Sternen vorzudringen.

Manch einer mag nun einwerfen, das wäre doch gar nicht nötig, wir könnten einfach stehen bleiben und müssten uns nicht ständig Gedanken darüber machen, wie wir über uns selbst hinauswachsen. Aber wären wir dann wirklich am Leben? Was wäre denn, wenn wir alle – irrigerweise – sagten, dass wir längst angekommen wären oder dass längst alles in Ordnung wäre, so wie es ist? Dann würde doch alles keinen Sinn mehr ergeben, oder? Eben das ist der Knackpunkt. Es geht nicht darum, stehen zu bleiben und nichts zu tun, sondern darum, diese Dinge bewusst zu tun. Das bedeutet, aus reinem Herzen zu handeln und an sich und seinem Potenzial zu wachsen, jedoch niemals um irgendjemandem da draußen in irgendeiner Art und Weise zu schaden, sondern um der Natur dienlich zu sein.

Es ist traurig zu sehen, wie wir Menschen uns großenteils selbst zerstören. Die Wurzel des Ganzen ist meistens lediglich eine Sache, und zwar das Ego (*ego* ist das lateinische Wort für »ich«). Dieses merkwürdige Etwas, das tief in dir sitzt und sich ständig Sorgen darum macht, ob es überhaupt liebenswert ist, da es letztlich Angst hat, sonst zu sterben.

Was aber ist das Ego genau? Man hört sehr vieles darüber und dass es die Wurzel allen Übels sei. Aber ich möchte hier behaupten: Dem ist nicht so. Das Ego an sich ist nicht übel. Die Art und Weise, wie wir damit umgehen, manchmal hingegen schon. Das Ego erledigt nur seinen Job. Es ist ein von der Natur gegebenes perfektes System, das dich am Leben erhält und dazu bestimmte Impulse gibt. Wenn wir jedoch verstehen, dass es im Leben immer eine Aktion sowie unsere Reaktion gibt, dann können wir lernen, besser damit umzugehen. Wenn du alles nämlich mal etwas genauer beobachtest, dann wird dir auffallen, dass es immer drei Schritte gibt, die im Leben aufeinanderfolgen (siehe Abbildung).

Wenn du beispielsweise morgens aufstehen willst und das Ego dir den Impuls gibt: »Hey, lass es doch einfach bleiben; es ist doch viel gemütlicher im Bett«, dann folgt dieses Ego einfach nur seiner Natur. Es versucht, dich am Leben zu erhalten. Es gibt sein Bestes, damit du in deiner alten Komfortzone bleibst, damit du vor neuen Gefahren geschützt bist. Was jedoch danach kommt, ist eine freie Entscheidung von dir selbst. Was du dann wählst, bestimmt darüber, wie der Rest deines Tages, langfristig deines Lebens verlaufen wird. Hier entscheidet sich auch, ob du über das Leben nörgeln wirst und dich ärgerst oder ob du bereit bist, zu lauschen und nachzugeben, indem du akzeptierst, dass das Ego eben da ist, wie es ist, und dass du einfach nur einen Weg finden musst, um trotzdem aufzustehen, da es dir niemand dort draußen abnehmen kann.

Hier ist eben der Fehler, bei dem sich die meisten verlaufen. An diesem Punkt gibt es entweder einen harten oder einen einfachen Weg. An diesem Punkt entscheidet sich, ob du ein Gewinner oder Verlierer bist. Diese beiden Wörter verwende ich nur, um dir etwas verständlich zu machen, nicht, um zu sagen, dass du weniger wert wärest, wie auch immer du dich entscheidest. Nur damit das noch einmal klar ist, denn hier ist eine kleine Weichenstellung, die eine große Veränderung bringen kann. Bleibst du liegen oder stehst du einfach auf? Wählst du den harten Weg und ziehst es einfach durch, indem du deine Willenskraft nutzt, oder wählst du den einfachen Weg, den all die anderen auch wählen? Dieser Weg wäre, dass du einfach liegen bleibst und dann Gründe dafür suchst, warum du sowieso nicht aufstehen kannst. Zum Beispiel, weil deine Freunde gestern einfach viel zu lang gemacht haben und du ja unbedingt dabei sein musstest oder weil dieses Bett einfach zu ungemütlich ist. Ganz egal, was es ist, es ist nichts weiter als eine Ausrede und eine Flucht. Die meisten Menschen sind eben auf der Flucht, und das bereits ihr ganzes Leben lang, ohne zu verstehen, dass sie auf einem Laufband festhängen.

Deshalb will ich dich fragen: Was glaubst du, in welche Kategorie du dich eher einfügen würdest? Übernimmst du Verantwortung für dein Leben oder schiebst du sie lieber einfach rüber zu den anderen? Ganz egal, was du jetzt wählst, sei dir im Klaren darüber, dass es absolut nichts über deinen Wert als Mensch aussagt. Jeder von uns ist diesen Problemen gegenübergestellt. Keiner von uns ist täglich in der absoluten Verantwortung für sein Leben oder kommt niemals auf die Idee, irgendjemandem für irgendwas die Schuld zu geben. Es ist ein ganz normaler und natürlicher Prozess. Die Frage ist einfach wieder einmal, wie du damit umgehst, wenn diese Dinge passieren. Du bist nämlich unfassbar mächtig, doch wenn du diese Macht einfach abgibst, dann bleibst du mit nichts weiter als leeren Händen zurück.

Was genau ist damit gemeint? Denk doch bitte einmal genau darüber nach. Was ist das Gegenteil davon, Verantwortung für sein Leben zu übernehmen? Ganz klar, die Schuld all den anderen Menschen und Dingen da draußen zu geben, aber was genau ist Schuld? Was sagt Schuld eigentlich aus? Was bestätigst du damit, wenn du sagst: »All die anderen sind verantwortlich für mein Leiden«? Du sagst so mit anderen Worten, dass du absolut machtlos bist. Du wirfst dich damit automatisch in eine Opferposition und versklavst dich selbst dazu, in deinem Leid zu versinken. Willst du das denn wirklich? Ich kann mir vorstellen, dass du das nicht willst.

Also: Was musst du tun, um aus dieser Position rauszukommen? Löse all die Schuld in dir auf. Wenn du morgens im Bett liegen bleibst, dann ist es nicht die Schuld von irgendwelchen Freunden oder einem Kissen, sondern es ist deine Verantwortung, diese Dinge zu ändern. Es ist deine Aufgabe zu erkennen, wo genau das Problem liegt und wie du es beheben kannst. In diesem Leben geht es nur darum, Probleme zu lösen. Zuerst deine und dann eventuell die Probleme von anderen, die Hilfe brauchen und bereit sind, sie anzunehmen.

Niemand ist daran schuld, wenn deine Beziehung nicht funktioniert. Du selbst hast die Verantwortung dafür zu lernen, wie Beziehungsdynamiken funktionieren. Niemand ist daran schuld, dass du ständig negative Gedanken hast. Du selbst bist dafür verantwortlich, auf realistische Weise positiv zu denken und eventuell sogar auch zu meditieren und deinen unruhigen Geist zu befrieden sowie dein Ego zu verstehen. Niemand ist daran schuld, dass du zu viele Kilos auf den Rippen hast. Du selbst hast die Verantwortung dafür, ins Gym zu gehen oder deine Ernährung umzustellen. Doch solange du anderen Menschen oder irgendwelchen Umständen die Schuld dafür gibst, wirst du auf ewig in dieser Abhängigkeit versinken. Denk einmal genauer darüber nach. Wir haben bereits zuvor darüber geredet, dass die meisten Menschen sich ein Gefühl erhoffen, sobald sie etwas Bestimmtes erreicht haben, aber sind sie dann nicht abhängig?

Stell dir vor, du glaubst als Mann: »Wenn ich erst mal die richtige Frau gefunden habe, dann kann ich glücklich sein.« Für Frauen gilt umgekehrt das Gleiche. Bist du dann nicht immer darauf angewiesen, dass diese Frau oder dieser Mann an deiner Seite ist, weil du ja ansonsten dein Glück verlieren würdest? Was, glaubst du, wird dadurch vor allem entstehen? Angst. Die Angst, sie/ihn zu verlieren und dass sie/er aus deinem Leben treten könnte. Was, glaubst du, wird diese Angst ausstrahlen? Unsicherheit. Unsicherheit, die deine Prinzessin oder deinen Prinzen eben erst recht vertreiben wird, sodass kein Weg daran vorbeiführt, dass ihr euch eines Tages wieder trennt. Und was glaubst du, wem du am Ende dann die Schuld dafür geben wirst, dass du unglücklich bist? Ihr. Natürlich ihr oder ihm. Dabei war der Kern des Problems schon die ganze Zeit, dass du glaubtest, sie/er sei die Lösung für all deine Probleme.

Dies entspricht jedoch niemals der Wahrheit, deshalb ist es auch so unfassbar wichtig, all die Schuldzuschreibungen in meinem Leben aufzulösen und zu verstehen, dass einzig und allein Verantwortung mich wirklich frei und unabhängig machen kann. Wenn ich nämlich nichts mehr von dort draußen brauche, wie könnte ich dann etwas mit einem unreinen Herzen machen? Es würde nicht gehen. Nichts von dem, was ich dann täte, würde mit einer Absicht einhergehen. Alles, was ich dann tun würde, käme aus einer komplett reinen Quelle.

Warum aber können wir das nicht? Weil wir glauben, dass das Gefühl, das wir suchen, dort draußen ist. Dies ist jedoch eine absolute Illusion. Das Gefühl ist in dir. Schon die ganze Zeit. Du weißt einfach noch nicht, wie du es für dich abrufen kannst, und das ist der Grund, warum du so sehr leidest und ständig hinter falschen Träumen herläufst.

Wie schaffst du es also, diese Gefühle selbst zu kreieren? Diesem Thema wollen wir uns in den nächsten Kapiteln widmen, damit du verstehen kannst, was dort eigentlich für eine Macht tief in dir schlummert.

DIE VERSCHIEDENEN EBENEN DES BEWUSSTSEINS

Ich will, dass du Folgendes verstehst. Alles im Leben ist eine Frage deiner Energie. Das bedeutet vor allem, worauf du deine Aufmerksamkeit regelmäßig lenkst. Dabei ist es wichtig zu begreifen, dass Energie vollkommen unparteiisch ist. Sie füttert einfach nur das, worauf du dich fokussierst. Was ich damit meine, ist: Stell dir Energie wie Wasser vor. Stell dir vor, du hast einen tollen Rasen und du gießt nun Wasser darauf. Was wird dann passieren? Es werden Blumen wachsen, stimmt's? Exakt. Es wird darüber hinaus jedoch auch Unkraut sprießen. Das Wasser diskriminiert dabei nicht, es wählt einfach nur. Es folgt schlicht deinem Willen.

Genauso ist es mit der Energie in unserem Leben. Energie ist nicht auf irgendeiner Seite, weder für noch gegen dich. Energie ist lediglich dazu da, damit du sie lenken kannst, doch du musst dir eben über die Voraussetzungen und Konsequenzen dabei im Klaren sein. Es ist wie mit besagtem Messerbeispiel: Wenn du als Säugling ein Messer in der Hand hast, dir aber nicht im Klaren darüber bist, wie du es handhaben musst, dann kann das übel enden. Ebenso später mit einer Waffe, die du in deinen Händen hältst. Du verletzt möglicherweise nicht nur dich, sondern auch all die anderen, deshalb ist es so unglaublich wichtig, dir endlich bewusst darüber zu werden, wie mächtig du eigentlich bist und dass du eben bestimmte Dinge nicht so genutzt hast, wie du es eigentlich hättest tun können. Wie auch? Es hat dir ja niemals jemand beigebracht.

Ganz egal, ob es dein iPhone oder dein neuer schwedischer Eckschrank ist, für all diese Teile gibt es eine mehr oder weniger verständliche Montage- oder Betriebsanleitung. Dennoch sind solche Sachen nicht einmal annähernd so wichtig wie dein eigenes Leben, und eben dafür gibt es keine eindeutige Bedienungsanleitung. Man wird einfach so ins vollkommene Nichts geworfen und muss schauen, wie man zurechtkommt. Es ist, wie wenn du für dein Möbel Tipps von Menschen erhältst, die selbst noch nie einen Schrank zusammengebaut haben und dir sagen: »Versuch doch mal, die Schraube dort reinzuziehen, oder benutz den Kleber doch mal für diese Seite des Holzes«, sodass du am Ende einen Schrank hast, der auf dem Kopf steht und beinahe zusammenbricht. Und wenn sie ins Zimmer kommen und das sehen, beschweren sie sich auch noch darüber, dass du das ganze Ding versaut hättest. Aber wer hat dir denn je gezeigt, wie es wirklich geht? Verstehst du? Das ist eben das größte Problem bei der ganzen Sache. Wir sind uns nicht bewusst darüber, wie unfähig wir eigentlich sind, und deshalb laufen wir durch unser Leben, in dem Glauben, dass es alles ja schon richtig sei, wie wir es machen, und es keinen anderen Weg gibt. Das ist die unbewusste Inkompetenz, in der die meisten Menschen festhängen. Dein Bewusstsein hat nämlich verschiedene Stufen.

Ich weiß nicht, dass ich nichts weiß (unbewusste Inkompetenz)

Die meisten Menschen haben gar keinen Schimmer, dass sie der Grund dafür sind, wenn ihr Leben den Bach runtergeht. Sie glauben, das sei einfach die Art, wie es laufen müsste, und lassen es deshalb einfach weiterhin so fortfahren. Stell dir vor, ich würde versuchen, dir zu erklären, wie man eine mathematische Gleichung auflöst, aber du weißt noch nicht einmal, was »plus« und »minus« bedeuten. Stell dir vor, ich würde dir erklären, wie du ein Gebäude zeichnen sollst, aber du weißt noch nicht mal, wie man einen einzigen Raum oder einen Quader malt. Stell dir vor, ich würde dir erklären wollen, wie man ein Gedicht schreibt, doch du weißt noch nicht mal, wie man einen Satz richtig bildet. Was wird dann entstehen? Absolutes Chaos. Das bedeutet, dass die meisten noch nicht einmal die richtige Grundlage haben, um überhaupt all das Wissen und die Informationen, die sie tagtäglich aufnehmen, richtig zu nutzen.

Damit das passieren kann, muss man sich überhaupt erst mal im Klaren darüber sein, dass man vollkommen am Anfang steht und absolut nichts weiß. Erkenne, dass es Dinge gibt, deren du dir noch nicht einmal bewusst bist und mit denen du deshalb gar nicht arbeiten kannst. Diese Dinge sind für dich vollkommen verschlossen.

Was passiert beispielsweise, wenn du durch Facebook scrollst, dir Videos von anderen Menschen anguckst und dann plötzlich eine Werbung siehst? Du denkst dir vielleicht: »Was für Idioten, warum nerven die einen mit so einem Quatsch?«, und klickst sie weg. Aber in Wahrheit war diese Werbung gar nicht dazu da, um dich anzusprechen, sondern um herauszufinden, wie du darauf reagierst. Damit der Algorithmus von Facebook so schnell wie möglich erkennt, welche Leute er wie ansprechen muss, sodass er umso gezielter die erreicht, die die Dienste dieser Werbung in Anspruch nehmen und denen man dann wahrscheinlich noch mehr verkaufen kann.

Soeben hat sich dir eine neue Sphäre eröffnet. Wenn du noch nicht darüber Bescheid wusstest, ist es sehr gut möglich, dass du dir nun sagst: »Oh ... so ist das also ...«, und nun aus einer anderen Perspektive heraus denkst. Genauso wie bei diesem Beispiel gibt es noch etliche weitere Dinge in deinem Leben, über die du dir noch gar nicht im Klaren bist, und du gehst möglicherweise davon aus, dass all das, was du bisher weißt, längst ausreicht, um in der Welt klarzukommen. Aber das tut es bei Weitem nicht; und wenn du das begreifst, kommst du in die bewusste Inkompetenz.

Ich weiß, dass ich nichts weiß (bewusste Inkompetenz)

Wie einst schon Sokrates sagte: »Ich weiß, dass ich nicht(s) weiß.« Auch heute noch liegt unfassbar viel Weisheit in diesem Satz. Der einzige Grund, warum die meisten Menschen in ihrer Entwicklung stehen bleiben, ist, dass sie irgendwann glauben, bereits alles verstanden zu haben. Auch ich tappe häufig in diese Falle. Dabei übersehe ich immer diesen einen Leitsatz, der eine unfassbar große Rolle in deinem Leben spielen sollte, wenn du konstant an dir wachsen willst, und das ist: »Always be learning.« Sei ein ewiger Schüler dieses Lebens, denn wie sagt man so schön? Ein wahrer Meister bleibt immer ein Schüler.

In diesem Buch geht es vor allem darum, bereits zu sein, was du eines Tages sein willst, und viele Menschen fragen mich nach solch einem Satz: »Aber was ist, wenn ich in dem Fall stehen bleibe? Ist das denn nicht dasselbe? Was ist, wenn ich nicht mehr vorankomme? Was ist, wenn ich nichts mehr tue, wenn ich glaube, dass ich bereits die Person bin, die all das hat, was ich mir wünsche?«

Eben hier bemerke ich immer wieder, dass viele noch in einem Mangel-Mindset gefangen sind; das bedeutet, sie hoffen, irgendwann irgendwo anzukommen. Ich habe eine sehr wichtige Nachricht für dich: Du kommst niemals an. Du bist längst da! Auch wenn du dich lebenslang verbessern und erfolgreicher werden willst: Es gibt keinen Ort, den du dabei erreichen musst, du bist längst angekommen. Du bist am Leben. Das bedeutet, dass du bereits da bist; alles, was du nun tun musst, ist, *das Spielen* anzufangen.

Das Spiel hat folgende Regeln: Tu das, was nötig ist, um zu bekommen, was du willst. Das heißt, wenn du Tomatensuppe willst, dann tu bitte keine Rüben in die Schale, sondern Tomaten. Es ist so einfach. Das bedeutet: Wenn du ein Leben haben willst, das ein Ronaldo führt, dann tu die nötigen Dinge in die Schale. Wenn du ein Leben führen willst, das eine Cardi B führt, dann tu die nötigen Eigenschaften in die Schale, und früher oder später wird dieses Leben realisiert werden. Was du dennoch niemals vergessen darfst, ist, dass du jeden Tag dazulernen musst und dass du jeden Tag wachsen musst. Das Leben ist ständiges Wachstum, Veränderung und Weiterentwicklung, also mach bitte niemals diesen Fehler – zu glauben, dass du »stehen bleiben« darfst, denn nur so kommst du in die bewusste Kompetenz.

Ich weiß, dass ich etwas weiß (bewusste Kompetenz)

Sobald du dich auf den Weg machst, um neue Dinge zu lernen, ist es dennoch enorm wichtig, realistisch zu bleiben. Das bedeutet, dass du nicht verleugnest, was du bereits kannst. Es ist eine Sache zu sagen: »Ich weiß, dass ich nichts weiß.« Es ist eine andere Sache, sich selbst runterzumachen. Wahres Selbstbewusstsein basiert auf der Selbstwahrnehmung und der Fähigkeit, einschätzen zu können, wie gut du wirklich in all den Dingen bist, die du dir bereits angeeignet hast. Du wirst mit der Zeit bemerken, dass Leute deine Skills bewundern und dir sogar Komplimente dafür machen, nur damit du als Nächstes sagen kannst: »Ach Quatsch. Nicht der Rede wert. So toll ist das Ganze jetzt auch nicht.« Lass das. Bei aller Liebe: Wenn du etwas kannst, dann steh auch dazu. Sag als Beispiel einfach: »Danke. Das weiß ich sehr zu schätzen.« Es gibt nämlich die Menschen dort draußen, die sich weit überschätzen, und diejenigen, die sich weit unter ihrem Wert verkaufen. Sei nicht einer oder eine von denen, die auf der einen oder anderen Seite festhängen, sondern messe dich an deinen Ergebnissen. Wenn du es geschafft hast, einen Titel zu holen, dann steh auch ehrlich dazu. Wenn du es geschafft hast, eine Firma aufzubauen, dann repräsentiere das Ganze auch mit Herz und Blut. Wenn du es hinbekommen hast, ein Menschenleben zu verändern, weil du die richtigen Worte gefunden hast, dann sind das klare Ergebnisse. Du brauchst dich nicht unter deinem Wert zu verkaufen.

Wenn du lang genug an etwas dranbleibst und gut darin wirst, dann akzeptiere die Früchte, die dadurch in dein Leben kommen, denn wenn du das Ganze lang genug tust, wirst du merken, wie du Schritt für Schritt in die unbewusste Kompetenz kommst.

Ich weiß nicht, dass ich etwas weiß (unbewusste Kompetenz)

Dies ist der Punkt, an dem viele Menschen landen oder jetzt bereits stehen. Genau so, wie sehr viele keine Ahnung haben, was sie nicht wissen, gibt es ebenso viele Menschen, die keine Ahnung davon haben, was sie sehr gut wissen. Was damit gemeint ist, sind deine Stärken.

Als ich noch jünger war, habe ich sehr viel Musik gemacht und war sprachlich begabter als andere, doch es ist mir nie aufgefallen. Mein Wortschatz war breiter als der von vielen in meinem Umfeld. Dazu kam noch, dass ich eines Tages anfing, Taxi zu fahren, und mich ständig mit anderen Menschen, von Arm bis Reich und Jung bis Alt, unterhalten habe, nur um am Ende Komplimente dafür zu bekommen, was für ein toller Zuhörer und Gesprächspartner ich doch sei. Ich habe mir nie Gedanken darüber gemacht, ob ich ein guter Sprecher bin oder ob ich Menschen überzeugen kann, sondern habe einfach zufälligerweise viel mit diesen Themen zu tun gehabt, wodurch langsam ein Skill entstanden ist.

Das Ding ist eben, dass du diese Fähigkeiten nicht erkennst, wenn du jeden Tag damit konfrontiert bist. Kennst du Menschen, die wie Arnold Schwarzenegger aussehen, weil sie sich jeden Tag im Gym abrackern, aber immer noch sagen, dass sie viel zu dünn sind? Das liegt vor allem daran, dass sie eben jeden Tag in der Muckibude sind und deshalb keine maßgeblichen Veränderungen bemerken. Was aber ist mit dem Kumpel, der sie seit einem Jahr nicht mehr gesehen hat und sie noch von früher als einen kleinen, dünnen Hanswurst kennt und ihnen heute über den Weg läuft? Für ihn wird es eine unfassbare Überraschung sein, sie so zu sehen.

Wir haben also einen blinden Fleck für unsere eigenen Stärken. Deshalb ist es so wichtig, Menschen von außen zu fragen, wie sie uns sehen und was für Stärken sie uns persönlich zuschreiben. Wenn du dann ein wiederholendes Muster erkennst, wie beispielsweise zehn von fünfzehn

Leuten, die dir sagen, dass du ein guter Kommunikator bist, dann weißt du, dass du eine Stärke gefunden hast. Das ist vor allem wichtig, um im Nachhinein herauszufinden, was für einen Weg du für dich persönlich wählen könntest, um eines Tages sehr erfolgreich zu sein. Was du jedoch unbedingt im Kopf behalten solltest, ist, dass dies die Ebene ist, bei der wir etwas lang genug gemacht haben, damit es wie aus Zauberhand von allein funktioniert.

Nehmen wir beispielsweise mal das Autofahren. Solange du in der unbewussten Inkompetenz bist, weißt du noch nicht mal, dass es Autos gibt. Wenn du dann endlich von Autos gehört hast und bemerkst, dass du sie nicht bedienen kannst, befindest du dich schon in der bewussten Inkompetenz. Nachdem du lernst, langsam die Schaltung zu bedienen und den Schulterblick einzuhalten, bist du in der bewussten Kompetenz. Du lernst das Autofahren und wiederholst das Ganze viele Male, sodass du irgendwann in der unbewussten Kompetenz landest. Du kannst Auto fahren und gleichzeitig ein Gespräch führen. Das alles ist nur so gekommen, weil du dich lang genug auf ein und dieselbe Sache fokussiert hast. Genau darauf will ich hiermit hinaus: auf deinen Fokus.

KAPITEL 3

HERZENS-WUNSCH

DIE MACHT DES FOKUS

Wenn du deinen Fokus lang genug auf ein und dieselbe Sache richtest, dann wirst du bemerken, dass du sehr viele neue Skills lernen kannst, die in Fleisch und Blut übergehen. Es mag nicht immer angenehm sein, etwas Neues in dein Leben zu integrieren, aber es ist der einzige Weg, um über sich selbst hinauszuwachsen und etwas Neues zu erschaffen. Die meisten Menschen aber bleiben leider ständig in ihrem alten Muster gefangen und behalten ihren Fokus lieber bei dem Altbekannten. Streamingplattformen, Pornos, Social Media, Drama und all die weiteren Dinge, die einem nicht gerade das Paradies auf Erden versprechen.

Wie kommt es aber dazu, dass wir uns so sehr auf diese Dinge fokussieren? Weil wir nicht wirklich verstehen, wie unser Fokus funktioniert. Bleiben wir mal bei dem Thema Autos. Stell dir vor, du fährst eine lange Straße entlang, die vollkommen leer ist, bis auf einen einzigen Baum. Du gibst also Vollgas, bis du bemerkst, dass du ins Schleudern kommst, und ahnst bereits, dass du gleich von der Fahrbahn abkommen wirst. Was glaubst du, worauf du dich als Erstes fokussieren wirst? Auf den einen Baum natürlich. Was aber passiert, wenn du dich darauf fokussierst?

In der Fahrschule damals hat mein Lehrer mir immer Folgendes gesagt: »Da, wo der Kopf hinguckt, da geht auch das Steuer hin.« Das bedeutet: Wenn du dich auf den Baum konzentrierst, dann wirst du definitiv auch darauf zusteuern. Was wäre also eine bessere Lösung? Auf die freie Fläche zu schauen. Das bedeutet: Wenn der Baum rechts von dir ist, dann schau nach links ins Leere, auch wenn es merkwürdig klingt.

Das ist eben das Problem, das die meisten Menschen haben. Sie konzentrieren sich vor allem darauf, was sie nicht in ihrem Leben wollen, aber unser Fokus kennt dieses Wort »nicht« nicht. Es ist ein leerer

Begriff. Der Fokus kennt nur das, worauf du deine Aufmerksamkeit richtest. Wenn du also sagst: »Ich will nicht traurig sein«, dann rate mal, was du als Nächstes sein wirst. Die meisten Leute da draußen sind mit ihrem Fokus in ihrer Vergangenheit. Sie erhoffen sich am allermeisten, diese Vergangenheit zu vergessen, aber hier ist meine Frage: *Kannst du etwas vergessen, indem du dich darauf konzentrierst, es zu vergessen?*

Lass dir diesen Satz noch einmal durch den Kopf gehen: *Kannst du etwas vergessen, indem du dich darauf konzentrierst, es zu vergessen?*

Es ergibt absolut gar keinen Sinn. Es ist vollkommen unlogisch und eben auch unmöglich. Wenn du etwas vergessen willst, dann brauchst du ganz einfach etwas Neues, worauf du dich konzentrieren willst – und ebendas haben die meisten Menschen nicht. Da sie ebendas nicht haben, verlieren sie sich in all dem, was sie »nicht« wollen, und ziehen es automatisch in ihr Leben, also frag dich einmal: »Was willst du wirklich?«

Dies ist eine der wichtigsten Fragen, um wahre Glückseligkeit in deinem Leben zu finden, denn davon hängt ab, wer du sein musst. Nur dadurch lässt sich definieren, welche Entscheidungen du tagtäglich treffen musst. Es handelt sich dabei um ein ganz simples Drei-Schritte-Formular:

1. Was will ich wirklich?
2. Wie komme ich dorthin?
3. Was hält mich auf?

Mit diesem Drei-Schritte-Formular kannst du wirklich in jedem Bereich deines Lebens arbeiten. Dafür musst du natürlich vor allem verstehen, wie es funktioniert und warum gerade diese drei Schritte solch einen massiven Effekt auf dein Dasein haben können.

WAS WILL ICH WIRKLICH?

Die Frage »Was will ich wirklich?« legt den Kontext fest, in dem du dich befindest und wovon du deinen Wert abhängig machst. Ich habe bereits den Fußballspieler erwähnt. Zur Wiederholung lass uns noch einmal darauf eingehen. Wir haben weiter vorn mit anderen Worten geklärt, dass ein Fußballspieler an sich nichts wert ist, es sei denn, er wird auf einem Fußballplatz eingesetzt, richtig? Die Frage lautet nun: Wo ist dein Platz? Auf welchem Feld willst du dich befinden? Welche Rolle willst du spielen, denn all das, was du in deinem Leben tust, ist eben nur, eine Rolle einzunehmen, die du selbst gewählt hast.

Jede Rolle sollte ganz bestimmte Voraussetzungen erfüllen. Wie bereits beschrieben, kannst du nicht einfach Rüben in die Schale werfen, wenn du eigentlich Tomatensuppe willst. Es geht anfangs also vor allem darum zu wählen, was du wirklich willst. Davon ist dann abhängig, wie du dich am Ende verhalten musst. Wie aber finde ich denn heraus, was ich wirklich will? Was ist der Schlüssel dazu? Darüber wollen wir jetzt intensiver sprechen, und ich glaube, du wirst erstaunt sein, was so alles in dir steckt, also legen wir los. Jetzt wird es wirklich interessant. Nun dringen wir weiter vor in die ultimative Macht, die in dir verborgen liegt, und besprechen, wie du sie richtig nutzen kannst.

Wie lange wartest du schon darauf, dass deine Bestimmung dir zugeflogen kommt? Wenn ich mit Menschen rede und sie frage, warum sie nicht vorankommen, dann sagen sie mir häufig, dass sie nicht wissen, was sie wollen. Die nächste Frage lautet dann meist: »Wie finde ich heraus, was ich wirklich will?«, doch in der Regel sagen sie es aus einer Haltung von »Wann kommt es mir endlich in den Schoß geflogen?«.

Ich habe schlechte Neuigkeiten für dich. Es heißt nicht »auf seine Bestimmung warten«, sondern »seine Bestimmung finden«. Leider aber gibt es etliche Leute, die sich eben immer die folgende Frage stellen:

»Wie lange noch? Wie lange muss ich noch warten?« Die Antwort ist: »Für immer«, wenn du nicht bereit bist zu starten. Aber womit starten? Egal womit, Hauptsache, du startest. Dein Ideenreichtum wird durchs Handeln angeregt, nicht durch das Warten.

Stell dir vor, du sitzt zu Hause und willst eigentlich an einem Projekt arbeiten. Du hast circa fünf Stunden Zeit, aber ein guter Freund ruft dich an und sagt: »Hey, ich würde gerne vorbeikommen, hast du Zeit?« Du sagst ihm freundlich: »Ja klar, gerne. Haben uns lange nicht mehr gesehen.« Er sagt dir also: »Super! Freue mich. Bin gleich da.« Also wartest du. Du denkst dir: »Ich könnte jetzt mit meinem Projekt anfangen, aber dann müsste ich ja mittendrin aufhören, wenn der Kumpel gleich kommt, aber was ist ›gleich‹?« Dein »gleich« ist nicht sein »gleich«. Sein »gleich« könnte in drei Stunden sein, während du an fünf Minuten denkst, aber dennoch wartest du. Es vergehen vier Stunden, in denen du wartest und dir denkst: »Ach, gleich kommt er. Ich fange mein Projekt lieber nicht an«, nur um dann zu merken, dass er gar nicht kommt. Er ruft dich eine weitere Stunde später also an und sagt dir: »Hey, sorry, mir ist was Wichtiges dazwischengekommen. Lass uns das auf ein andermal verschieben.« Also sitzt du nun dort und denkst dir: »Was soll das, zum Teufel? Warum habe ich jetzt fünf Stunden gewartet? Ich hätte doch schon längst loslegen können und was geschafft haben?«

Genau diese Haltung ist es, die die meisten Menschen leider an den Tag legen. Sie warten. Worauf, verdammt noch mal, wartest du? Warum tust du so, als ob du endlos Zeit hättest? Jede Minute und Sekunde, die vergehen, sind ein Stück Leben, das dir verloren geht. Es ist das, womit du dein Leben in Erfüllung bringst, also worauf, verdammt noch mal, wartest du? Was du nämlich endlich begreifen musst, ist, dass du ganz bestimmte Dinge in deinem Leben hast, die dich erfüllen und dir Spaß machen, doch wenn du nicht bereit bist, in den Angriff zu gehen, um zu erkennen, was dich wirklich erfüllt, dann wirst du nie erfahren, was du brauchst, um deine Berufung zu finden.

Ich bin dankbar dafür, dass ich von klein auf einfach *gemacht* habe. Ich bin dem gefolgt, was mir Spaß machte, und meine Eltern haben es mir Gott sei Dank niemals verboten. Dazu gehörte beispielsweise das Zeichnen. Dann das Musikmachen sowie eines Tages der Kampfsport. Dann irgendwann das Sprechen. Musik und Kunst lassen sich dabei vor allem in den Bereich der Kreativität packen, während Kampfsport natürlich in das Thema »Sport« passt.

KANN ICH DAVON LEBEN?

Es gibt aber noch einen Bereich, den man auf keinen Fall außer Acht lassen sollte, und das ist der Bereich des Business, denn was ich über all die Zeit verstanden habe, ist, dass du machen kannst, was du willst. Solange du nicht verstehst, wie das Thema »Business« funktioniert, wirst du niemals davon leben können. Und dies ist eben wichtig, um dich und deine Familie zu ernähren. Denn folgende Fragen solltest du dir definitiv beantworten können, wenn du nach deiner Bestimmung suchst:

1. Was kann ich?
2. Was mag ich?
3. Wer braucht es?
4. Kann ich davon leben?

Wenn du diese vier Fragen erfüllst, dann wirst du merken, dass du dir keinen Kopf mehr machen brauchst, da du dann dafür gesorgt hast, dass du eine gewisse Grundbasis für dein Leben hast, ganz egal ob geistig oder geschäftlich. Ich habe lange Zeit daran gearbeitet, Comics zu malen und sie meinen Freunden zu zeigen, weil ich eines Tages ein großer Zeichner werden wollte, aber ich kam immer wieder an den Punkt, wo ich merkte: »Ja, es macht Spaß, aber wie soll ich eines Tages davon leben?« Ich dachte daran, meine Zeichnungen an Verlage zu versenden, und das tat ich auch, nur leider ohne Erfolg. Eines Tages dann fand ich die Liebe zur Musik. Als ich damit anfing, war ich absolut in meinem Element. Es war etwas, was mich aus tiefstem Herzen erfüllt, aber die Frage war: »Wie werde ich eines Tages davon leben können?« Was ich besonders bemerkte, war: Deine Musik kann so gut sein, wie du willst, aber wenn du nicht weißt, wie du sie vermarkten musst, dann interessiert es sowieso niemanden. Du kannst noch so ein großartiger Typ sein, wenn du nicht rausgehst, um deine Traumfrau kennenzulernen, dann wird sie sich einfach jemand anders schnappen, und du bleibst allein zurück. So läuft das Spiel eben.

Auch im Sport habe ich gemerkt, dass man noch so gut sein konnte – diejenigen, die wirklich erfolgreich waren, waren die, die für das gute Geld infrage kamen. Diejenigen, die Show-Kämpfe veranstalteten und Geld einbrachten, oder diejenigen, die für die Profikarriere geeignet waren, sind diejenigen gewesen, die wirklich im Fokus standen, ganz egal, wie gut du warst. Diese eine Sache also ging mir nie aus dem Kopf.

Wenn ich etwas machen will, dann muss ich es auch zu einem Geschäft machen können, sonst wird es niemals funktionieren. Und das habe ich auch in meiner YouTube-Karriere mitbekommen. Ich habe sehr lange mit Herz und Liebe Videos gedreht und damit Millionen von Aufrufen generieren können, aber was niemand wusste, ist, dass ich unfassbar hart dafür gearbeitet hatte, auch wenn man es niemals sah. Ich schuftete mir einen ab. Auch wenn ich Fieber hatte, stand ich vor der Kamera, weil ich wusste, dass ich abliefern musste, nur war da immer eine Sache im Hinterkopf: »Was ist mit dir, Isa?« Ich hatte kein Geld, musste bei meiner Mutter wohnen und versuchte, mich mit einem Nebenjob über Wasser zu halten.

Dies war der Zeitpunkt, an dem ich bemerkte, dass es keine Rolle spielt, wie bekannt du bist oder wie gut du zeichnen oder Musik machen kannst. Solange du deine Liebe zur Arbeit nicht zu einem Business machen kannst, wirst du dich zu Tode schuften.

Ich weiß, dies ist kein Business-Buch, deswegen werde ich dich nicht mit organisatorischen oder marketingtechnischen Prozessen belästigen, aber was ich dir ans Herz legen will, ist: Behalte das im Hinterkopf, da du dir das Leben sonst sehr schwer machst. Und ich weiß, dass viele Menschen noch eine große Abneigung gegen die Themen »Geld« oder »Geschäfte« haben. Deshalb fang am besten genau dort an und löse all die negativen Glaubenssätze gegen ebendieses Thema auf.

Wenn du nicht weißt, wie du das Ganze hinkriegst, dann lege ich dir ans Herz, dich entweder an uns oder jemand anders zu wenden, der Experte auf diesem Gebiet ist, damit du diese Dinge endlich auflösen kannst. Schaue dafür auf unserer Website www.master-your-mind.de vorbei. Ich werde zwar später im Buch noch einmal darauf eingehen, doch solche tieferliegenden Dinge brauchen in der Regel die Hilfe eines Experten, ansonsten soll es diesbezüglich hiermit reichen, damit wir auf das nächste Thema eingehen können, und zwar deine Stärken und Schwächen.

Wie ich schon angedeutet habe, musst du dir unbedingt im Klaren darüber sein, dass es ganz bestimmte Stärken in dir gibt, die du vielleicht nicht sofort erkennst. Oftmals sind es eher die Außenstehenden, die beurteilen können, worin wir gut oder schlecht sind. Denk jedoch daran: Es gibt kein Gut oder Schlecht an sich. Vielmehr gibt es Fähigkeiten, die du hast und die besonders gut in einen bestimmten Bereich passen. Damals, als ich noch als Taxifahrer arbeitete, habe ich ständig mit anderen Menschen geredet. Mir ist dabei etwas aufgefallen. Die Neugier war auf meiner Seite, und das rate ich dir ebenfalls. Sei immer neugierig.

Jedenfalls fiel mir auf, dasss alle Menschen so ziemlich dieselben Probleme hatten, obwohl sie aus verschiedenen Bereichen kamen. Ganz egal ob jung, alt, stark, schwach, arm oder reich. Alle Menschen hatten im Kern so ziemlich dieselben Probleme, also habe ich mir das Ganze erst mal angehört. Da ich zu der Zeit viele Bücher las, konnte ich ihnen dann immer einen Rat geben, wofür sie unfassbar dankbar waren, da ihnen jedes Mal ein Licht aufgegangen war. Immer häufiger erhielt ich Komplimente dafür, wie gut ich zuhören konnte und wie hilfreich meine Ratschläge doch waren. Dies war der Zeitpunkt, an dem ich erkannte, dass ich scheinbar etwas hatte, worin ich ziemlich gut war, und das war reden. Was aber sollte ich mit »reden« anfangen?

Dann jedoch kam ich auf eine Idee. Wieso schaue ich mir nicht andere Leute an, die mit dem Reden bereits erfolgreich geworden sind?

Und ich habe dann im Internet Leute wie Tai Lopez oder Gary Vaynerchuk entdeckt, die bereits ein ganzes Imperium nur mit dem Reden aufgebaut haben. Ich sagte mir also: »Warum nicht einfach dasselbe machen?« Hier kommen dann die Strategien ins Spiel. Nun musst du zu einem kleinen Napoleon werden, der in den Krieg ziehen will. Selbst Sun Tzu, einer der größten Generäle, sagte schon: »Immer von oben angreifen.« Genau das tat ich eben. Ich habe mir genau angeschaut, wie die Arbeit eines Tai Lopez aus der Vogelperspektive aussieht. Ich habe gesehen, dass er Onlinekurse erstellt und sie über E-Mail-Marketing sowie sogenannte Funnels verkauft und diese Produkte eben über YouTube- sowie Facebook-Videos vermarktet. Ich wusste also, was zu tun ist. Glaub mir, ich hatte überhaupt keinen Bock darauf. Es war nicht so, dass ich mir gedacht habe: »Ja! Genau das ist es! Ich will reden! Ich liebe reden!«, sondern eher so, dass ich mir dachte: »Ich muss das jetzt durchziehen. Es gibt für mich sonst keinen anderen Ausweg. Ich kann einfach nicht in mein altes, in finanzieller Hinsicht miserables Leben zurück. Das halte ich nicht aus. Niemals!«

Also fing ich an zu arbeiten. Hart zu arbeiten und genau das zu tun, was die anderen Leute getan haben, die ich mir als Beispiel genommen habe. Ich habe ihr Verhalten nachmodelliert, und nun bin ich an einem Punkt, wo ich sagen kann: Es hat funktioniert. Genauso solltest du dir auch vollkommen im Klaren darüber sein, dass es keine Bestimmung da draußen gibt, die einfach zu dir geflogen kommt, sondern dass du dir deine Bestimmung selbst erschaffen musst, nur ist bei den meisten Menschen leider der Schmerz noch nicht groß genug. Der Schmerz, einfach anzufangen und loszulegen.

Das ist das, was dich viel eher antreibt als all die Belohnungen, auf die wir unseren Fokus legen. Beispielsweise die teuren Autos und das viele Geld, doch am Ende bringt es dir alles sowieso nichts, da es dir eh nicht das Gefühl beschert, das du dir die ganze Zeit gewünscht hast.

Ich sage dir jetzt etwas, was dich vielleicht überraschen wird, aber es ist die Wahrheit, ganz egal, ob du es willst oder nicht: *»Die Akzep-*

tanz von Schmerz ist Glückseligkeit.« Ich rede von Schmerz, nicht von Leid. Bitte verwechsele das Ganze nicht. Das meiste, was die Menschen dort draußen durchmachen, ist nämlich Leid. Leid ist selbst verursacht. Schmerz ist eher etwas, das plötzlich in dein Leben kommt. Stell dir vor, du brichst dir einen Arm. Das ist Schmerz. Stell dir nun vor, du jammerst noch ein Jahr lang weiter und kommst einfach nicht drüber hinweg. Das ist Leid.

Die meisten Menschen da draußen sind im Leid. Sie versinken, darin, weil sie glauben, damit hätten sie eine gute Ausrede und brauchen niemals ihren wahren Schmerz zu akzeptieren, aber das wird niemals gelingen. Wenn dein Arm bricht, ist das eine Möglichkeit, zu wachsen und dich weiterzuentwickeln. Mein Schmerz damals war die Armut und die Depression. Ich hatte nie Geld auf meinem Konto. Ich musste meine Mutter immer um ein paar Euros bitten, da ich nichts in der Tasche hatte. Auch wenn ich gearbeitet habe: Mein Vater war im Gefängnis, und meine Mutter musste all seine Schulden abbezahlen. All das Geld, was ich verdiente, ging also für ebendiese Schulden drauf.

Weiterhin hing ich in einer Depression fest, war vollgepumpt mit Drogen und stand kurz davor, ebenfalls in den Knast zu wandern.

Zu dieser Zeit wusste ich definitiv, dass es nicht so weitergehen konnte. Ich habe mir Folgendes geschworen: Das Erste war, dass ich aus dieser Depression rauskomme und das Leben von anderen Menschen rette, die ebenfalls solch eine schwere Zeit durchmachen müssen, und das Zweite war, dass ich nie wieder Teller waschen werde, nur um vier Euro die Stunde zu verdienen oder wie Scheiße behandelt zu werden.

Es war also der Schmerz, der mich angetrieben hat. Schon immer. Ich glaube, es gibt nichts Stärkeres als diesen Antrieb.

Wie lange hängst du schon zu Hause rum und lässt es dir gut gehen? Wie lange denkst du noch darüber nach, ob du vielleicht nicht deine Schule schmeißen solltest und ein Business startest? Wie lange fragst du dich bereits, ob dein derzeitiger Job dich wirklich glücklich macht, auch wenn du gut verdienst? All diese Dinge sind komfortable Zonen, in denen wir uns befinden, obwohl unser Herz oftmals etwas völlig anderes, vielleicht völlig Verrücktes will, doch wir sind nicht bereit, auf das Navigationssystem zu hören, da unser Kopf, also das Radio, noch zu laut ist. Das geht so lange weiter, bis der Schmerz irgendwann so groß wird, dass du gar nicht anders kannst, als endlich deinen eigenen Weg zu gehen. Ich bete für dich, dass es nicht allzu lange dauern wird. Ein guter Anfang also wäre es, bereits mit den folgenden vier Schritten zu starten, so wie ich es damals auch gemacht habe.

1. Lies Bücher, vor allem Ratgeber und Sachbücher, um herauszufinden, was dich interessiert.
2. Probier Dinge aus und schau, wo deine Schwächen und Stärken sind.
3. Finde jemanden, der bereits mit denselben Fähigkeiten erfolgreich geworden ist.
4. Mach das, was diese Person gemacht hat, und mach es noch besser.

Wie kommt es aber, dass kaum ein Mensch wirklich eine Bestimmung für sich findet, um diese endlich wahr zu machen? Es ist, weil die meisten Menschen sich einfach nicht entscheiden können. Wir leben in zwei Welten. Die eine davon ist die fantasievolle, kreative und bunte Welt, während da auch noch die kalte, harte, reale Welt ist, die wir tagtäglich sehen. Zu viele Menschen da draußen leben in ihrer Fantasie. Es ist immer schön, in deinem Kopf zu sein und über alles Mögliche zu fantasieren, das Problem dabei ist nur: Wenn du ständig von A nach B springst, dann wirst du niemals vorankommen. Um etwas zu realisieren, brauchst du nämlich eine Entscheidung. Es ist unfassbar wichtig, dass du wählst und dabei bleibst, so lange, bis es absolut keinen Sinn mehr ergibt. Davor haben die meisten Menschen leider zu viel Angst, denn sie sind alle noch ein Kind geblieben.

Warum ich das so sage, werden wir im späteren Verlauf des Buches noch klären, und dann wirst du merken, dass die Mehrheit der Menschheit psychologisch wirklich noch im Kindesalter stecken geblieben ist.

Vielleicht kennst du die Geschichte von Peter Pan. Der Junge, der sich in Nimmerland verloren hat. Als er dort landet, sieht er Captain Hook und dass dieser von einem Krokodil mit einer Uhr gejagt wird. Dieser Film ist nichts weiter als eine Analogie dafür, dass wir nicht bereit sind, erwachsen zu werden. Peter Pan ist der kleine Junge, der niemals heranwachsen will, weil er sieht, wie die Zeit an Captain Hook nagt. Das Krokodil mit der Uhr ist nichts weiter als ein Symbol für ebendiese Zeit. Weiterhin ist Peter Pan der Anführer der verlorenen Jungs, bei denen er den großen Macker spielen kann, er ist aber nicht bereit, mit Wendy etwas Ernstes einzugehen. Sie ist bereit, erwachsen zu werden, und wünscht sich eine ernsthafte Zukunft, aber Peter Pan gibt sich lieber mit der Fantasie-Fee Tinkerbell zufrieden.

In genau diesem Dilemma stecken unfassbar viele Menschen heutzutage. Kein Wunder. Damals waren es andere, die Entscheidungen für uns getroffen haben. Heute ist es anders. Zuvor, als die Jobs noch sicher waren, war es kein Problem, sich auf den Staat oder Sonstiges zu verlassen, und unsere Findungsphase war bei Weitem nicht so lang, wie sie heutzutage ist. Damals konntest du zwischen 14 und 17 Jahren entscheiden, was du in Zukunft machen willst, und dann einfach wählen. Das Gehalt, was du bekommen hättest, wäre vollkommen in Ordnung gewesen. Dazu gab es kein Internet. Das bedeutet: All die Menschen, die du kanntest, teilten so ziemlich dieselben Werte und Ansichten. Das bedeutet: Es war nicht schwer, einen Partner oder eine Partnerin zu finden, der oder die dieselbe Einstellung hatte.

Noch vor Jahren hatte man nämlich Menschen geheiratet, die nur ein paar Blocks weiter entfernt lebten. Es gab nicht so viele verschiedene Einstellungen, Werte oder Überzeugungen wie heute, wo jeder seine Informationen von woanders bezieht. Das bedeutet: Natasha, die gegenüber wohnt, könnte eine komplett andere Einstellung zum Leben haben als du, während es damals so war, dass eine Gemeinde dieselben Verhaltensweisen vertreten hat. Ein guter Job, ein Chef, der dir deine Entscheidungen abnimmt. Eine Familie mit denselben Werten, und das war alles, was du gebraucht hast. Heute sehen die Dinge etwas anders aus. Heutzutage gehst du zur Schule und bist mit 18 oder 19 damit fertig. Obwohl man länger zur Schule geht, weiß man umso weniger, was man eigentlich wirklich will. Die neue Findungsphase würde ich heute zwischen 18 und 25 Jahren einschätzen. Das ist der Zeitraum, in dem die meisten sich meiner Meinung nach fragen: »Was will ich eigentlich im Leben?« Das Problem ist, dass es niemanden gibt, der dir das abnehmen kann. Damals ist man einfach in die Fußstapfen seiner Eltern getreten, und es war kein Problem, aber heutzutage sieht die Sache ganz anders aus. Wenn deine Eltern dir sagen: »Werde dies oder das«, dann kannst du nicht wissen, ob dieser Job nicht schon bald von Maschinen übernommen wird. Du hast keine Ahnung, genauso wenig wie deine Eltern, Bekannten oder Freunde.

Was also solltest du tun? Dich entscheiden! Das ist das, was die allerwenigsten können. Die wenigsten verstehen, wie Potenzial funktioniert.

DIE WAHRHEIT ÜBER DEIN POTENZIAL

Was ist eigentlich Potenzial? Es ist eine Masse an Möglichkeiten, die noch nicht freigesetzt wurden. Ich werde dir nun etwas vollkommen Verrücktes erzählen, aber es ist wichtig, dass du es verstehst, da es auch weiter relevant sein wird und auch eine wichtige Bedeutung für deine Bestimmung hat, wenn du diese endlich realisieren willst. Ich möchte dir Potenzial anhand von Quantenphysik erklären.

Vielleicht hättest du nicht erwartet, dass dieses Buch nun solch eine Wendung nimmt, aber ich verspreche dir, dass es nicht so kompliziert wird, wie du vielleicht denkst, und dass du dadurch vor allem verstehen wirst, wie unser Universum und du funktionieren. Dazu möchte ich mit dir über das Doppelspalt-Experiment sprechen. Bei diesem Experiment haben die Forscher eine unglaubliche Entdeckung gemacht, die unser gesamtes Leben verändern könnte. Dafür haben sie Partikel durch eine Wand mit zwei Spalten geschossen. Diese Teilchen sind das, woraus du und ich bestehen. Kleinste Teilchen aus dem Stoff dieses Universums. Stell dir einfach ein Paintball-Gewehr vor. Wenn du Farbkugeln gegen die Wand schießt, dann werden diese Farben dort abgebildet sein, richtig? Wenn du diese Farbkugeln jedoch durch eine Wand mit zwei Schlitzen schießt und dahinter eine weitere Wand ist, was wird dann passieren? An der hinteren Wand werden parallele Abdrücke von den Kugeln sein, die es durch die Schlitze geschafft haben.

So ist es auch. Jedoch ist die ganze Sache nicht so einfach, wie man vielleicht zuerst meinen mag, denn es gibt noch eine andere Version von dieser ganzen Geschichte:

Die Partikel oder Farbpatronen werden durch die zwei Schlitze geschossen, doch auf der anderen Seite sind nun mehr als zwei Striche. Wie kann das sein? Genau das haben sich die Forscher ebenfalls gefragt, denn das dürfte ja immerhin gar keinen Sinn ergeben. Also haben sie sich Folgendes gedacht: Lass uns eine Kamera nehmen und genau beobachten, was dort passiert. Was geschah jedoch dann? Es waren wieder nur zwei Striche zu sehen. Wie ist so etwas möglich? Wie kann das überhaupt passieren? Was ist der Grund dafür, dass bei der ersten Version nur zwei, während bei der zweiten Version mehrere Muster zu sehen sind? Ist da Zauberei im Spiel?

Ja, ein wenig, denn bis heute kann sich keiner erklären, was genau los ist. Was sie jedoch begriffen haben, ist, dass diese mehrfachen Muster erst dann entstehen, wenn »nicht beobachtet« wird, wie diese Partikel durch die zwei Schlitze geschossen werden.

Wie bitte? Ich weiß, das klingt ein wenig verrückt, aber wir haben es hier mit Physik zu tun und nicht mit Hokuspokus. Wie kann es aber dazu kommen, dass dort ebendiese mehrfachen Striche erscheinen? Das passiert, weil die Partikel keine Partikel sind, wenn sie nicht beobachtet werden, sondern Wellen. Dadurch entstehen mehr Berührungspunkte der Partikel mit der hinteren Wand.

Was heißt das aber jetzt für dich? Es bedeutet, dass wir in einer ziemlich verrückten Welt leben. All das, was du um dich herum siehst, ist nicht so, wie es scheint. In Wahrheit ist nämlich alles in Wellenform verfügbar, und zwar so lange, bis es durch dein Bewusstsein wahrgenommen wird. Dann bricht es zu Partikeln zusammen und wird zu unserer materiellen Realität. Solange du aber noch nicht dein Bewusstsein darauf richtest, ist es eine Welle, die im Universum herumschwirrt. Es ist ein Meer voller Möglichkeiten.

Das sind Dinge, die ich nur den wenigsten erzähle, weil ich weiß, dass nicht jeder damit umgehen kann, aber ich denke, es ist nun an der Zeit, dass du verstehst, dass dein Bewusstsein eine der mächtigsten Waffen ist, die du in deinem Leben besitzt. Entschuldige, ich meinte nicht eine der mächtigsten Waffen, sondern definitiv die allerwichtigste Waffe, die du hast. Was das bedeutet, ist, dass alles in diesem Universum so lange eine Möglichkeit ist, bis du es bewusst wahrnimmst. Das heißt, es gibt ein Meer voller Möglichkeiten, und sobald du deine Aufmerksamkeit darauf richtest, bricht es zu Partikeln zusammen, die sich Schritt für Schritt zusammenfügen, um sich zu materialisieren. Damit dies passiert, muss deine Aufmerksamkeit jedoch lange genug darauf gerichtet werden.

Was ich dir anhand dieses Beispiels aber vor allem näherbringen will, ist, dass es eben mit deinem Potenzial genauso ist. Du hast ein Meer voller Möglichkeiten, und die meisten denken einfach nur darüber nach, was sie alles machen könnten, aber erst wenn du eine endgültige Entscheidung triffst, kannst du anfangen, all diese Dinge zu materialisieren. Das größte Problem, das die Menschen beim Thema »Bestimmung« haben, ist, sich einfach zu entscheiden.

Du fragst dich sicherlich: »Ja, aber was ist, wenn ich das Falsche wähle ...?« Was ist dann? Dann wählst du einfach etwas anderes, falls es wirklich so katastrophal falsch ist, aber wenn du von vornherein etwas wählst, wovon du intrinsisch (von innen heraus, aus eigener Motivation) begeistert bist, dann wirst du mit der Zeit immer besser darin werden, deine Arbeit auszuführen.

Ich höre ständig Dinge wie »Ja, aber das gibt es doch schon ...«. Es ist egal, ob es etwas schon gibt. Du musst verstehen: Es geht nicht darum, das Rad neu zu erfinden, sondern neue Felgen draufzulegen. Meine Berufung gab es auch schon, doch ich habe die Berufung zu einer Bestimmung gemacht. Ich habe entschieden, dass ich alles dafür aufopfern werde, um es besser als jeder andere zu machen, und eben-das ist der Hauptpunkt, auf den es ankommt. Erst wenn du bereit dazu bist, alles andere zu vergessen und dich voll und ganz auf deinen Weg zu konzentrieren, wirst du merken, dass du immer besser und besser darin wirst. Ich hatte anfangs bereits darüber gesprochen. Es ist besser, mit 100 Prozent Toilettenreiniger zu sein als mit 99 Prozent Anwalt.

Du siehst, deine Bestimmung zu finden, ist nichts Magisches. Es ist Arbeit. Es ist Versuchen, Scheitern, Versuchen, Scheitern. Das ist eben eine der größten Ängste, die im Menschen sitzen. Die Angst davor, Fehler zu machen.

DIE WAHRHEIT ÜBER FEHLER

Die Wahrheit über Fehler ist: Es gibt keine Fehler. Denk mal darüber nach. Was genau sollen denn Fehler sein? Fehler sind immer an einen Kontext geknüpft. Wir hatten ja bereits geklärt, dass es so etwas wie Gut und Schlecht im eigentlichen Sinne nicht gibt und dass alles nur eine Bewertung erfährt, wenn es in einem Zusammenhang gesehen wird. Das bedeutet: Ein Eigentor im Fußball ist definitiv ein Fehler. Was aber hat das für eine Relevanz im Basketball? Stell dir vor, die Basketballspieler würden sich trotzdem darüber aufregen, dass gerade jemand beim Fußball ein Eigentor schießt. Inwiefern ergibt das irgendeinen Sinn?

Es ergibt keinen. Wie kommt es dann, dass Menschen dir immer wieder erzählen wollen, dass du Fehler machst, obwohl du eigentlich auf einem ganz anderen Spielfeld bist? Beispielsweise deine Eltern. Dein Chef. Deine Freunde. Dir muss einfach bewusst werden, dass Richtig und Falsch eben immer von den Zielen eines Menschen abhängig sind. Wenn die Ziele ein paar Tore sind, dann ist es eben falsch, ständig in die falsche Richtung zu laufen. Deine Freunde, deine Eltern, deine Lehrer, deine Chefs, dein verdammter Buchklub. Sie alle haben andere Ziele als du, deshalb haben ihre Meinungen von Richtig und Falsch absolut keinen Wert für deinen Herzenswunsch. Wenn dein Vater dir erzählt, dass du Anwalt oder Ärztin werden sollst, dann, weil es schon immer *sein* Ziel war oder immer noch ist, nicht deins.

Du bist nichts als ein verlängerter Arm für ihn oder sie. Du bist der Mensch, der die Mängel deiner Vorfahren wiedergutmachen und die Ziele erreichen soll, die sie nie wirklich erfüllen konnten. Das alles aber sind Ziele von ihnen. Wenn es ebenfalls deine Ziele sind, dann gibt es überhaupt kein Problem. Dann ist es vollkommen in Ordnung, wenn sie dir Ratschläge dazu geben, ob du etwas richtig oder falsch machst, denn immerhin bist du jetzt im selben Spielfeld. Aber wenn sie ganz woanders spielen, dann haben sie absolut keine Berechtigung, dir auch nur annähernd Ratschläge zu geben.

Der Grund, warum es mich so an die Spitze treibt, ist, weil ich ständig Menschen sehe, die in die Katastrophe reiten, nur weil irgendwer irgendwas gesagt hat, von dem er oder sie glaubt, es wäre wahr, ohne auch nur annähernd eine Ahnung davon zu haben. Beispielsweise wenn es um das Thema »Beziehungen« geht. Wie oft schon habe ich gesehen, wie eine Frau zu ihren besten Freundinnen gerannt ist, als sie Probleme in der Partnerschaft hatte, nur um sich Dinge anzuhören wie »Er unterdrückt dich«, »Er geht sicher fremd« oder »Er will dich bestimmt manipulieren«.

Jetzt mal im Ernst. Ich verstehe ja, wenn jemand so was sagt und selbst in einer glücklichen Beziehung ist, aber kannst du dir solche Ratschläge wirklich von Menschen anhören, die selbst noch nichts erreicht haben auf diesem Gebiet? Ebenso ist es mit dem Thema »Erfolg«. Wie kann dir jemand wie dein Vater, der selbst kein Multimillionär ist, sagen, dass du mit einem Nine-to-five-Job erfolgreich wirst? Wo ist die Strategie dafür?

Wo ist der Bauplan? Das ist nämlich das, was die meisten Mentoren haben. Eine Strategie und einen klaren Bauplan, der auch zu dem Ziel führt. Deswegen ist mein Rat an dich: Suche dir unbedingt jemanden, der bereits dort ist, wo du eines Tages hinwillst, und hör einfach zu. Lerne von dem, was dieser Mensch dir sagt, und du wirst merken, dass du unfassbar schnell an deine Ziele kommst. Es ist einfach nur logisch, denn dieser Mensch hat bereits all die »Fehler« gemacht, die nötig sind, um dorthin zu kommen, wo du jetzt gern wärst. Dieser Mensch kann dir den Weg zeigen, ohne dass du dieselben Fehler noch mal machen musst. Man sagt sich ja auch nicht: »Hey, warte mal. Ich lasse mich auch kurz von einem Auto umnieten, um zu erfahren, dass es wehtut.« Das wäre absolut hirnrissig. Leider aber tun wir das, und zwar auch noch die ganze Zeit. Die meisten Menschen wollen ihre Fehler lieber selber machen.

Alles, was dir über Fehler erzählt wurde, ist absoluter Schwachsinn. Der einzige Fehler, den es gibt, ist, dieselben Dinge immer wieder zu tun und nichts daraus zu lernen. Wenn dein Vater zu dir sagt, es ist ein Fehler, unfreundlich zu anderen zu sein, dann nur, weil er diese Erfahrung noch nie gemacht hat. Es gibt nämlich Tausende von Gründen, um unfreundlich zu jemandem zu sein. Zum Beispiel, um deine Familie zu verteidigen, falls sie mal in einer Notlage ist, oder dein Recht einzufordern, wenn du wirklich im Recht bist. Wenn deine Lehrer sagen, es ist ein Fehler, selbstständig zu werden, dann nur, weil sie selbst nie die Erfahrung gemacht haben. Sie sind wohl irgendwann stehen geblieben und haben aufgehört weiterzumachen. Was ich damit meine, ist: Es gibt ein klares System, mit dem dieses Leben arbeitet. Sobald du dir ein Ziel gesetzt hast, wird es dir sehr viele Dinge ins Leben ziehen, die dir die Erfahrungen bringen sollen, um das zu haben, was du dir wirklich wünschst. Ich weiß, das war wieder mal sehr kompliziert ausgedrückt, deshalb lass es mich noch mal genauer erklären.

Stell dir vor, du hast dir tief im Herzen vorgenommen, die beste Beziehung zu führen, die du dir vorstellen kannst. Oft passiert es, dass wir direkt annehmen, dass nun die perfekte Person in unser Leben geflogen kommt, und wie von Zauberhand steht sie da. Deine Traumfrau oder dein Traummann. Wir lassen uns verzaubern von der Fantasie. Wow! Das ist das, was ich mir am sehnlichsten gewünscht habe, und jetzt treffe ich plötzlich diese Person, die scheinbar perfekt zu mir passt. Das muss der Richtige oder die Richtige sein! Wie großartig!

Falsch gedacht. Das Leben prüft dich. Immer wieder und wieder. Es schaut, wie sehr du bereit dazu bist, Nein zu sagen zu den Dingen, die nur halb so gut für dich sind, um das zu bekommen, was das Beste für dich ist. Das bedeutet: Wenn du dir die Traumfrau wünschst, dann wird das Leben dir erst mal fünf Katastrophen schicken, die trotzdem verführerisch sind, nur um zu schauen, ob du bereit bist, Nein zu sagen, auch wenn es verlockend klingt. Ich weiß, das hört sich verrückt an, und ich werde dir hier keinen absoluten wissenschaftlichen Beweis dafür liefern können, aber was ich tun kann, ist, dich darum zu bitten, mehr darauf zu achten. Denn wenn du genau darauf schaust, wirst du bemerken, dass es immer wieder und wieder passiert: *Ein »Ja« (Traumfrau) kostet ganz viele »Neins« (fünf Katastrophen).*

Diese ganzen »Neins« sind das, was das »Ja« so großartig macht. Es sind die Erfahrungen, die unmittelbar in unserem Leben auftauchen und unfassbar verlockend sind, die wir jedoch ablehnen müssen. Wenn wir diesbezüglich nicht erfahren genug sind, rate mal, was dann passiert? Wir lassen uns auf die vermeintlichen »Neins« ein und durchschreiten die Hölle mit ihnen, nur um die nötigen Erfahrungen zu sammeln. Diese gehen dann tief ins Fleisch und brennen sich ein, sodass wir nie wieder denselben Fehler machen.

Du siehst also, es gibt keine Abkürzung. Du »musst« Fehler machen. Du hast keine andere Wahl. Jeder könnte dir nun sagen: »Oh Mann ... Deine letzte Beziehung war ein riesiger Fehler ...« In Wahrheit aber ist diese Beziehung eine wichtige Erfahrung gewesen. Wieso aber machen wir diese Erfahrungen überhaupt? Damit wir es verinnerlichen. Wer nicht hören will, muss fühlen. Ganz einfach. Wenn du nicht bereit bist, jemanden zu suchen, der bereits all die Fehler gemacht hat, die du eigentlich vermeiden könntest, um deinen Herzenswunsch, dein Traumleben zu etablieren, dann wirst du eben vom Leben höchstpersönlich ausgebildet. Das Leben jedoch ist nicht so diplomatisch, sondern lässt dich das Ganze mit sehr intensivem Schmerz erlernen. Deshalb will ich, dass du eine Sache verstehst. Es ist eine Entscheidung, die letzten Endes bei dir liegt. Was willst du mehr?

Denn wenn du sagst, du möchtest lieber alle Fehler selber machen, dann musst du dafür einen hohen Preis bezahlen, und zwar mit deiner Zeit. Denn alles selbst durchzumachen, dauert ungefähr fünf- bis zehnmal so lang, wie wenn du von einem kompetenten Menschen auf deiner Wellenlänge angeleitet wirst.

Du musst verstehen, dass wir diese Erfahrungen, ganz gleich, ob wir sie selbst durchmachen oder von anderen gelehrt bekommen, unbedingt brauchen. Stell dir doch einmal bitte Folgendes vor. Du stehst auf einer Bühne und du hast acht Milliarden Menschen, die dir aufmerksam zuhören. Du fängst langsam an zu erzählen. Du fängst an mit deiner Kindheit. Du sagst ihnen, dass deine Kindheit blendend war, dann fährst du weiter fort mit deiner Schulzeit und erklärst ihnen, wie großartig deine Noten waren, was für einen erstklassigen Schulabschluss du gemacht und was für einen tollen Job du erhalten hast. Nun geht es weiter mit deiner Karriere, und du versuchst, mit deinem Aufstieg an die Spitze bei dem Publikum zu punkten, nur um dann weiterhin auf deine großartige Familie einzugehen und von deinen unglaublich gesunden und erfüllten Kindern zu sprechen.

Spätestens bis hierhin ist mehr als das halbe Publikum eingeschlafen, weil sie deine Geschichte einfach nicht ertragen können. Was denkst du, warum das so ist? Weil die Geschichte viel zu perfekt ist, aber genau diese Geschichte versuchen wir immer wieder zu kreieren, obwohl sie völlig unnatürlich ist. Wir wollen den sicheren Weg, den komfortablen und berechenbaren Weg, aber wo ist dann der Spaß? Wo ist die Herausforderung? Wo ist die Aufgeregtheit, die Spannung, das Erlebnis? Sicherheit und Kontrolle sind eine absolute Illusion. Es gibt nichts, was sicher ist. Es ist etwas, was dir deine Eltern, Freunde und Bekannten einfach nur erzählen, weil sie selbst Angst um alles und jeden haben, und das ist auch vollkommen in Ordnung. Es reicht aus, wenn du ein Leben in diesem Stil haben willst. Es ist das Recht eines/einer jeden, so zu leben, wie er oder sie will, aber wenn du ein Leben führen willst, das weit darüber hinausgeht, dann musst du dir im Klaren sein, dass du auf dieser Bühne von Fehlern sprechen wirst. Von schweren Zeiten, Niederschlägen, hoffnungslosen Momenten und dem Fazit, dass du dennoch auf dieser Bühne stehst und etwas erreicht hast.

Genau das wird der Moment sein, in dem sie alle verstehen werden. »Wenn der oder die das geschafft hat ... dann muss ich es auch schaffen können! Definitiv!« Es ist nicht das perfekte Leben, das ihnen Hoffnung macht. Es ist das schwere Leben, das du durchbrochen hast, um ein besseres zu führen, und der Beweis dafür, dass es für jeden Menschen möglich ist. Aber dafür musst du bereit sein, die nötigen Fehler zu machen. Besser gesagt: die nötigen Erfahrungen. Fehler sind nämlich nichts weiter als genau das, doch wenn du diese Erfahrungen »Fehler« nennst – oder dein Umfeld das tut –, ist es doch selbstverständlich, dass du ein Problem damit hast, diese Dinge in Angriff zu nehmen. Stell dir vor, du willst die ideale Beziehung in dein Leben ziehen. Nun ebnet das Leben dir einen Weg. Eine Sache, die du auf diesem Weg machen musst, ist, das Ansprechen zu lernen. Das bedeutet, zu verstehen, wie man interessante Gespräche führt und aufbaut. Was dabei passieren könnte, ist, dass du abgelehnt wirst. Dies ist eine Erfahrung, die du machen musst, um dich stetig zu verbessern. Jedes Mal, wenn du abgelehnt wirst, weißt du, was nicht so gut funktioniert im Gespräch. Was aber, wenn deine Eltern dir dein Leben lang erzählt haben, dass es ein Fehler ist, abgelehnt zu werden? Was wirst du dann wohl tun? Du wirst es natürlich sein lassen, was denn sonst? Ebendeshalb kommst du niemals voran und bleibst immer auf der Stelle stehen, denn du bist nicht bereit, die nötigen Entscheidungen zu treffen.

DER MUT ZUR ENTSCHEIDUNG

Hier kommt der nächste wichtige Punkt auf dem Weg zu deinen Zielen, den wir auch schon angesprochen haben. Und mach dir keine Sorgen, wenn du noch nicht weißt, was deine Ziele sind. Hier sollst du erst einmal die Mechaniken deines Geistes und dieses Lebens verstehen, die dafür sorgen, dass du die meiste Zeit auf der Stelle trittst.

Wie oft ist es dir bereits passiert, dass du in Gedanken versinkst und dir den Kopf darüber zerbrichst, was du eigentlich wirklich machen sollst? Du steckst absolut in der Klemme, und es scheint immer schlimmer und schlimmer zu werden. Du verstehst nicht, was genau du falsch machst und warum du nicht vorankommst, aber meist ist der Grund dafür, dass du dich nicht traust, die nächste Entscheidung zu treffen.

Damit ist Folgendes gemeint ... Sobald du ein Ziel in deinem Leben gewählt hast, richtet sich alles in deinem Leben danach aus. Das Leben legt alles für dich bereit und zieht all die Dinge in dein Leben, die du brauchst, um voranzukommen, aber oftmals trauen wir uns nicht, die nächste Entscheidung zu treffen, weil wir noch alte Konditionierungen in unserem Geist haben.

Nehmen wir wieder das Beispiel mit den Beziehungen. Stell dir vor, du möchtest die beste Beziehung, die du dir vorstellen kannst. Nun denkt sich das Leben: »Okay, du willst also die beste Beziehung. Ich verstehe. Dann schicke ich dir mal all die nötigen Erfahrungen, die du brauchst, um endlich eine gute Beziehung zu führen.« Dazu gehört wie gesagt beispielsweise das »Neinsagen« zu Menschen, die absolut gar nicht in dein Leben passen.

Es kommt also beispielsweise eine sehr attraktive Frau in dein Leben, aber du merkst, dass sie grundlos unhöflich ist, sich kaum zurückmeldet und ständig nörgelt. Dennoch denkst du dir: »Das muss sie einfach sein. Das Leben hat sie mir geschickt.« Weiterhin denkst du dir: »Ich kann sie doch nicht einfach ablehnen … oder ihr sagen, dass sie damit aufhören soll … das wäre doch ein Fehler … Ich muss doch immer nett zu allen sein …«

Das alles sind billige Konditionierungen, die dir dein Umfeld aufgeschwatzt hat, doch sie sind absoluter Nonsens. In Wahrheit nämlich brauchst du starke Grenzen, um eine gute Beziehung zu führen, und genau das will dir das Leben gerade beibringen. Es will dir sagen: »Sage Nein! Auch wenn es dir schwerfällt. Ganz egal, wie hübsch, toll, großartig, reich, bekannt oder sonst was sie ist. Sag Nein! Etabliere starke Grenzen, denn nur so kannst du eines Tages eine erfüllte Beziehung führen, die auf gegenseitigem Respekt basiert.« Du aber verstehst es nicht. Warum nicht? Weil du diese Erfahrung noch nicht gemacht hast, und ebendeshalb musst du wie ein Blinder oder eine Blinde durch die Gegend laufen, bis du endlich deinen Fehler einsiehst, sodass du daraus eine Erfahrung gewinnen kannst.

Bis dahin jedoch steht dir deine Angst im Weg. »Was, wenn ich Schluss mit ihr mache? Finde ich dann je eine Neue? Was ist, wenn sie jemand Besseres als mich findet und ich sie nie wieder zurückbekomme? Was ist, wenn sie die Richtige ist? Man sollte doch nicht einfach Schluss mit jemandem machen, nur weil sie mal einen Fehler gemacht hat …«

All das schwirrt dir durch den Kopf. Im Herzen weißt du, dass es Zeit ist, Schluss zu machen, doch im Kopf kämpfst du die ganze Zeit weiter. Das ist der Grund, warum wir so stark in unserem Kopf gefangen sind. Es ist, weil wir »Herzensentscheidungen« hinauszögern. Dadurch vermehren sich die ständigen Ausreden in unserem Kopf, bis sie komplett verworren sind. Dabei ist diese Angst nichts weiter als eine reine Illusion.

DAS GEGENMITTEL GEGEN DEINE ANGST

Hier ist ein weiterer wichtiger Punkt, wenn es darum geht voranzukommen: deine Angst. Du schaffst es nicht, Entscheidungen zu treffen, weil du Angst hast. Was aber ist Angst? Die einzigen natürlichen Ängste, die wir haben, sind Ängste wie die vor Höhe und Lärm. All diese Dinge, die dort ansonsten in deinem Kopf herumschwirren, sind nichts weiter als Hirngespinste. Es ist nichts weiter als reine Illusion. Es sind die Sprüche und Überzeugungen der Menschen, mit denen wir groß geworden sind. Es ist der Wunsch nach Sicherheit und das Verlangen danach, perfekt zu sein, was diese Angst auslöst. Tief im Herzen aber schlummert dein Mut, der danach trachtet, auszubrechen und diese Angst aufzulösen. Das einzige Heilmittel gegen ebendiese Angst ist also Mut. Was aber ist Mut? Mut ist der Glaube daran, dass das, was ich dir hier erzähle, absolut Sinn macht. Mut ist der Sprung vom Zehnerturm im Schwimmbad in der Gewissheit, dass alles gut gehen wird. Dass du nicht verletzt wirst, wenn du den Sprung wagst, sondern in einem Becken voller Wasser aufkommst. Es ist das Vertrauen in das Leben und seine Gesetze, die immer wirken. Das ist eben der Punkt, an dem die meisten scheitern. Sie machen sich zu Sklaven ihrer Angst. Wie aber willst du jemals den richtigen Weg finden, wenn du blind bist?

Du musst verstehen: Du wirst immer Angst haben, vom Zehner zu springen, wenn du den Sprung nie gemacht hast. Der Grund dafür ist, weil du die Erfahrung noch nicht gemacht hast, die dazu nötig ist, um dir die Sicherheit zu geben, dass du nicht sterben wirst. Andere haben diese Erfahrung längst gemacht. Wenn sie dir sagen: »Spring«, vertraust du dann oder bleibst du weiter in deinem Kopf gefangen? Das, was da in deinem Kopf stattfindet, ist nämlich nichts als bloße Fantasie. Du kannst doch gar nicht wissen, ob es schlimm ist, in diesem Wasser zu landen, obwohl du vom Zehner springst, oder nicht? Du kannst nur darüber fantasieren. Das ist alles, was dir möglich ist. Du kennst nämlich nicht die Realität.

Ebendort leben die meisten. In einer Fantasie. Sie haben gar keine Ahnung davon, was wirklich stimmt und was nicht, weil sie sich so sehr von ihrer Angst übermannen lassen und dadurch im Ego gefangen sind. Der einzige Weg, um dort wirklich auszubrechen, ist, deine Angst als einen Kompass zu nutzen.

Wann immer du Angst hast, sollte es eine Mission für dich sein, erst recht in diese Angst hineinzuspringen, denn scheinbar wartet dort die nächste Erfahrung auf dich, die du unbedingt machen musst, um über dich selbst hinauszuwachsen. Erst damit kannst du wirklich weiterkommen. Der Grund dafür, dass wir ständig in unserem Kopf sind, ist nämlich, dass wir nicht in Aktion sind. Der schnellste Weg, um aus deinem Kopf zu entfliehen, ist, ins Handeln zu kommen. Sobald du in Aktion trittst und immer das tust, wovor du am meisten Angst hast, wirst du merken, dass deine Gedanken immer ruhiger werden, weil du einen Knoten nach dem anderen auflöst, der dazu nötig ist, um deinen Zielen näher zu kommen.

Wie aber kannst du deine Ängste auflösen und ihnen entgegentreten, ohne dich davon einnehmen zu lassen? Wie bereits erwähnt, ist es wichtig, als Allererstes deine Ängste als einen Kompass zu sehen. Als Zweites sollte es eine Priorität für dich sein, all diese Ängste nicht mehr ernst zu nehmen. Das bedeutet: Lerne, darüber zu lachen. Lerne, diese Ängste als ein süßes, kleines Hündchen zu sehen, das wie verrückt bellt und versucht, dich einzuschüchtern, aber es nicht schafft, weil du es einfach nur süß findest. Dies ist eben die Falle, in die wir immer wieder tappen. Wir nehmen alles zu ernst. Du musst endlich damit aufhören, deine Gedanken so ernst zu nehmen, sonst wirst du auf ewig darin gefangen sein.

Wie also geht das Ganze? Wie kannst du damit aufhören, dich ständig so ernst zu nehmen, und deine Ängste endlich auflösen? Die nächsten Seiten sollen diesem Thema gewidmet sein. Sei gespannt, denn du wirst Dinge über dich lernen, die du vielleicht nie erwartet hättest.

KAPITEL 4

TRANSFOR-MATION

DIE WAAGE ZWISCHEN ANGST UND VISION

Wie kommt es eigentlich dazu, dass wir unserer Angst so sehr nachgeben? Wie kommt es, dass wir anderen mehr zuhören und ihren Worten mehr Gewicht geben als unserem eigenen Herzenswunsch? Der erste Grund ist, weil wir nicht wissen, was wir wollen, der zweite, weil wir unseren Herzenswunsch nicht wirklich fokussieren. Du musst dir deine Vision wie ein Gegengewicht für die Angst vorstellen. Dir muss einfach klar werden, dass Unkraut von allein wächst. Blumen jedoch muss man aktiv pflegen. Damit will ich sagen, dass alles Negative durch Passivität in dein Leben kommt. Alles, was positiv ist, benötigt deine aktive Mitarbeit. Um eine Vision zu halten, musst du ganz bestimmte Dinge tun, damit sie nicht verloren geht.

Kurz nachdem Warren Buffett und Bill Gates sich kennengelernt hatten, kam der Vater von Bill in den Raum und bat die beiden, auf einen Zettel zu schreiben, was sie so erfolgreich gemacht hat. Ohne dass auch nur einer von ihnen gesehen hat, was auf dem Zettel des anderen stand, haben sie beide Folgendes notiert: »Fokus.«

Wenn du etwas in deinem Leben materialisieren willst, dann ist das der Schlüssel dazu. Der einzige Weg, um etwas wirklich wahr zu machen, ist, so lange dranzubleiben, bis es nicht mehr geht oder wahr geworden ist. Die meisten Menschen jedoch lassen sich schnell ablenken, und eben hier ist das Problem. Wenn du nicht bewusst genug bist, dann wirst du schnell aus der Bahn geworfen. Wenn du kein Gegengewicht wie eine Vision hast, dann verlierst du dich unfassbar schnell in deinen negativen Ablenkungen, sodass du komplett von der Fahrbahn abkommst. Der Unterschied zwischen erfolgreichen und erfolglosen Menschen ist nämlich nicht, dass erfolgreiche Menschen immer vorankommen, sondern dass sie sich nicht von der Fahrbahn abbringen lassen. Das bedeutet: Menschen, die Probleme mit dem Erfolg haben, folgen, wenn alles gut läuft, einer roten Linie, doch das nur über eine begrenzte Zeit, denn sobald das erste Problem in ihr Leben kommt, werden sie sofort aus der Bahn geworfen.

Sobald das passiert ist, haben sie keinen blassen Schimmer mehr, wie sie wieder auf Kurs kommen sollen. Dann brauchen sie eine Ewigkeit, um wieder ihren Kurs zu finden, nur um von der nächsten Katastrophe aus der Bahn geworfen zu werden. Ich habe dir von Dorothy, dem Eisenmann, dem Löwen und der Vogelscheuche erzählt, die einem goldenen Pfad gefolgt sind. Dies war ihre einzige Aufgabe, doch sie haben sich immer wieder im Wald verirrt. So kannst du dir auch die Mehrheit der Menschheit vorstellen. Die wenigsten haben eine Methode, um immer wieder einen Weg zurück zum goldenen Pfad zu finden. Sie verirren sich komplett im Nichts und brauchen ewig, um wieder auf Kurs zu kommen, und eben hier ist das Problem: Zeit. Das ist der Unterschied zwischen Gewinnern und Verlierern.

Es ist alles eine Frage der Zeit. Mike Tysons Trainer namens Cus D'Amato sagte immer wieder: »Speed kills.« Das bedeutet, dass Geschwindigkeit tödlich ist, und eben genau so ist es auch. Je schneller du bist, umso erfolgreicher bist du automatisch. Um schnell zu sein, musst du jedoch verstehen, dass es nicht nur darum geht voranzukommen, sondern vor allem auch darum, Nein sagen zu können zu all dem, was dich aufhalten will. Ganz egal, ob es Katastrophen, Niederschläge, Ablenkungen oder die falschen Menschen in deinem Leben sind. All das wird dich jederzeit bremsen und aus der Bahn werfen. Ob du willst oder nicht, du wirst immer einen Preis zahlen müssen; und wenn du unbedingt so dafür zahlen willst, dann darfst du dich nicht beschweren, warum du nicht vorankommst. Denn es gibt eine extrem wichtige Regel, und zwar: »Ein ›Ja‹ kostet [heißt/bedeutet] viele ›Neins‹.«

EIN »JA« KOSTET VIELE »NEINS«

Was soll das bedeuten: »Ein ›Ja‹ kostet viele ›Neins‹«? Hast du schon mal einen Tunnel genauer beobachtet? Worauf achten die meisten Menschen vor allem? Auf das Licht am Ende dieses Tunnels, oder? Wie viel Prozent des Tunnels macht dieses Licht aber aus? 10? 20? Höchstens, denn der Rest des Tunnels ist leerer, schwarzer, dunkler Raum. Dieser Raum ist gefüllt mit felsenfesten Mauern, die alles andere raushalten, damit dieses Licht am Ende überhaupt entstehen kann.

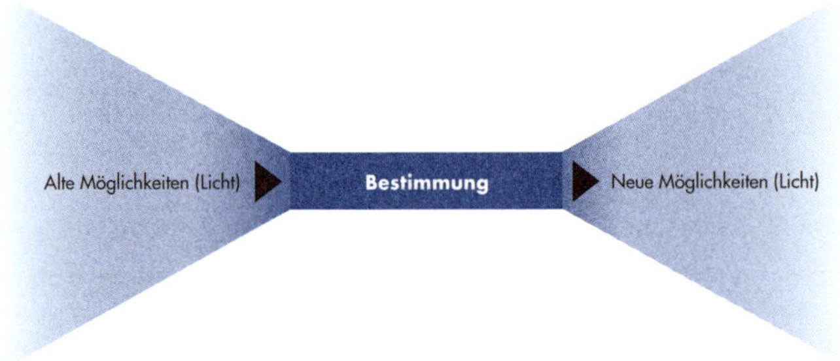

Genau das ist das Problem bei den meisten Menschen. Sie haben unendliches Potenzial, also unendliches Licht, wenn sie noch außerhalb eines Tunnels sind. Die wenigsten sind bereit, einen Tunnel zu wählen, um kurzzeitig durch die Dunkelheit zu gehen, sodass sie am anderen Ende herauskommen und sich eine vollkommen neue Welt voll neuen Potenzials für sie eröffnet.

Die wenigsten sind wirklich bereit, die Menge ihrer alten Möglichkeiten aufzugeben für eine einzige Sache aus ebendiesen Möglichkeiten, nur um dann durch einen dunklen Tunnel zu laufen, der eine Zeit lang Furcht einflößend sein kann, aber dennoch ein Licht an seinem

Ende verspricht. Und wenn du erst mal wieder raus bist, dann erhältst du einen vollkommen neuen Pool voller Möglichkeiten, die dir neue Entscheidungen geben.

Du musst also eine Zeit lang durch einen Tunnel des Verzichts gehen, um dadurch das Licht am Ende zu bekommen. Alle »Neins« in deinem Leben sind der Kontrast für dein »Ja«. Dieses »Ja« ist eben das Licht am Ende und all die Möglichkeiten, die dann damit zusammenhängen. Die wenigsten Menschen jedoch sind dazu bereit, Nein zu sagen, da sie zu viel Angst davor haben, irgendetwas zu verlieren.

Das Licht am Ende, also das Ja, sind nur 10 bis 20 Prozent des Prozesses. Der wahre Anteil sind die »Neins«, denn du musst dir über Folgendes klar werden. Das »Ja« ist irgendwo draußen, aber die »Neins« sind unmittelbar in deiner Umgebung. Sie sind das, was wirklich präsent ist. Genauso wie das Schloss, welches Dorothy versucht hat zu erreichen. Das Schloss ist noch in weiter Ferne, also warum sollte sie sich ausschließlich nur darauf konzentrieren, wenn sie gerade von wilden, fliegenden Affen angegriffen wird? Dein Umfeld, deine alten Gewohnheiten, deine alten Gedanken, all das sind die Dinge, die derzeit aktuell sind, und ebendiese Dinge gilt es in Angriff zu nehmen.

Stell dir Folgendes vor. Sobald du entschieden hast, das Fußballspiel zu gewinnen, musst du dich nur noch auf eine einzige Sache konzentrieren, und zwar keine Tore mehr reinzulassen. Ab diesem Zeitpunkt bist du wie ein Torwart, der alles dafür tut, damit bloß kein Ball mehr durchkommt. Das schaffst du jedoch nur, wenn du bewusst genug bist.

Warum aber ist dieses Bewusstsein so unglaublich wichtig für dich? Das, worauf du deine Aufmerksamkeit richtest, das wird eben manifestiert. Wie aber kannst du nun dafür sorgen, dass du diese Vision in dir bestärkst? Diese Vision sind 20 Prozent der Arbeit. Der Rest ist, wie gut du darin bist, all die Tore abzuwehren.

DAS SELBSTBILD

Maxwell Maltz hat in seinem großartigen Buch *Psycho-Cybernetics* bereits darüber geredet: das Selbstbild. Dieses Bild von dir selbst ist das, was unglaublich viel Macht in sich hält. Wie bereits gesagt: Dein Geist kennt den Unterschied zwischen echt oder nicht echt nicht. Er glaubt alles, was du wahrnimmst. Das bedeutet: Wenn du die Augen schließt und dir vorstellst, wie du angegriffen wirst, dann wird dein Körper darauf reagieren. Wenn du das oft genug machst, wirst du einen ängstlichen Charakter annehmen.

Maxwell Maltz hat in der Chirurgie gearbeitet und bemerkt, dass seine Patienten verwundert darüber waren, warum er nichts an ihnen verändert habe. Sie kamen nach ein paar Tagen zu ihm und fragten ihn, was das Ganze soll. Er erwiderte nur, dass er chirurgisch eingegriffen habe und dass er definitiv etwas verändert hatte, und das hatte er auch wirklich, aber die behandelten Personen konnten es noch nicht wahrnehmen. Da er sich darüber wunderte, begann er damit, sich mit dem Gehirn des Menschen zu befassen, um herauszufinden, warum wir solch eine Wahrnehmung haben.

Kennst du Bodybuilder, die aussehen, als wären sie gemalt, sich vor den Spiegel stellen, aber immer noch glauben, dass sie zu dünn sind? (Ich sprach schon davon.) Weiterhin gibt es die Models, die knochendürr sind, aber dennoch glauben, dass sie viel zu dick sind, wenn sie sich selbst im Spiegel sehen. Wie ist das möglich? Das ist nur deshalb möglich, weil die Welt nicht so ist, wie sie wirklich ist, sondern immer so, wie wir sie sehen. Verändere die Art, wie du die Welt siehst, und die Welt, die du siehst, verändert sich. Wie kommt es aber dazu, dass wir so davon überzeugt sind, dass unser Selbstbild der Realität entspricht?

Du hast ein visuelles Zentrum in deinem Kopf, das ein Bild von dir selbst schafft. Wir haben Sinne wie Sehen, Riechen, Fühlen, Hören,

Schmecken, um Informationen von außen zu verarbeiten, zu bewerten und an unser visuelles Zentrum weiterzuschicken. Das bedeutet: Stell dir einmal vor, du erhältst folgende Information von außen. Jemand sagt beispielsweise zu dir, dass du ein Idiot bist. Nun wird diese Information von all deinen Sinnen aufgenommen und an deinen Verstand gesendet, dort wird das Ganze verarbeitet und zuerst bewertet. Hier ist eben der große Fehler der meisten. Sie glauben an Richtig und Falsch. Dadurch bewerten sie es beispielsweise als schlecht, und was geschieht nun? Es wird an dein visuelles Zentrum weitergeschickt. Dort wird ein Bild von dir erschaffen. Wenn dir etwas Schlechtes passiert, dann musst du ja ein Opfer sein, so denkt sich dein Gehirn.

Als Nächstes sendet es also ein Signal an deine Amygdala (Mandelkern), also dein Angstzentrum im Gehirn, weil es sich denkt: »Oh nein! Wenn ich ein Opfer bin, dann ist es gefährlich! Ich muss irgendwie überleben!« Dadurch gibt es eine körperliche Reaktion, und du wirst beispielsweise wütend. Somit hast du einen Tropfen in deinen Selbstbild-Becher getan. Wenn das Glas irgendwann voll ist mit solchen Situationen, dann wirst du fest davon überzeugt sein, dass du ein Opfer bist und dass die ganze Welt gegen dich ist.

Das Ding ist: Es muss noch nicht einmal etwas von draußen passieren, sondern es kann genauso von innen geschehen. Was passiert beispielsweise, wenn du einen Gedanken wie den folgenden hast: »Ich bin ein Idiot ...«? Was geschieht nun als Nächstes? Dein Verstand fängt an, es zu verarbeiten, und sagt: »Oh nein ... nur dumme Menschen denken so etwas ... das ist schlecht!« Automatisch wird es wieder an dein visuelles Zentrum gesendet: »Wenn etwas Schlechtes passiert, dann bin ich ein Opfer!« Und das ganze Spiel geht noch einmal von vorne los, deshalb ist es so unglaublich wichtig, einen Überblick über dein Selbstbild zu haben.

Wir selbst geben uns also täglich das Signal, dass wir Opfer sind, und das ist auch der Grund, warum wir immer wieder an einem Punkt landen, wo wir nicht erreichen, was wir wirklich wollen. Wie kannst du nun das Ganze umdrehen? Indem du anfängst, dich so zu benehmen wie die Person, die bereits dort ist, wo du unbedingt hinwillst. Das bedeutet: Du willst vielleicht Millionär werden, weil du ein ganz bestimmtes Gefühl verfolgst, und zwar »Freiheit«. Das Gefühl, tun und lassen zu können, was du willst. Die Frage ist jetzt aber: Wird so eine Person Angst davor haben, sich ihren Kontostand anzugucken? Wird diese Person eine negative Haltung Geld gegenüber haben? Wird diese Person neidisch auf andere sein? Nein, das alles sind Gefühle eines Menschen, der glaubt, dass er all das nicht verdient hat. Genau das ist ja eben die Problematik bei der ganzen Sache. Du kannst nichts annehmen, wenn du nicht daran glaubst, dass du es bereits verdient hast.

Man sagt, die Formel für Erfolg ist, wenn Vorbereitung auf Möglichkeit trifft. Die Formel lautet also folgendermaßen:

Vorbereitung + Möglichkeiten = Erfolg

Die Herausforderung liegt eben darin, vorbereitet zu sein. Wir kriegen tagtäglich Möglichkeiten und Zeichen dafür, unser Leben zu verändern, aber wenn wir sie nicht wahrnehmen können, dann wird es auch nichts damit werden. Stell dir vor, heute käme jemand zu dir und legte dir – wenn das ginge – einen Koffer mit 17 Milliarden Euro vor die Füße. Er sagt dir: »Du musst den Koffer öffnen, aber dann auch mit den Konsequenzen rechnen. Ich sage dir, dass 17 Milliarden drin sind, aber du musst dich selbst überzeugen. Könnte natürlich auch sein, dass ich lüge.« Glaubst du, du würdest sofort zugreifen? Ich denke nämlich, dass die meisten eher skeptisch wären. In dir würde ein Chaos entstehen. Dein Geist würde wie verrückt am Zeiger drehen und sich fragen: »Wie bitte? 17 Milliarden? Das würde alle meine Probleme lösen! Das kann doch nur ein Trick sein!? Das ist doch pure Verarsche! Niemals! Der versucht, mich übers Ohr zu hauen.«

Die wenigsten wären bereit, das Geld zu nehmen und ihn noch zu fragen: »Wo sind die restlichen drei Milliarden, damit es rund ist?« Das liegt daran, dass wir tief in uns selbst noch längst nicht glauben, dass wir so etwas verdient haben. Die meisten Menschen glauben nämlich, dass sie es nicht wert sind, ein unglaublich großartiges Leben zu führen, und genau deshalb haben sie große Schwierigkeiten, sich in dieses Gefühl hineinzuversetzen. Aber wenn du nicht bereit bist, in dieses Gefühl hineinzugehen, dann wirst du es immer schwer haben, mit diesen Dingen zu leben, selbst wenn du sie einmal erreichst.

Das ist das Perverse an der ganzen Sache. Wenn du tief im Inneren all die Dinge da draußen erreichen willst, um das Gefühl loszuwerden, dass du nicht genug wert bist, dann wirst du dieses Gefühl auch noch haben, wenn du all das erreicht hast. Es wird sogar noch größer werden, weil du nun noch mehr Dinge hast, von denen du glaubst, dass du sie nicht verdient hast – und vor allem, weil du die pure Enttäuschung erfahren wirst, da das Gefühl, das du dir erhofft hast, nicht eingetreten ist. Dass du dafür all deine Zeit geopfert hast, wird eines der schmerzhaftesten Dinge sein, die du dann erlebst, deshalb ist es so unglaublich wichtig, beim Startpunkt anzufangen, und dieser ist in dir. Du jagst ein Gefühl, ein Warum, aber dieses Gefühl musst du bereits am Anfang etablieren, damit du aus dem Gefühl heraus ins Machen kommst. Machen ist nämlich ebenfalls ein wichtiger Teil des Ganzen, denn in dem Wort »verdienen« steckt das magische Wort »dienen«.

Es geht also wieder mal darum, einen extrem starken Glauben in dir zu etablieren, damit du aus diesem Glauben heraus ins Machen kommst. Wenn du das tust, dann baut sich sogenanntes Momentum auf. Das heißt, es gibt einen kleinen Schneeball, der langsam ins Rollen kommt und immer größer wird, denn alles in diesem Leben ist ja eine Frage von Aktion und Reaktion. Was damit gemeint ist, will ich dir jetzt erklären, und wenn du das verstehst, dann wirst du bemerken, dass man wirklich systematisch erfolgreich im Leben werden kann, ohne sich auf allzu viel Hokuspokus zu verlassen.

KAPITEL 5

AB JETZT WIRD ES VERRÜCKT

DER MEISTERALGORITHMUS

Ich möchte noch einmal über ein Prinzip sprechen, über das ich schon gesprochen habe: dass es ein interessantes Muster in diesem Universum gibt, und zwar Aktion, Reaktion, Kreation. Es gibt also zwei (oder mehr) Dinge, die aufeinanderfolgen, woraus etwas Neues entsteht. Beispielsweise »Frau, Mann, Kind« oder »Denken, Fühlen, Handeln« sowie »Schicksal, Entscheidung, Leben«. Zwei Dinge, die aufeinandertreffen, bilden etwas Neues, das in sich wieder eine Aktion ist. Beispielsweise »Samen, Baum, Apfel«. Aus dem Samen wird ein Baum, auf dem Baum wachsen Äpfel, aus den Äpfeln kommen neue Samen. Es ist ein sich schließender Kreis. Aus dem Denken wird das Fühlen, aus dem Fühlen wird das Handeln, aus dem Handeln wird wieder das, worüber wir nachdenken. Durch den Mann mit der Frau kommt das Kind, und das Kind hält Potenzial für eine neue Frau oder einen neuen Mann und ein neues Kind – und der Kreislauf geht ewig weiter.

Du siehst, diese Dinge füttern sich gegenseitig und bauen immer mehr Schwung auf. Genauso ist es mit deinem Glauben. Ich habe ja schon davon gesprochen, dass du eine tiefe innere Überzeugung etablieren musst, indem du damit anfängst, dich so zu fühlen, als wärst du bereits die Person, die all das hat, was du dir wünschst – und achte bitte darauf, dass ich sage: »... als *wärst* du bereits die Person, die all das hat.« Und nicht: »... als *hättest* du all das bereits, was diese Person hat.« Das heißt, es geht darum, die Person zu *sein*, nicht um das Hab und Gut dieser Person. Der gesamte Besitz und die Glückseligkeit sind lediglich ein Nebenprodukt aus der Person, die du sein willst. Was das Ganze mit dem Meisteralgorithmus, wie ich es nenne, zu tun hat, ist, dass der Glaube, die Aktion an erster Stelle ist. Dann kommt die Reaktion, und zwar die Handlung, und daraus entsteht dann ein Ergebnis, worin mehr Glaube an dich selbst liegt:

Glaube —> Handlung = Ergebnis —> Glaube —> Handlung = Ergebnis —> und so weiter

Wenn du es schaffst, diese Kette aufzubauen, dann wirst du merken, dass du mit der Zeit einen Schneeball etablierst, der dir dabei helfen wird, sehr viel erfolgreicher zu werden in dem, was du tust. Es funktioniert nämlich folgendermaßen: Sobald du einen Glauben etabliert hast, also ein tief sitzendes Gefühl davon, dass du die Person bist, die du dir vorstellst zu sein, dann wirst du langsam eine innere Motivation dazu verspüren, eine Handlung durchzuführen. Damit will ich sagen, dass, wenn du dir beispielsweise vorstellst, dass du der weltbeste Power-Lifter bist, dann wirst du, wenn du es richtig machst, langsam das Gefühl bekommen: »Hey, ich sollte mich echt mal beim Gym anmelden«, da dein Unterbewusstsein langsam anfängt, in diese Richtung zu arbeiten. Was du nun nicht tun darfst, ist, auf die alten Stimmen in deinem Kopf zu hören und nachzugeben, denn diese werden dir sagen: »Ah, das ist doch eh alles viel zu teuer. Das ist doch viel zu anstrengend.« Sobald du diese Gedanken ernst nimmst, bist du wieder im Rückwärtsgang.

Der Schlüssel liegt also darin, diese Dinge im Kopf und in deinen Emotionen nicht mehr ernst zu nehmen und immer mehr den Glauben in dir zu etablieren. Wenn du dich nämlich dazu entscheidest, trotzdem hinzugehen, auch wenn diese zweifelnden Stimmen in deinem Kopf sind, und die Aktionen und Handlungen durchzuführen, die nötig sind, um deinen Glauben zu bestärken, dann wird ebendas passieren. Einmal mehr: Sobald du das Ganze getan hast, wirst du merken, dass dein Selbstbewusstsein steigt und dass dein Glaube daran, die Person zu sein, die du dir vorgestellt hast, definitiv stimmt. Das bedeutet also: Du musst zuerst ein Bild von dir selbst in deinem Geist schaffen und dann im Äußeren dafür sorgen, dass dieses innere Bild bestätigt wird.

Es müssen keine großartigen Aktionen sein, Hauptsache, es sind Aktionen in Richtung dieses Selbstbildes. Weiterhin ist es auch wichtig, sich nicht zu verurteilen, wenn man es nicht tut, denn auch dann wirst du merken, dass du nur noch mehr Rückschritte machst.

Du merkst, dass das Ganze sehr fein ist, und deshalb ist es wichtig, es so gut wie möglich zu begreifen. Also lass uns das ganze Konzept davon einmal besprechen, damit du einen klaren Überblick darüber hast, wie das Manifestieren von Dingen in deinem Leben eigentlich funktioniert.

Wir haben jetzt schon mal eine Sache festgelegt, und zwar, dass es so etwas wie Richtig oder Falsch nicht gibt. Es ist immer davon abhängig, in welchem Kontext du dich befindest. Jemanden zu verletzen, ist falsch, wenn du gerade auf offener Straße unterwegs bist, aber in einem Boxring macht es absolut Sinn. Online-Coach zu werden, macht absolut keinen Sinn für jemanden, der sein Leben lang offline in einem Nine-to-five-Job gearbeitet hat, wie mein Vater. Es ist also absolut falsch für ihn. Er befindet sich in dem Basketball-Court, wie ich es in den vorherigen Beispielen beschrieben habe. Für mich jedoch macht es absolut Sinn, da ich ja so viele Menschen wie möglich mit meiner Nachricht erreichen will. Mein Ziel ist also gar nicht, noch gerade so viel Geld zu verdienen, damit ich eine Frau heiraten und meine Familie versorgen kann, sondern ein ganz anderes. Für meinen Vater wird es aber immer so sein, dass er sich denkt, dass das, was ich tue, falsch ist, da er es von seinem Basketball-Court aus nicht verstehen kann, warum ich versuche, Fußbälle in ein Tor zu katapultieren. Mein Kontext ist ein ganz anderer. Wenn er jedoch Akzeptanz übt und diese beiden Felder endlich von einer höheren Ebene aus betrachtet, dann kann er verstehen, dass wir uns einfach auf zwei verschiedenen Feldern befinden und dass es doch völlig in Ordnung ist, wenn ich mit Fußbällen umherrenne, während er mit Basketbällen dribbelt. Das ist etwas, das dir unbedingt klar werden muss. Jeder hat das Recht zu tun, was er will, solange man niemanden damit verletzt, es sei denn natürlich, du bist beim Boxen ...

Ich möchte dir das Ganze einmal mit dem folgenden Beispiel näherbringen. Ich habe bereits die Drei-Schritte-Formel erwähnt, und ebendiese ist es, an die du dich jederzeit halten solltest. Der erste Schritt ist: »Was will ich wirklich?« Dieser Schritt ist unglaublich relevant, weil alles davon abhängig ist. Der gesamte Kontext wird mit der Antwort auf diese Frage beantwortet. Nehmen wir also das Beispiel eines Fluges. Was ist der erste Schritt, bevor der Flug losgeht? Man sollte wissen, wohin man will, sonst weiß man nicht, welche Koordinaten man eingeben muss. Jetzt nehmen wir mal an, wir haben Italien gewählt. Der Pilot steigt also ein und entscheidet sich dazu, nach Italien zu fliegen. Die nächste Frage ist: »Wie komme ich dorthin?« Diese Frage beantwortet sich in dem Beispiel ganz einfach: mit einem Flugzeug. Es ist die Strategie, das Gefährt, der Transport, den du benötigst, um auf die andere Seite zu kommen. Dies sind deine Handlungen. Sobald du gewählt hast, »was« du im Leben willst, entscheidest du einfach nur noch, »wie« du dorthin kommst.

Ich wiederhole: Das erfährst du vor allem, indem du dir Beispiele dafür nimmst, die bereits dort sind, wo du unbedingt hinmöchtest. Wenn du sagst, du möchtest Unternehmer werden, dann schau dir diejenigen an, die dich am meisten ansprechen, und lerne von ihrem Verhalten. Etabliere eine klare Strategie, die dich dazu bringt, ebendie Gewohnheiten aufzubauen, die diese Menschen ebenfalls verfolgt haben, denn wenn du das tust und die Gewohnheiten langsam etabliert werden, bedeutet dies, dass nur noch ein einziger Schritt übrig ist, und zwar dich zu fragen: »Was hält mich auf?«

Jetzt kommen wir zu den Themen »Ablenkungen« und »Vom Pfad abkommen«, von denen ich vorhin gesprochen habe, als es um den goldenen Weg von Dorothy und den Wäldern drum herum ging. Ein »Ja« kostet viele »Neins«. Wenn der Pilot sich für Italien entschieden hat, dann gibt es ganz bestimmte Koordinaten, die ihn dorthin bringen. Sobald er in der Luft ist, wird es jedoch Turbulenzen geben. Das bedeutet, es wird Wind geben, der von links und von rechts, von unten und von oben kommt, um ihn vom Kurs abzubringen.

Das sind eben die Ablenkungen in unserem Leben, die uns von unseren neuen Gewohnheiten »wegdenken« wollen, damit wir wieder in unser altes Muster fallen. Was passiert aber, wenn der Pilot auch nur um einen Zentimeter vom Kurs abkommt und beispielsweise eine Weile lang nach links fliegt? Auf langer Strecke wird er komplett woanders landen, als er es sich eigentlich vorgenommen hatte, deshalb sind seine Koordinaten so unglaublich wichtig. Diese Koordinaten sind dein »Warum«. Es ist das neue Ich, das du in deinem Selbstbild installieren musst, damit du ein Gefühl dafür kriegst, was nicht mehr in dein Leben passt, denn sobald diese Vision in dir, dieses neue Ich immer stärker wird, werden die Ängste kleiner, und du wirst bemerken, dass du einen immer größeren Drang danach bekommst, Nein zu all den alten Dingen zu sagen, da sie sich einfach nicht mehr richtig anfühlen.

Der Grund dafür ist, dass du von nun an einen neuen Kontext hast. Sobald du nämlich eine immer stärker werdende Überzeugung in dir heranwachsen lässt, dass du beispielsweise Millionär bist, wird es dich umso mehr stören, wenn du Dinge tust, die nicht diesem Selbstbild entsprechen. Das hält natürlich nur, solange du dafür sorgst, dass das Selbstbild stark genug in dir integriert ist, und um das zu tun, musst du lernen, wie du die nötigen Emotionen dazu erschaffst. Du musst lernen, im Herzen zu spüren, was es bedeutet, bereits Millionär, gesund, in einer glücklichen Beziehung oder erfüllt zu sein. Erst wenn du das kannst, bist du frei von der ewigen Jagd nach ebendiesen Dingen, und genau das ist das Problem bei den meisten Menschen. Sie wollen all das mit ihrem Kopf anstatt mit ihrem Herzen. Dort im Herzen jedoch liegt das Geheimnis, das Gefühl, das wie ein Magnetfeld funktioniert, um dir neue Möglichkeiten zu bescheren. Wie aber kommst du in dieses Herz? Was musst du dazu tun? Lass uns das im nächsten Punkt besprechen.

DIE KOPFWELT

Wie heißt du? Viele würden jetzt ihren Namen sagen. Wo würden sie sich dann als Allererstes anfassen? An den Kopf? Nein, eher an das Herz. Wenn wir gefragt werden, wer wir sind, dann greifen wir uns eher ans Herz als an unseren Schädel, denn wenn wir uns an den Kopf packen, heißt das eher, dass es ein Problem gibt. Ist es nicht so? Erst wenn irgendetwas Schlimmes passiert ist, greifen wir uns an den Kopf und signalisieren damit ein »Oh nein!«! Wenn die Hand jedoch am Herzen ist, dann wollen wir damit eine bestimmte Tiefe signalisieren.

Warum greifen wir uns gerade dorthin, um zu zeigen, wer wir sind? Weil das Herz der Mittelpunkt ist. Es ist das Zentrum unseres Daseins. Es reguliert alles andere in unserem Körper. Es ist die Hauptzentrale unseres Lebens, und trotzdem schätzen wir es nicht so wert, wie es das eigentlich verdient hat, stattdessen konzentrieren wir uns viel eher auf unseren Kopf und all das, was dieser errichtet hat. Wir sind in einer riesigen Kopfwelt. Alles ist rational, logisch, faktisch, und genau deshalb kommen wir auch nicht mit unseren Emotionen klar. Ebendeshalb sind wir so angreifbar auf emotionaler Ebene. Vielleicht erinnerst du dich noch an die Zeilen mit dem Ferrari und dem Radio im Auto. Sieh das Herz als eine Art Navigationssystem. Es ist ein tieferliegendes Gefühl, das dich führt, aber wenn das Radio im Auto zu laut ist, dann kannst du es einfach nicht hören. Dieses Radio ist eben der Kopf.

In unserem Kopf finden unfassbar viele Gedanken statt, die uns tagtäglich das Leben schwer machen. Erst wenn wir es schaffen, den Kopf leiser und das Herz lauter zu machen, können wir uns klar darüber sein, was wir im Leben wirklich wollen. Entschuldige bitte, ich muss mich korrigieren. Nicht was wir wollen, sondern was wir wirklich sind, denn wollen tut nur der Kopf. Was ist damit aber gemeint? Dein Kopf hat eine ganz besondere Fähigkeit, und zwar, Abstand zu schaffen. Unser

Kopf hat die unfassbare Möglichkeit dazu, Zeit zu kreieren. Wo aber ist Zeit eigentlich? Gibt es so etwas wie Zeit überhaupt? Mit Sicherheit gibt es diese, aber nicht in der Form, wie du sie vielleicht kennst. Was die meisten Menschen nämlich meinen, ist die Uhrzeit. Ich rede jedoch von wahrer Zeit. Was ist Zeit denn überhaupt? Ich weiß, dass es Vergangenheit und Zukunft gibt, aber warst du wirklich jemals dort, oder waren die Vergangenheit und Zukunft hier bei dir im Kopf? Ich meine, warst du jemals irgendwo anders als im Hier und Jetzt? Ich verstehe ja, dass dein Körper sich verändert und sich alles bewegt, aber was ist mit deiner Wahrnehmung? War sie jemals woanders als in der jeweiligen Gegenwart? Was ist mit deinem Gehirn und deinem Herzen? Waren sie denn jemals irgendwo anders als im Hier und Jetzt?

Natürlich nicht. Sie sind immer im Hier und Jetzt, auch wenn du an die Vergangenheit oder Zukunft denkst. Wenn du an die Vergangenheit denkst, dann denkst du ja »jetzt« an die Vergangenheit, oder nicht? Wenn du an die Zukunft denkst, dann denkst du ebenfalls »jetzt« an die Zukunft, oder? Was, denkst du, passiert denn, wenn du jetzt an die Vergangenheit denkst? Du erschaffst damit jetzt ein elektrisches Signal in deinem Gehirn. Was, denkst du, passiert als Nächstes? Du kreierst jetzt eine chemische Reaktion in deinem Körper, die zu Emotionen führt. Was, denkst du, passiert dann als Nächstes, und zwar im Jetzt? Du kreierst eine Reaktion in deinem Nervensystem, die dafür sorgt, dass du ein ganz bestimmtes Verhalten an den Tag legst. Das bedeutet: Wenn du jetzt an deine Vergangenheit denkst, dann bist du auch jetzt deine Vergangenheit. Wie willst du so jedoch eine neue Zukunft erschaffen? Du bist eben immer jetzt, genau das, woran du denkst.

Ich hoffe doch, du kannst mir einigermaßen folgen. Stell dir vor, du denkst an die Zukunft. Du tust es ja jetzt, oder? Wenn du also jetzt an die Zukunft denkst, dann bist du jetzt deine Zukunft. Ganz einfach. Wenn du das Ganze lang genug aufrechterhalten kannst, dann wirst du merken, wie diese Dinge langsam in dein Leben kommen. Es gibt jedoch eine Sache, die du unbedingt beachten musst, und zwar den

Unterschied zwischen Wollen und Sein. Dieser kleine Unterschied hat einen massiven Effekt auf die Art und Weise, wie die Dinge in dein Leben kommen. Lass mich dir einmal erklären, was genau dahintersteckt.

WOLLEN UND SEIN

Dein Herz kann nicht denken, oder? Das Einzige, was es tun kann, ist zu sein. Der Kopf jedoch kann ganz klar denken, und das muss er auch können, denn wir brauchen ja immerhin Vergleiche, um Konzepte aufzubauen. Das bedeutet: Wir brauchen diese Fähigkeit, um ein Gefühl von Zeit zu haben. Wenn ich nicht einschätzen könnte, wie viel ich gestern an meinem Haus gebaut habe, dann wüsste ich nicht, wie viel ich morgen daran arbeiten muss, damit es am Ende des Monats fertig ist. Tiere haben eben nicht diese Fähigkeit einzuschätzen, was Zeit ist. Das ist eine ganz besondere Fähigkeit der Menschen, und das ist auch der Grund, warum wir zu solch kreativer Arbeit überhaupt fähig sind. Wenn dies nicht so wäre, dann würden wir ebenfalls weiterhin in Höhlen leben und im Kreis tanzen. Wir haben aber gelernt, wie man Feuer anmacht, und konnten es interpretieren, und zwar besser als jedes andere Lebewesen. Wir konnten Speere bauen und verstehen, was wir damit anrichten und wie wir unsere Jagd damit optimieren können. Wir haben verstanden, dass wir Hütten bauen können, um darin zu leben und uns zu wärmen – und all diese Dinge haben wir Schritt für Schritt immer weiter verbessert. Das alles ist nur möglich, weil wir es geschafft haben, einen Zeitstrahl in unserem Kopf zu erschaffen. Das bedeutet: Wir glauben, es gibt eine Linie, der wir folgen.

Aber gibt es diese Linie denn wirklich, oder ist das alles nur in deinem Kopf? Wo sind denn all die Erinnerungen an die Vergangenheit? Sind sie da draußen oder in den grauen Zellen zwischen deinen Ohren? Natürlich sind all diese Erinnerungen in deinem Kopf. Was, glaubst du, würde passieren, wenn wir diesen Teil jetzt einfach aus deinem Gehirn rausschneiden würden? Glaubst du, dann würde es diese Vergangenheit noch geben? Eben nicht.

Das ist ja der interessante Punkt hier. Die Vergangenheit oder die

Zukunft gibt es nicht. Es gibt nur das Hier und Jetzt, und das ist das Einzige, womit du arbeiten kannst. Es ist das Einzige, was du brauchst, und dieses Hier und Jetzt liegt vor allem in deinem Herzen. Der Kopf macht nämlich etwas ziemlich Dämliches, wenn er etwas will, und zwar sorgt er dafür, dass eine Distanz zwischen dir und dem, was du eigentlich willst, entsteht. Das, was du willst, ist irgendwo da draußen. Hier und jetzt! Du musst nur alle Teile sammeln und es zusammenbauen, dann hast du das, was du wirklich willst. Dein Kopf aber glaubt, dass es in der Zeit entfernt ist und dass es irgendwo da draußen in der Zukunft ist und du noch nicht da bist. Aber wenn du das denkst, wer bist du dann jetzt? Eben der Mensch, der noch nicht da ist. Du sagst damit automatisch, dass du es noch nicht verdient hast, all diese Dinge zu haben. Genau hier liegt auch das Problem. Jedes Mal, wenn du über etwas nachdenkst, erschaffst du Dualität. Denken funktioniert nur im Vergleich. Im Vergleich jedoch kannst du nicht vollkommen sein. Denk einmal tief darüber nach. Was sage ich damit aus, wenn ich sage: »Ich will das unbedingt haben«?

Damit sage ich auch gleichzeitig, dass ich nicht das bin, was ich mir so sehr wünsche. Nehmen wir mal folgende Aussagen und was sie bedeuten:

- »Ich will reich sein.« = Ich bin arm.
- »Ich will jemanden kennenlernen.« = Ich bin einsam.
- »Ich will selbstbewusster werden.« = Ich bin ängstlich.

Es spielt gar keine Rolle, was du willst, denn es geht immer nur darum, wer du bist. Wer bist du also, sobald du auch nur das Geringste in diesem Leben willst? Eben nicht das, was du dir so sehr wünschst – und genau das ist es, was dir das Genick bricht.

Vielleicht hast du schon mal erlebt, dass du eine Person über alles geliebt und alles versucht hast, um an diesen Menschen ranzukommen, nur um dann zu merken, dass er sich immer weiter distanziert. Was, glaubst du, wie das kommt? Wie kann es geschehen, dass ein Mensch immer mehr Abstand nimmt, obwohl du alles für ihn tun würdest? Ganz einfach. Es ist nicht das, was du für diesen Menschen tust, sondern das, was du im Inneren willst. Die Absicht ist nämlich das Problem. Hier sind wir wieder bei dem »Warum«. Wenn du das beantworten kannst, dann kennst du die wahren Beweggründe deiner Handlungen. Warum tust du alles für einen anderen Menschen? Weil du so bist oder weil du einfach etwas willst? Hier ist der massive Unterschied. Nehmen wir mal an, du möchtest unbedingt eine Frau kennenlernen. Du tust alles für sie, aber es gibt einen wichtigen Unterschied, den du beachten musst. Tust du es als König oder als Diener? Wenn du es nämlich als Diener tust, dann sieht sie es natürlich als selbstverständlich, wenn du es jedoch als König tust, dann ist absolut gar nichts selbstverständlich daran. Warum dienst du deinem Königreich? Weil du der König bist oder ein Diener?

Der Dienst eines Dieners ist wie immer selbstverständlich, während der Dienst eines Königs höchst wertgeschätzt wird. Weißt du auch, warum das so ist? Der König will nichts, er wird dazu ernannt, weil er längst ein König war, auch wenn er noch zuvor in Bettlerklamotten gesteckt hat. Er ist der König, und es sind die Menschen, die ihn als solchen ansehen. Wenn er etwas für seine Königin tut, dann, weil er einfach ein Mensch des Herzens ist, nicht weil er muss oder weil er will. Er tut es, weil er sich als König repräsentiert, in jeder Handlung, jeder Bewegung, jedem Atemzug. Es ist also eine selbstlose Handlung. Was aber ist mit dem Diener? Der Diener hat immer den Wunsch, das Herz der Königin zu gewinnen. Er will unbedingt auf den Thron, denn dann müsste er kein Diener mehr sein …

Dann könnte er das Ansehen des Volkes genießen, aber darum ging es dem wahren König nie. Er wollte einfach nur das Rechte tun und seinem Herzen folgen. Der Diener wiederum hat immer den Wunsch, etwas zu bekommen, und das ist das größte Problem, was er hat. Er sieht sich nicht als König. Er trägt nicht das Verhalten eines Königs durch den Tag, sondern eben das eines Dieners.

Solange du irgendetwas in deinem Leben willst, bist du nichts weiter als ein Diener und ein Opfer deines Schicksals. Erst wenn du bereit bist zu sein, wirst du wahre Früchte ernten. Darin steckt nämlich unfassbares Vertrauen und Überzeugung. Das ist einer der wichtigsten Prinzipien, die du aus diesem Buch mitnehmen musst. In dieser Welt gibt es eben paradoxe Gesetze, aber in diesen paradoxen Dingen liegt unfassbar viel Weisheit.

Nehmen wir mal einen Spruch wie »Weniger ist mehr«. Der Satz an sich ist paradox, aber dennoch liegt tiefere Weisheit darin. Weiterhin ist dir vielleicht aufgefallen, dass man vor allem stark ist, wenn man Schwäche zeigen kann. Das ist ebenfalls ein paradoxes Verhalten, aber auch hier liegt unfassbare Weisheit drin, denn es ist der Mittelweg. Es ist die Vereinigung von beiden Extremen. Stell dir vor, du stehst auf einer Klippe und schaust hinab. Wie kommt es, dass man sich in solchen Moment am lebendigsten fühlt? Dass man das Herz in der Brust klopfen spürt. Dass man den Atem umso mehr wahrnimmt? Weil man dem Tod gegenübersteht. Je näher du dem Tod bist, umso mehr erhältst du Leben. Auch hier ist eine tiefe Weisheit enthalten. Jetzt schau dir unsere verrückte Welt an. Alle jagen etwas, aber sind unglücklicher als je zuvor. Was glaubst du, woran liegt das? Weil sie alle etwas wollen.

IM SCHMERZ LIEGT DIE HEILUNG

Dieses umgekehrte Gesetz findet auch in der Glücksfindung Platz. Es ist ein Trend geworden, dass man nach seinem Glück sucht, und genau das ist, was solch ein Unglück verursacht im Leben der Glückssucher. Der einzige Grund, warum sie sich selbst nicht mehr ertragen können, ist, weil sie nach etwas suchen, um vor sich selbst wegzulaufen. Wenn ich das Glück da draußen suche, dann sage ich damit gleichzeitig, dass ich absolut unzufrieden mit mir selbst bin. Das ist der ultimative Grund dafür, warum das Leben eine Katastrophe zu sein scheint.

Wie änderst du das Ganze für dich? Indem du Schmerz und Belohnung verstehst. Das sind nämlich die beiden Dinge, die uns wirklich antreiben.

Der Mensch ist nichts weiter als ein Tier, wenn er nicht bewusst ist, und nun schau dir an, wie viele Menschen da draußen unbewusst umherlaufen. Das ist eben das, was uns in gewisser Weise von dem Rest der Welt abhebt. Wir können bewusst wahrnehmen, was wir tun, doch die meisten tun es eben nicht. Was aber ist damit gemeint, wenn ich sage, dass wir eigentlich nur Tiere sind? Nehmen wir mal einen Hund, der sehr großen Hunger hat. Du bemerkst es und gibst ihm nun ein Leckerli. Er verspeist es schnell und ist wieder vollkommen glücklich. Nun machst du das immer wieder. Was hat dieser Hund nun gelernt? Jedes Mal, wenn ich Hunger habe, laufe ich einfach zu meinem Herrchen, um ein Leckerli zu bekommen. Dieser Hund ist ein Opfer von Schmerz und Belohnung geworden, denn das sind die einzigen zwei Dinge, die uns als Tier bestimmen. In diesem Fall war der Hunger der Schmerz und das Leckerli das Stillen des Schmerzes, also die Belohnung. Was denkst du, wie es bei uns Menschen aussieht? Wie ist es mit Stress und Zigaretten? Wie ist es mit Langeweile und Ablenkung? Wie ist es mit Einsamkeit und Pornografie? Wie ist es mit Selbstzweifel und Drogen? Das Erste ist in diesem Fall immer der Schmerz. Das Zweite ist hier immer die Lösung vom Schmerz, also die Belohnung. So einfach funktionieren wir. Das ist die Formel, aus der unsere Gewohnheiten gebildet werden. Die Gewohnheiten sind nämlich das, was dazwischen kommt:

Schmerz —> Handlung —> Belohnung

Was passiert nämlich, wenn du Stress hast und plötzlich eine Zigarette rauchst? Was lernt dein Gehirn? »Ah, okay. Ich verstehe. Ich habe einen Schmerz wie Stress und eine schnelle Lösung wie Zigaretten dafür. Ich werde in Zukunft alles dafür tun, damit dieses Verhalten weiter bestehen bleibt, denn wir wollen ja immerhin keinen Stress.« Dein Gehirn versteht nicht, dass es deinem Körper schadet. Es versteht nur, dass es eine kurzfristige Lösung bekommt. Es kann nicht weiter darüber hinausdenken, es sei denn, du benutzt dein Bewusstsein.

Es gab ein Experiment mit Ratten, die einen Knopf drücken mussten, damit sie eine Belohnung erhalten haben, die ihre Gehirnrezeptoren im Belohnungssystem mit Dopamin überschütteten. Was, denkst du, haben diese Ratten getan? Sie haben sich in den Tod belohnt. Sie haben vergessen zu essen und so lange auf den Knopf gedrückt, bis es gar nicht mehr ging. Der Grund dafür ist, weil sie immer mehr davon brauchten. So geht es uns auch. Mehr Zigaretten, mehr Ablenkung, mehr Drogen und all das. Es gibt einen Jungen, der sich in den Tod gezockt hat, weil Computerspiele ebenfalls dieses Glückshormon, das Belohnung simuliert, ausstoßen. Der Junge hat aufgehört zu essen und nur noch gespielt, bis er vom Stuhl gefallen ist. So stark sind diese mentalen Ketten in uns. Sie sind jedoch nur so stark, wenn du sie nicht bewusst wahrnehmen kannst. Wir Menschen haben nämlich einen kleinen Vorteil all den Tieren gegenüber. Wir verstehen Zeit. Das bedeutet unter anderem: Wir können auch bewusst den Schmerz erkennen, der uns zu einer bestimmten Situation treibt, indem wir uns Wissen und Weisheit aneignen. Entweder indem wir selbst bewusst beobachten oder durch andere lernen, was für Muster wir in unserem Leben gebildet haben. Wenn wir das nicht tun, dann sind wir für immer in diesem Zyklus gefangen, und dieses Leben ist das Leben eines Blinden.

Hast du schon mal versucht, jemandem zu erklären, dass er sich gerade in den Ruin treibt? Beispielsweise wenn jemand drogensüchtig ist. Was passiert, wenn du dieser Person sagst: »Hey, hör zu, ich glaube, du hast ein Drogenproblem«? Was sagt diese Person? »Nein! Du hast keine Ahnung. Ich habe alles im Griff. Du verstehst einfach nicht, warum ich das Zeug nehme. Es ist aus dem und dem Grund.« Ein anderes Beispiel sind Beziehungen. Hast du schon mal einen Freund oder eine Freundin gehabt, bei dem oder der du gesehen hast, dass seine/ihre Partner*in ihnen überhaupt nicht gut getan haben, aber sobald du es angesprochen hast, wurdest du sofort verflucht. »Ach! Du gönnst mir einfach nicht mein Glück. Du hast gar keine Ahnung. Er ist eigentlich superlieb.« Das sagt sie beispielsweise, obwohl sie noch ein blaues Auge von ihm hat.

All das kommt nur aus reiner Unbewusstheit. All das sind Nebeneffekte daraus, dass wir uns nicht im Klaren darüber sind, dass wir eine tierische Seite in uns haben, die jeden Tag versucht, uns zu steuern. Es ist das, was ich »das Biest« nenne. Das Problem ist eben, dass wir unser Leben lang schon versuchen, dieses Biest loszuwerden, aber das Problem dabei ist auch, dass du eben dieses Biest bist. Du kannst es nicht einfach loswerden. Das ist absoluter Nonsens. Es ist schlichtweg nicht möglich. Dafür müsstest du deinen gesamten Körper aufgeben, aber dann wärst du tot.

Die Wahrheit ist nämlich, dass es nicht darum geht, dieses Biest loszuwerden, sondern es zu zähmen. Erst dann kannst du wirklich frei sein. Wenn du versuchst, es loszuwerden, dann trampelt es auf dir herum, weil es wütend wird. Wenn du jedoch das Biest zähmst, dann lässt es dich aufsteigen und Hunderte von Kilometern reiten, denn dann merkst du, was für eine unfassbare PS-Zahl du auf die Straße bringen kannst, wenn du es nur zulässt. Wir lassen es aber leider niemals zu, weil wir gelernt haben, dass wir es nicht dürfen. Das ist der Grund, warum wir uns nicht trauen, in unseren Schmerz hineinzugucken. Du wirst dich aber niemals befreien können, wenn du nicht bereit dazu bist. Wie kannst du dieses Biest also zähmen? Was musst du dafür tun? Dieses Biest manifestiert sich auf allen drei Eben in unserem Leben: dem Denken, dem Fühlen und dem Handeln. Auf allen drei Ebenen ist es wichtig, dieses Biest aufzulösen. Damit wir das schaffen, müssen wir eben verstehen, wie wir auf allen drei Ebenen funktionieren, da wir uns sonst selbst im Weg stehen. Das Biest ist nämlich nichts weiter als dein altes Ich. Wie wir es auf diesen drei Ebenen auflösen können, will ich dir später noch erklären, aber jetzt will ich dir erst einmal ein wenig genauer begreifbar machen, wie du dafür sorgst, dass du wirklich daran glaubst, dass du es verdient hast, das Leben zu führen, was du dir wirklich wünschst. Dafür musst du noch ein weiteres Prinzip verstehen, warum es so unnötig ist, irgendetwas in deinem Leben zu wollen, statt zu sein. Der Grund dafür ist die Waage dieses Lebens. Die Nivellierung des Universums. Lass uns einmal tiefer darauf eingehen, was das zu bedeuten hat.

NIVELLIERUNG

Unter »Nivellierung« versteht man unter anderem das Glätten eines Bodens, der ungleichmäßig verläuft, aber das ist nicht das, worüber wir hier sprechen werden. Es soll lediglich als Metapher für die universellen Gesetze in diesem Universum dienen. Was ich damit aussagen will, ist, dass alles in diesem Universum nach absoluter Harmonie strebt. Das bedeutet: Wenn du dir die Natur genauer ansiehst, dann bemerkst du, dass dort alles in vollkommener Ordnung ist, auch wenn manchmal der Schwächere gefressen wird, dann ist das ein natürlicher Verlauf dieses Lebens. Die Bäume unterstützen die Tiere. Die Tiere unterstützen neues Wachstum, und alles funktioniert in einem Kreislauf. Es gibt jedoch eine »Sache«, die diese Harmonie ins Ungleichgewicht bringen kann, und zwar der Mensch. Wie du siehst, haben wir es tatsächlich geschafft, die Welt in ein Chaos zu verwandeln. Selbstverständlich ist eine gewisse Ordnung darin, doch all das geschieht auf Kosten der Natur. Das bedeutet, wir sehen uns als vollkommen überlegen der Natur gegenüber und dazu berechtigt, uns an ihr zu bedienen, so viel, wie wir wollen, doch das ist definitiv nicht der Sinn des Ganzen. Das alles passiert auf materieller Ebene, doch auch auf geistiger Ebene bringen wir das Universum ins Ungleichgewicht, und zwar durch unsere Bewertung. So etwas wie Bewertung gibt es nämlich eigentlich nicht in der Natur. Was soll schon mehr oder weniger wert sein? Ist ein Löwe weniger wert, weil er eine Gazelle reißt? Ein Wolf mehr wert, weil er ein Schaf reißt? Eine Mutter mehr wert, weil sie ihr Kind pflegt? Ein Baum weniger wert, weil er kleiner ist? Glaubst du, es gibt so etwas wie Bewertung in der Natur? Nein, das gibt es nicht. Das ist etwas, was der Mensch erfunden hat, und es ist vollkommen unnatürlich. Ebendeshalb fühlt es sich so negativ an.

Sobald du anfängst, zu bewerten und etwas mehr oder weniger Wert zu geben, bringst du »schwingungsmäßig« Ungleichgewicht in dieses

Universum. Das bedeutet, du musst dir Folgendes einmal vorstellen. Stell dir vor, du wirfst einen Stein ins Wasser. Durch den Aufprall ins Wasser entsteht eine Wellenform. Auf der anderen Seite hat ebenfalls jemand einen Stein ins Wasser geworfen, und auch dort entsteht eine Wellenform. Jetzt ist die Frage: Was passiert, sobald beide Wellen aufeinandertreffen? Unterstützen sie sich oder bremsen sie sich gegenseitig aus?

Das ist eben das Ding. Wenn du dieses Universum mental unterstützt, dann gibt es dir alles, was du brauchst. Wenn du jedoch anfängst zu bewerten und Ungleichgewicht in diese Schwingungsfrequenzen bringst, dann versucht es, dein Ungleichgewicht wieder ins Reine zu bringen; und es gibt zwei Wege, wie das Universum das macht. Es nimmt dir entweder weg, was du als zu viel bewertest, oder es schickt dir genau das, was du als zu niedrig bewertest. Das bedeutet: Sobald du etwas auf ein Podest stellst und idealisierst, wirst du bemerken, dass das Universum es von dir wegschiebt, damit du es wieder vergessen kannst und deine Bewertung verfällt. Wenn du jedoch auf der anderen Seite etwas verurteilst und als zu geringwertig erachtest, wirst du bemerken, wie es immer mehr und mehr Platz in deinem Leben findet.

Das bedeutet: Wir haben mit unserer bloßen Gedankenkraft die Macht, Dinge von uns abzustoßen oder anzuziehen. Wie funktioniert dieses Universum? Was genau veranstaltet es dort? Stell dir das Ganze mal als eine Waage vor. Wir haben ja anfangs geklärt, dass es so etwas wie Wert nicht gibt. Das ist ein Konzept, das von Menschen geschaffen wurde. Vor allem durch den Handel, das Geld, die Wirtschaft ist es dazu gekommen, dass wir gewissen Dingen einen Wert zugeschrieben haben. Es ist okay, wenn du das Ganze objektiv tust, aber sobald du dich mental hineinverwickeln lässt, bringst du das Universum ins Ungleichgewicht. Das bedeutet: Sobald du in deinem Geist etwas zu viel Wichtigkeit gibst, wirst du bemerken, wie es von dir weggestoßen wird. Das ist eben auch der Grund, warum die meisten ein großes Problem damit haben, etwas in ihrem Leben zu halten.

Sie geben Dingen viel zu viel Wichtigkeit. Auf der anderen Seite jedoch gibt es auch Dinge, die wir in unser Leben ziehen. Dies tun wir, indem wir ein Urteil über etwas haben. Das ist am Ende der einzige Grund, warum so viele Dinge in unserem Leben sind, die wir eigentlich gar nicht haben wollen. Dies macht uns das Leben so unheimlich schwer, und erst wenn wir bereit dazu sind, dieses Urteil loszulassen und mit der Bewertung aufzuhören, können wir uns frei machen von dem Ungleichgewicht in unserem Leben.

Um in dein Herz zu kommen, musst du dich also von den Bewertungen, dem Richtig und dem Falsch in deinem Leben loslösen. Nur so wirst du es schaffen, am Ende einen freien Geist zu haben, um in dein Herz zu tauchen. Damit das passieren kann, lass uns über ebendiese zwei Extreme sprechen. Ich werde sie hier »Wichtigkeit« und »Verurteilung« nennen, sodass du besser verstehen kannst, wovon ich genau rede.

WICHTIGKEIT

Was genau ist also Wichtigkeit? Wir leben wie gesagt in einer Welt, in der sehr viele Dinge sehr hochgelobt werden. Ist dein Leben eigentlich wirklich wichtig? Für dich sicherlich, oder? Was aber, wenn wir es von der Sonne aus betrachten könnten? Spielt dein Leben wirklich eine Rolle? Was ist, wenn wir es vom Ursprung dieses Universums her betrachten könnten? Spielt dein Leben dann eine Rolle? Worauf ich hinauswill, ist, dass dein Leben absolut keine Rolle spielt, aber gleichzeitig auch doch. Es ist wieder eine sehr paradoxe Situation. Du spielst nämlich eine wichtige Rolle in diesem Universum, da alles im Ungleichgewicht wäre, wenn du nicht darin wärst, aber gleichzeitig bist du auch völlig unbedeutend. Wenn du also eins minus eins rechnest, dann bist du wieder bei null. Es ist alles wieder neutral. Die Endaussage ist also: Es gibt keinen Wert.

Dennoch schreiben wir gewissen Dingen einen zu großen Wert zu. All das tun wir aber auf Kosten unseres eigenen Selbstwerts. Wie bereits erwähnt, kannst du nur vergleichen, wenn du »im Kopf« bist. Im Kopf aber läufst du auch Gefahr zu bewerten, und wenn du das tust, fängst du an, deinen Selbstwert daran zu messen, wie viel du hast und wie viel andere haben. Eben dadurch verlierst du deinen Zugang zum Herzen. Wenn ich also sage, dass ein Leonardo DiCaprio mehr wert ist als ich, und ihn bewundere oder auf ein Podest stelle, dann nur zu einem Preis, und zwar auf Kosten meines eigenen Selbstwertes.

Jedes Mal, wenn du jemand anders höher stellst als dich, stellst du dich automatisch niedriger. Das ist ein universelles Gesetz, da sonst alles aus dem Gleichgewicht geraten würde. Es ist nicht angenehm für jemanden, als höhergestellt angesehen zu werden, es sei denn, er oder sie hat gewisse Minderwertigkeitskomplexe; und es ist auch nicht angenehm, sich selbst als niedrig einzustufen. Die ideale Situation wäre also, keine Bewertung in das Ganze hineinzulegen, sodass du frei sein kannst von all der Negativität in deinem Leben.

Da ich mit vielen Männern zusammenarbeite, sehe ich häufig die Vergötterung von Frauen in ihrem Leben und das zwangsläufige Auseinanderbrechen von Beziehungen, da sie diese Menschen eben dauernd von sich wegstoßen. Wir leben derzeit in einer Welt, in der unfassbare Idealisierung stattfindet, vor allem die Idealisierung von Macht und Sex. Da die meisten genau dies anstreben, bekommen sie es eben nie. Ich sehe unglaublich viele Menschen, die alles dafür tun würden, um erfolgreich zu sein, und genau das ist am Ende der Grund, warum es niemals in ihr Leben kommen kann. Damit etwas in dein Leben kommt, musst du den Raum dafür schaffen, doch das geht nicht, wenn du viel zu viel Druck aufbaust.

Nehmen wir mal folgendes Beispiel. Ein junger Mann lernt eine nette Frau kennen. Es ist auch alles wundervoll bis zu einem gewissen Punkt. Er schreibt ihr unglaublich oft und verlangt eine Antwort, drängt sie zum nächsten Treffen mit ihm und baut enormen Druck auf. Was glaubst du, warum macht dieser Mensch das? Der einzige Grund, warum dieser Mensch das tut, ist, weil er dieser Frau viel zu viel Wichtigkeit beimisst. Wieso gibt dieser Mensch dieser Frau so viel Wichtigkeit? Weil er eine Story in seinem Kopf hat, von der er glaubt, dass sie wahr ist. Diese Story könnte beispielsweise folgendermaßen lauten: »Irgendwann kommt die perfekte Frau, bei der es klick macht, und dann kommen wir zusammen, sind verliebt, gründen eine Familie und sind bis an unser Lebensende glücklich.« Eine weitere Story könnte sein: »Irgendwann finde ich eine Frau, die mich aus dem Innersten erfüllt, und dann werde ich nie mehr leiden, weil sie mir das Glück endlich bringt.« Wer bist du, wenn du solch einen Wunsch hast? Mit dieser Story oder dieser Aussage sagst du nämlich gleichzeitig, dass du dir selbst absolut keinen Wert zuschreibst. Dies ist eben eine Konditionierung, die über all die Jahre in die Menschen gelegt wurde.

Was passiert, wenn man sich als Mann Pornografie anguckt? Man sieht Tausende von Frauen, die oft wie Models aussehen, geschminkt sind und einen Mann scheinbar in jeder erdenklichen Weise glücklich machen können. Was passiert in diesem Moment im Mann? Er wird überschüttet mit Glückshormonen und glaubt, dass solche Frauen einen unglaublich hohen Wert haben. Dann geht er auf Instagram und sieht noch mehr davon. Dann geht er raus und sieht noch mehr davon. Was, glaubst du, ist in seinem Geist los? Es ist ein absolutes Chaos. Wenn er sich all das lang genug anguckt, wird er möglicherweise irgendwann dem Irrglauben verfallen, dass die Frauen in seinem Leben pure Engel sind.

Das entspricht natürlich nicht der Wahrheit. Jeder Mensch da draußen muss sein Geschäft erledigen, wenn er auf Toilette geht, und bei jedem stinkt es. Jeder Mensch da draußen blutet, wenn er verletzt wird. Es gibt keinen Unterschied oder Mehrwert zwischen uns. Wir als Menschen sind alle vollkommen gleichwürdig. Die Leistung, die wir bringen, ist vielleicht eine andere, aber als Menschen sind wir gleich.

Was bei Frauen oftmals Glückshormone auslöst, sind nicht wirklich Pornos, aber Dinge wie Soaps, Memes, Gossip, Kommunikation, Drama. All diese Dinge, die man in irgendwelchen Schnulzenserien sieht, lösen ein Glücksgefühl in vielen von ihnen aus. Was, glaubst du, wirst du als Frau mit in deine Beziehung tragen? Genau das. Du wirst glauben, dass, wenn der Mann wirklich der Richtige ist, er ständig mit dir kommunizieren muss, Drama auslöst, in Gossip versinkt und das das wahre Leben ist. All das, was du in diesen Soaps oder in den Pornos jedoch siehst, wirst du niemals kriegen, weil du es idealisierst. Du wirst vielleicht eine gewisse Illusion davon bekommen, aber nie das Original. Der Typ, der sich für den charmanten Kerl ausgibt, aber am Ende nur ein Arschloch ist. Die Frau, die in Wahrheit eine Prostituierte ist und nicht die Frau, die dir die Nähe gibt, die du eigentlich willst.

Solange du etwas als zu hoch periodisierst, und zwar mental, wirst du es immer von dir wegschieben. Der einzige Weg, um das zu vermeiden, ist, die Wichtigkeit herauszunehmen, denn sonst kommst du in einen negativen Kreislauf. Der erste Schritt dabei ist, dass du etwas Wichtigkeit gibst, der zweite, dass du deinen eigenen Wert verrätst. Sobald das passiert ist, wirst du an dir selbst zweifeln und versuchen, noch mehr für etwas zu arbeiten und noch mehr zu investieren. Rate mal, was passiert, wenn du noch mehr in etwas investierst. Du gibst der Sache *noch* mehr Wichtigkeit.

Das, wo wir unsere Energie und Zeit reinstecken, erachten wir als wichtiger als andere Dinge, und ebendeshalb sind die meisten dann in einem ewigen Kreislauf gefangen, aus dem sie nur noch sehr schwer ausbrechen können. Damit du also nicht in diesen Kreislauf kommst, muss du lernen, ein Gegengewicht zu haben, das deine Waage in Balance hält. Das bedeutet, wenn du wieder bemerkst, dass du etwas zu viel Wichtigkeit gibst, indem du gerade darüber nachdenkst und glaubst: »Wow ... Er ist so toll« oder »Sie ist so wundervoll«, ist es unglaublich wichtig, diese Glaubenssätze mit einem Gegengewicht auszukontern, und das unverzüglich danach. Zum Beispiel mit einem Satz wie »Ja, aber die kocht auch nur mit Wasser«. Das bedeutet: Habe immer einen Kontersatz im Kopf, damit du ein Gleichgewicht herstellen kannst, sodass du nicht in Imbalance kommst. Dies funktioniert auf mentaler Ebene großartig. Auf emotionaler Ebene sieht es da etwas anders aus. Dann kommen Dinge wie Loslassen oder Vergebung ins Spiel, doch lass uns noch auf das Thema »Verurteilung« eingehen.

VERURTEILUNG

Wenn es die Möglichkeit gibt, etwas zu viel Wert zu geben, dann muss es auch die Möglichkeit geben, etwas zu wenig wert zu geben, und das ist eben die Verurteilung. Hier funktionieren die universellen Gesetze etwas anders. Während die Dinge bei der Idealisierung oder zu hoher Wichtigkeit von etwas abgestoßen werden, ist es hier so, dass diese Dinge, die du verurteilst und als zu geringwertig erachtest, zu dir hingezogen werden. Das habe ich zwar schon gesagt, aber das ist der Grund, warum die meisten Menschen in einem absoluten Chaos leben. Wie kann das aber überhaupt möglich sein? Wie kann man etwas in sein Leben ziehen, was man verurteilt?

Es ist alles wieder mal eine Frage deines Fokus. Du musst dir wie gesagt über Folgendes im Klaren sein. Alles, was du dir vorstellst, wird langsam materialisiert. All das, was du in deiner Vorstellungskraft festhältst, ist eben das, worauf du dich fokussierst. Das, worauf wir uns lang genug fokussieren, das wird auch realisiert werden.

Vielleicht fragst du dich jetzt: »Aber warte mal. Wenn ich etwas Wichtigkeit beimesse, dann fokussiere ich mich doch auch auf etwas, oder nicht?« Nein, das stimmt nicht wirklich. Wenn du etwas unglaublich Wichtigkeit beimisst, dann fokussierst du dich viel eher darauf, was du nicht in deinem Leben willst. Die Wichtigkeit, die du einer Sache beimisst, ist viel eher ein Nebenprodukt aus dem, was du auf keinen Fall in deinem Leben haben möchtest. Wenn du beispielsweise unbedingt einen Partner haben willst, dann sei dir sicher, dass es daran liegt, dass du tief im Inneren einfach nicht allein sein willst. Das ist es, worauf du dich konzentrierst, und das ist es auch, was du verurteilst: Menschen, die allein sind. Du glaubst tief im Inneren, dass sie weniger wert sind, und genau deshalb willst du auch keiner von ihnen sein. So ziehen wir eben all die Dinge, vor denen wir tief im Inneren am meisten Angst haben, in unser Leben. Wenn du Armut verurteilst, dann wirst du immer Armut sehen. Wie viele Menschen haben Angst, die Kuverts mit ihren Rechnungen aufzumachen oder ihre Kontoauszüge anzugucken? Wenn das keine Angst ist, dann weiß ich auch nicht. Wie sieht es mit den Beziehungen aus? Wie viele Menschen haben Angst, Ablehnungen zu erfahren? Dies ist die ultimative Angst, dass man allein sterben könnte, und genau deshalb kriegen sie auch ebendas.

Erinnerst du dich noch daran, als wir über das Thema »Fokus« gesprochen haben? Vor allem über den folgenden Satz: »Kannst du etwas vergessen, indem du dich darauf konzentrierst, etwas zu vergessen?« Nein, das geht nicht. Die meisten sehen also eine Welt, die sie nicht mögen, und deshalb wollen sie sie so schnell wie möglich loswerden – und genau deshalb kriegen sie auch andauernd nur das in ihrem Leben. Dein Geist kennt das Wort »nicht« eben nicht. Wenn du die ganze Zeit an Geld denkst, dann nur, weil du »nicht« arm sein willst. Der Schmerz in uns ist immer größer als die Belohnung. Wir haben zuvor bereits darüber gesprochen. Wir laufen immer vor etwas weg und zu etwas hin. Das bedeutet: Du kannst anhand deiner Wünsche im Leben erkennen, was du im Inneren verurteilst. Das ist auch die Art, wie die meisten Menschen heutzutage leben. Sie haben einen wichtigen Teil in sich weggesperrt und wollen ihn niemandem zeigen, weil sie gelernt haben, dass dieser Teil eben negativ ist. Niemand darf ihn sehen, und genau das ist der Grund, warum all diese Dinge ständig in ihr Leben kommen. Unterbewusst sind Dinge verankert, die sie »nicht« im Leben haben wollen und die sie verurteilen. Durch die universellen Gesetze werden ebendiese Dinge herangezogen, sodass man sie aufarbeiten kann und kein Urteil mehr dagegen hat.

Stell dir Folgendes einmal vor. Stell dir einmal vor, du bist ein Mann und du hast eine extrem starke, laute und harte Seite in dir. Du hast aber von klein auf gelernt, dass du diese Seite niemandem zeigen darfst. Das heißt also, genau diese Seite verurteilst du in dir, ohne dass du dir wirklich bewusst darüber bist. Was, glaubst du, wird jetzt wohl geschehen?

Du wirst dich magischerweise besonders zu Frauen hingezogen fühlen, die extrem stark, laut und hart sind. Es wird ein Verhalten in anderen Menschen sein, das dich unfassbar triggert. Das bedeutet, welches unfassbar tief sitzende Gefühle in dir hochkommen lässt. Was glaubst du, warum das so ist? Weil du in sie verliebt bist? Nein. Ganz und gar nicht. Es ist nur, weil du einen großen Teil von dir weggesperrt hast, den du jetzt in einem anderen Menschen siehst, und dein Unterbewusstsein schreit nur danach, dass du diesen Teil in dir endlich befreist. Es will, dass du diesen Teil in dir endlich wieder annimmst. Diesen Teil in dir nenne ich »das Biest«.

Wenn du dieses Biest findest, auflöst und Frieden damit schließt, dann wirst du merken, dass sich auch dein Leben verändert. Damit das passieren kann, müssen wir aber noch eine Ebene tiefer gehen, und ich möchte, dass du bereit bist, aufgeschlossen genug zu sein, um zu verstehen, wie du und all das, was um dich herum passiert, funktioniert. Wenn du das tust, dann verspreche ich dir, wirst du schon bald innere Erlösung finden. Also legen wir los.

KAPITEL 6

JETZT WIRD ES NOCH VERRÜCKTER

EIN BISSCHEN MEHR SCHWUNG – DIE MACHT DER ENERGIE

Wir haben das Thema »Schwingung« beispielsweise bereits beim Thema »Nivellierung« angeschnitten. Damit wir in den nächsten Kapiteln nicht den Überblick verlieren, möchte ich dir nun ein etwas abgefahrenes Konzept vorstellen, denn darauf aufbauend wirst du verstehen, wie du diese inneren Dinge, die du schon so lange verdrängt hast, auflösen kannst. Dafür musst du von nun an mit Begriffen wie »Energie« oder »Schwingung« zurechtkommen. Ich weiß, es hört sich vielleicht ziemlich esoterisch an, aber es ergibt Sinn, versprochen. Dies wird uns als Modell dafür dienen, damit wir einschätzen können, wo wir uns gerade auf unserer emotionalen Ebene befinden. Also lass uns erst mal klarstellen, was es überhaupt mit dem Begriff »Energie« auf sich hat.

Was also ist eigentlich Energie? Beantworte mir dafür einmal bitte die folgende Frage. Wie funktioniert eine Illusion eigentlich? Hast du schon mal geträumt und geglaubt, dass es real ist? Genau das ist eine Form der Illusion. Kennst du das Gefühl, verliebt zu sein? Wie echt es sich doch anfühlt, dass er oder sie die richtige Person ist, oder? Am Ende jedoch erfährt man die harte Realität. Sie hat dich betrogen, er hat dich belogen, ihr passt einfach nicht zusammen. All diese Dinge geschehen konstant in unserem Leben. Dinge, die sich so real anfühlen, sind es nicht wirklich. Genauso ist es mit deinem Körper, dem Tisch in deiner Wohnung, dem Fernseher, auf den du deine Augen richtest, und mit allem anderen, was du jeden Tag erfährst. All das ist eine Illusion. Es ist nicht echt.

Hältst du mich bereits für verrückt und möchtest das Buch am liebsten zur Seite legen? Sehr gut, dann tu dir keinen Zwang an, doch wenn du die Wahrheit wissen willst, dann sei die im Klaren darüber, dass all das, was du jeden Tag siehst, größtenteils nur leerer Raum ist. Jedes Mal, wenn du dir deine Hand anguckst, denkst du vielleicht: »Ja, das ist meine Hand. Ich kann sie doch berühren, also muss sie doch echt sein.« In Wahrheit aber ist das, was du da siehst, zu 99,99999 Prozent leerer Raum. Es ist leer. Vollkommen leer. In Wirklichkeit bestehst du nämlich nur aus etwa 0,000001 Prozent Materie. Dem Zeug, was fest ist. Genauso wie die Erde selbst. Wenn du den ganzen leeren Raum aus der Erde nehmen würdest, dann würde am Ende nur eine kleine Stecknadel übrig bleiben. Sie wäre dann zwar so schwer wie die gesamte Erde, doch es wäre nur noch eine kleine, unbedeutende Stecknadel. Vergleichbar ist es mit deinem Körper.

Wenn du in ihn hineinzoomen würdest, dann würdest du schon sehr bald auf die kleinsten Teilchen deines Körpers stoßen, und zwar die Atomteilchen, aus denen alles im Universum gemacht ist. Wenn du dir diese Teilchen anguckst, dann wirst du bemerken, dass sie zum größten Teil nur leerer Raum sind, die jedoch eine ganz bestimmte Schwingung haben. Ebendiese Schwingung ist es, die deinen Arm und alles andere so fest macht und es so robust scheinen lässt. Wenn du das jedoch herausnehmen würdest, dann würdest du einfach nur in der Gegend umherschwirren.

Lass mich dir ein Beispiel geben, damit du es leichter verstehst. Stell dir einen Wirbelsturm vor. Wenn du diesen Wirbelsturm siehst, dann kann das schon ziemlich Furcht einflößend sein. Was, glaubst du, ist der Grund dafür, dass du diesen Wirbelsturm siehst? Es ist all der Staub und Dreck, die Erde, die darin enthalten ist, die ihn sichtbar macht. Was wäre wohl, wenn man das Ganze herausnehmen würde, was würde dann mit dem Wirbelsturm passieren? Er wäre unsichtbar. Was wäre aber, wenn du mit deinem Auto durchfahren würdest? Du würdest gnadenlos zerschmettert werden, ganz egal, ob du ihn siehst oder nicht.

Genauso ist es mit unserem gesamten Universum. Es gibt einen kleinen Teil von Materie, der durch die Schwingung in diesem Kosmos zusammengehalten wird.

Glaub mir, ich bin kein Fan von Hokuspokus oder dem, was manche an dem Gesetz der Anziehung missverstehen, doch es ist etwas Wahres dran. Die Wissenschaft hat in den letzten etwa hundert Jahren einen sehr guten Job gemacht, um herauszufinden, dass diese Dinge wirklich valide sind.

Was bedeutet das aber nun für dich und unseren weiteren Weg? Es bedeutet, dass du verstehen musst, dass du größtenteils aus Schwingungen bestehst, und von denen gibt es viele verschiedene. Was passiert denn, wenn du ein Musikstück spielst? Was ist, wenn Ludovico Einaudi sich ans Klavier setzt und losklimpert? Jedes Mal, wenn er eine Taste drückt, schlägt ein Hammer auf die Saite im Piano und erzeugt eine Schwingung. Jede davon ist ein anderer Ton. Jeder Ton hat einen anderen Effekt, stimmt's? Ebenso ist es mit dir.

Du hast eine ganz bestimmte Ausstrahlung. Hast du schon mal in einem Wartezimmer gesessen und darauf gewartet, dass du gleich drankommst? Du kannst die Luft in diesem Raum beinahe schneiden, weil du bemerkst, was für eine unangenehme Aura hier herrscht. Hast du schon mal jemanden in deinem Leben gehabt, der unglaublich verliebt in dich war und enormen Druck auf dich ausgeübt hat, sich immer wieder treffen wollte und all das? Dieser Mensch hat eine eher bedrückende Aura. Andere Menschen wiederum haben eine unfassbar leichte Ausstrahlung. Es ist einfach angenehm, mit ihnen in einem Raum zu sein. Ich würde sagen, es gibt drei Sorten von Menschen da draußen, wenn es um Energie geht. Einmal diejenigen, die dir Energie geben, einmal die, die vollkommen neutral sind, und dann diejenigen, die dir unfassbar viel Energie entziehen.

Es ist kein Zufall, dass du dich platt fühlst, sobald du mit bestimmten Menschen zu tun hast. Es ist alles eine Frage des Energieaustausches.

Es gibt ein großartiges Video auf YouTube, das perfekt demonstriert, wie die Schwingung funktioniert. Alles im Universum strebt nach Harmonie, und das ist auch der Grund, warum sich Dinge synchronisieren wollen. Wenn du bei YouTube »32 Metronome Synchronisation« eingibst, dann wirst du ein Video finden, in dem 32 Metronome gestartet werden, die jedoch zu unterschiedlichen Zeiten anfangen zu schwingen. Nach ungefähr vier Minuten aber synchronisieren sich alle Metronome und schwingen in ein und demselben Takt, da das Schwingungsfeld zwischen ihnen dafür sorgt, dass sie sich einander anpassen.

Genauso ist es mit uns Menschen. Du wirst es sehr schwer haben, positiv zu bleiben, wenn du dauernd unter negativen Menschen bist. Sobald du deine eigene Schwingung erhöhst, wirst du merken, dass du langsam immer mehr deinem alten, negativen Umfeld gegenüber abgeneigt bist, und dich entfernst oder wieder anpasst und ins alte Muster zurückfällst. Wenn dein Umfeld jedoch positiv ist, dann gibt es keine Probleme.

Wir sind wie ein Fisch, der durchs Wasser schwimmt. Denkst du, dieser Fisch weiß, dass er im Wasser ist? Nein, er hat keine Ahnung, aber könnte auch nicht ohne dieses Wasser überleben. Wir Menschen sind genauso. Wir sind in einem Becken voller Energie und schwimmen darin, ohne es zu wissen. Wir würden nicht überleben können, wenn wir diese Energie nicht hätten, deshalb tun wir gut daran, diese Energie zu nutzen, damit wir mehr positive Dinge in unser Leben ziehen können. Wie aber machen wir das?

Wir müssen lernen, unsere Schwingung zu erhöhen, so komisch sich das auch anhört, aber es ist das, was wirklich zählt. Um das zu tun, musst du lernen, dein Wesen auf allen drei Ebenen deines Daseins zu verändern. Egal, ob es Denken, Fühlen oder Handeln ist.

Der sinnvollste Weg ist es, im Inneren anzufangen und dann in das Äußere zu gehen. Wenn du nämlich nicht im Inneren davon überzeugt bist, dass du bereits Porsche-Fahrer bist, und dir dann einen kaufst, wirst du dich ständig dafür verurteilen, dass du einen hast. Genauso ist es mit Beziehungen. Wenn du tief im Inneren nicht daran glaubst, dass du es verdient hast, den idealen Menschen an deiner Seite zu haben, dann wirst du immer Probleme damit haben, diesen Menschen in deinem Leben zu halten. Was du also tun musst, ist, beim Geist anzufangen.

GEIST ÜBER KÖRPER

Dir muss nun vor allem eine Sache klar werden. Der Geist steht immer über dem Körper. So oder so. Wenn du eine Metallplatte nehmen würdest und Blei drauf kippst, nur um dann eine bestimmte Schwingung anzuschalten, die die Metallplatte in Bewegung bringt, dann passt sich das Blei auf der Platte der Schwingung an, niemals passt sich aber die Schwingung dem Blei an. Das bedeutet, die Schwingung bestimmt, wie die Materie sich formt. Wenn du nicht verstehst, was ich damit meine, dann gib einfach »Chladni-Platte« oder »Chladni Plate« auf YouTube ein, und du wirst sehen, was damit gemeint ist. Es ist ähnlich wie bei den Metronomen, und es zeigt vor allem eins: Zuerst kommt der Geist, dann folgt der Körper. Unter »Geist« verstehe ich vor allem Gedanken und Emotionen. Ganz egal, welche Menschen du draußen siehst oder von welchen Menschen du auch immer gehört hast, ob Einstein, Bohr, Vivaldi, van Gogh, da Vinci oder Picasso.

Vollkommen unabhängig davon, wer es von ihnen war, sie alle hatten Ideen. Diese Ideen waren zuerst da, dann kamen die Resultate aus ebendiesen Ideen. Alles fand zuerst in ihrem Kopf statt und hat sich dann Schritt für Schritt in der Realität manifestiert. Diesen Vorgang nannte Napoleon Hill in seinem berühmten Buch *Denke nach und werde reich* auch »Transmutation«. Dieser Vorgang sagt, dass aus dem Denken das Fühlen und dann das Handeln entsteht.

Das ist der Grund, warum ich gesagt habe: Wenn du etwas in deinem Leben erschaffen willst, dann ist es ratsam, zuerst in deinen Geist die absolute Überzeugung zu legen, dass du bereits die Person bist, die du eines Tages sein willst.

Viele mögen jetzt einwenden: »Aber ist das dann nicht fake?« Warum sollte es fake sein, wenn du dazu fähig bist, so etwas zu tun? Bist du die Rolle, die du bisher spielst, oder der Erschaffer dieser Rollen? Stell dir vor, du hast ein leeres Glas. Du kippst nun etwas in dieses Glas hinein. Bist du dann das, was hineingekippt wurde, oder bist du der Mensch, der etwas hineingekippt hat? Eben hier ist der entscheidende Punkt. Du bist der Mensch, der etwas hineinkippt, nicht die Flüssigkeit, die drin ist.

So ist es eben mit deinem Selbst oder besser gesagt dem Ego, was du aufgebaut hast. Es ist eine Spielrolle, die du erschaffen hast; und das Interessante dabei ist, dass du sie nicht mal selbst erschaffen hast, sondern dass es andere waren, die diese Spielrolle kreiert haben. Dieses Ego bist nicht du. Es ist ein Paket, das du die ganze Zeit mit dir herumträgst, aber womit du dich andauernd identifizierst. Es ist das Tier in dir, das überleben will und nur nach Schmerz und Belohnung lebt, ohne sich darüber bewusst zu sein. Damit du verstehst, wie es funktioniert und wie du am besten damit umgehen solltest, lass uns ein wenig genauer darüber sprechen, sodass wir es mit der Zeit endlich doch noch auflösen können.

DAS EGO

Was ist eigentlich dieses Ego, von dem so viele Menschen sprechen? Wie oft hört man Dinge wie »Du hast einfach ein viel zu großes Ego« oder »Lass endlich mal dein Ego beiseite«, aber was genau ist denn dieses Ego? Es ist vor allem die Identität, die du über all die Jahre deines Lebens aufgebaut hast. Eine Identität, die dich davor schützen soll, verletzt zu werden. Du musst nämlich wissen: Es gibt zwei Zustände, in denen wir Menschen uns befinden können. Einmal den kreativen Zustand und einmal den Überlebensmodus. Der kreative Zustand jedoch kann nur aktiviert werden, wenn du in Sicherheit bist, ansonsten bist du im Überlebensmodus. Es ist keine gute Idee, ein neues Bild zu zeichnen, wenn du gerade von einem Löwen gejagt wirst, oder?

Das ist ein sehr wichtiger Punkt, denn die meisten Menschen schaffen es kaum, in den kreativen Zustand zu kommen, da sie ständig im Überlebensmodus festhängen; und der Grund dafür ist, dass sie ständig glauben, sie würden angegriffen. Ja, ich verstehe, dass es keinen Löwen gibt, der dich gerade jagt, aber ebendas ist ja das Problem. Wir machen trotzdem eine große Sache daraus.

Nehmen wir noch einmal das Beispiel mit der Gazelle und dem Löwen. Sobald die Gazelle dem Löwen entwischt ist, denkt sie nicht mehr weiter darüber nach, sie schüttelt den Stress aus und macht einfach weiter wie vorher. Der Mensch aber hat die Fähigkeit, zu denken und vor allem alles und jeden zu überdenken, also was macht der Mensch? Er fragt sich, was richtig und falsch ist, und verurteilt den Löwen dazu, falsch zu sein. Dadurch löst der Mensch automatisch Stress in seinem Körper aus. Das zeigt deinem Geist, dass du immer noch in Gefahr bist. Das bedeutet: Jedes Mal, wenn du etwas als negativ bewertest, gelangst du automatisch in den Überlebensmodus und gerätst unter Stress. Was, glaubst du, passiert als Nächstes? Du suchst nach einer Erleichterung, um aus deinem Stress herauszukommen. Wie gesagt: Zigaretten, Pornos, Serien, Alkohol und all diese Dinge, die dich beruhigen. Das heißt also, die Welt da draußen ist vollkommen neutral, wenn du nicht gerade von einem Löwen angegriffen wirst, aber wir machen daraus jedes Mal eine große Sache. Beispielsweise wenn wir unseren Chef sehen und er uns einen Stapel Aufgaben auf den Tisch legt. Automatisch kommen uns Gedanken in den Kopf, die uns sagen: »Das macht er bestimmt, um mich runterzumachen! Der will mich doch nur ausnutzen!« Wir bewerten diese Situation also negativ, und automatisch geraten wir in enormen Stress.

Glaubst du, du schaffst es jemals, kreativ zu werden, geschweige denn eine kreative Lösung zu finden, solange du in solch einem Überlebensmodus bist? Nein, leider nicht. Wir können nicht mehr klar denken, wenn wir im Stress sind, das bedeutet, wir müssen unbedingt lernen, unsere Gedanken herunterzufahren. Sie sind einer der größten Faktoren für unseren täglichen Stress, und vor allem ist es das Bewerten, das uns so unglaubliche Schwierigkeiten macht. Warum aber bewerten wir? Weil wir glauben, wir müssten etwas verteidigen. Das ist der Grund, warum wir immer kämpfen. Was genau verteidigen wir aber? Das Ego.

Unseren Namen, unsere Herkunft, unsere Hautfarbe, unsere Größe, unsere Sprache, unsere Berufsbezeichnung und all diese Kleinigkeiten werden von uns verteidigt, weil wir Angst haben, sonst unser Gesicht zu verlieren. Das alles ist jedoch absoluter Unsinn. Es gibt nichts, das du verteidigen musst. Was passiert, wenn jemand kommt und dir sagt, dass du hässlich bist? Dein Geist fängt sofort an, alles zu berechnen, und sagt dir beispielsweise Folgendes: »Sie hat gesagt, dass ich hässlich bin. Das bedeutet, dass es andere Menschen gibt, die hübsch sind. Menschen, die hübsch sind, bekommen normalerweise viel hübschere Partner. Menschen, die hübschere Partner haben, sind normalerweise viel besser angesagt. Menschen, die besser angesagt sind, haben sehr viel mehr Möglichkeiten. Wenn ich also hässlich bin, dann bleiben mir diese gesamten Möglichkeiten verwehrt. Wenn ich hässlich bin, dann werde ich niemals Zugriff auf all diese Möglichkeiten haben oder Nähe zu einem anderen Menschen finden. Das alles darf nicht passieren, also muss ich mich jetzt irgendwie wehren.«

Dann wirst du plötzlich emotional und glaubst, dass du damit irgendetwas erreichen kannst, aber das hätte vielleicht in einer Welt funktioniert, in der wir noch mit Holzknüppel in Höhlen gelebt hätten. Heutzutage sind diese Gedanken und Emotionen leider vollkommen veraltet. Das bedeutet: Wir sind in einer neuen Evolutionsstufe. Wir müssen endlich lernen, mit ebendiesen Dingen umzugehen, da sie uns sonst komplett von innen zerfressen werden. Du musst dir das Ego in dir wie gesagt wie eine Art Biest vorstellen. Dieses Biest glaubt, dass, wenn es tobt, sich die ganzen Dinge drum herum schon regeln werden, aber es begreift nicht, dass es eigentlich alles nur noch schlimmer macht. Was wir dann tun, ist, uns noch mehr darüber aufzuregen, dass das Ego das mit uns anstellt, also drehen wir durch und füttern das Ego nur noch mehr, und letzten Endes wird es zu einem immerwährenden Kreislauf, der uns das Leben schwer macht. Wie also kannst du dieses Ego endlich auflösen?

Hör auf, dieses Ego so ernst zu nehmen. Lass endlich los von deiner anerzogenen Identität, und hör auf, dir einzubilden, dass du irgendjemanden verteidigen musst oder irgendjemand werden musst, sondern komm einfach ins Sein. Im Sein wirst du bemerken, dass du Frieden findest, denn dort gibt es kein Vor oder Zurück mehr. Du bist einfach, was du sein willst. Wie du das tust, werden wir auf den kommenden Seiten noch genauer erklären, aber vorher lass uns einmal klarstellen, wie es überhaupt dazu gekommen ist, dass du an diesem Punkt gelandet bist und dein Ego dir das Leben so schwer macht. Dafür musst du einmal das Prinzip der Transmutation verstehen. Es ist der einzige Grund, warum du immer noch so sehr an deinem Ego festhältst.

TRANSMUTATION

Wie also kommt es dazu, dass solch ein Ego entsteht? Es gibt eine Zeit, in der Hummer ihre Panzer, also ihre harte Schale, ablegen. Zu dieser Zeit sind sie besonders verwundbar. Genauso sind wir auch, wenn wir kleine Kinder sind. Wir haben keinerlei Panzer, keinerlei Bewusstsein. Wir sind wie im Schlaf, oder kannst du dich noch an deine Geburt oder die ersten Jahre im Detail erinnern? Das ist eher weniger der Fall, und das liegt daran, dass wir sehr unbewusst sind, wenn wir jung sind. Das bedeutet: Wir sind uns gar nicht im Klaren darüber, was um uns herum passiert. Wie sind wie ein leerer Topf, in den du alles Mögliche reinwerfen kannst. Wie ein Glas, das vollkommen leer ist und mit Informationen gefüllt werden kann. Stell dir vor, du bist ein kleines Kind und weißt noch gar nicht, was hier vor sich geht. Was du nun tust, ist doch vor allem, dich nach deinen Eltern zu richten, denn du hast ein instinktives, eingebautes System, um zu überleben.

Das ist der Grund, warum Eltern so allergisch auf Schreie reagieren. Dadurch, dass das Kind ständig schreit, müssen sie darauf reagieren. Sie haben ein eingebautes Schmerzsystem, was sie dazu veranlasst, sich um das Kind zu kümmern. Du als Kind nutzt also diese Überlebensmechanismen, um bloß am Leben zu bleiben.

Du handelst rein instinktiv. Du bist vollkommen leer, doch mit der Zeit werden immer mehr Informationen von deinen Eltern in dich hineingestopft. Das ist gut, das ist schlecht. Das ist in Ordnung, das geht überhaupt nicht. All diese Dinge gewinnen plötzlich immer mehr Relevanz, und nach und nach kommst du immer mehr zu Bewusstsein. Du verstehst immer mehr, was in der Welt vor sich geht, und interpretierst sie dann durch die Linse deiner Eltern. Durch die Brille, die dir von deinen Vorfahren gegeben wurde. Durch die Informationen, die dir mitgeteilt wurden.

Du hast nun ganz bestimmte Glaubenssätze in deinem Kopf eingepflanzt, beispielsweise Dinge wie »Alle Reichen sind Arschlöcher«, »Du darfst einen Menschen nicht zu nah an dich ranlassen, sonst wirst du verletzt«, »Liebe ist gefährlich« oder »Denk immer an dich selbst, die andern tun es ja auch«. Du hast sicherlich deine ganz eigene Sammlung an Sätzen in deinem Kopf, und sie laufen jeden Tag, vollkommen unbewusst ab.

Erst wenn du dich mal wirklich beobachtest, wirst du merken, wie sie dir ständig zwischendurch in den Kopf schießen und dir das Leben schwer machen. Die wenigsten sind sich bewusst über all diese Aktivitäten in ihrem Kopf. Wir Menschen haben 60 000 bis 70 000 Gedanken am Tag, von denen 90 Prozent dieselben Gedanken vom Vortag enthalten. Das bedeutet, wir haben immer und immer wieder dieselben Gedanken im Kopf, die uns dasselbe Leben bescheren.

Es ist wichtig zu verstehen, dass es so ist, wie es ist. Du bist die Gedanken deiner Vorfahren. Deiner Eltern, Bekannten, Verwandten, Lehrer und Freunde. Du bist all diese Dinge, die du tagtäglich wahrnimmst. Das Problem dabei sind nicht mal die Gedanken selbst, sondern dass sie vollkommen unbewusst durch dich durchfahren, ohne dass du sie überhaupt bemerkst, denn das sorgt dafür, dass du immer wieder dasselbe Leben führst wie zuvor. Deine Gedanken sind nämlich der Schlüssel zu einem neuen Leben. Der Grund dafür liegt in der sogenannten Transmutation. Das bedeutet: Alles, was du denkst, wird zu dem, was du fühlst. Alles, was du fühlst, wird zu dem, was du tust. Es gibt einen Spruch, der Folgendes besagt: »Gedanken werden zu Worten. Worte werden zu Aktionen. Aktionen werden zu Gewohnheiten. Gewohnheiten werden zum Charakter. Charakter wird zum Schicksal.«

Da wir es nicht so kompliziert machen wollen, lass es uns simpel halten und uns auf die folgenden drei Dinge beschränken:

Denken —> Fühlen —> Handeln

Diese drei Dinge sind wie Dampf, der zu Flüssigkeit und dann zu Eis wird. Das Denken selbst ist noch sehr schwach, da es wie Dampf durch die Gegend fliegt. Es ist nichts, was du direkt erfassen kannst, aber es ist da. Man kann es spüren. Entweder ist es sehr dicht und nimmt einem die Luft weg, oder es ist sehr klar und erfrischt einen. Sobald man einen Gedanken nur lang genug festhält, kühlt er immer mehr ab und wandelt sich langsam in Flüssigkeit um. Flüssigkeit neigt dazu, Bewegung zu bringen, und genauso ist es auch mit dem Fühlen.

Das Wort »Emotionen« kann man verstehen als *energy in motion*: Energie in Bewegung. Emotionen sind ein Produkt deiner Gedanken, was dich dazu bewegen soll, eine bestimmte Handlung auszuführen. Wenn du beispielsweise Wut verspürst, dann neigst du dazu, etwas kaputt zu machen oder herumzuschreien. Das ist dann letzten Endes die Handlung. Die Frage ist natürlich: Wolltest du wütend werden, oder war diese Kette von Denken, Fühlen, Handeln eher unbewusst? Ersteres wäre natürlich optimal, doch das Zweite ist dir nicht wirklich dienlich, oder?

Wenn du also dein Leben beobachtest, dann wirst du bemerken, dass sehr viele Dinge in unserem Alltag eigentlich nur ein Produkt aus unseren Gedanken sind. All das, was du derzeit im Leben erfährst, ist nichts weiter als das, was du noch vor einiger Zeit regelmäßig gedacht hast und immer noch denkst.

Die meisten Menschen laufen mit diesem Paket unbewusst durch den Tag und haben es deshalb oftmals schwer, weil sie einfach die Zusammenhänge zwischen Ursache und Wirkung nicht verstehen und deshalb immer ein Opfer ihrer Umstände bleiben.

Hier ist eben das Problem. Du identifizierst dich noch zu sehr mit deiner Rolle, die du spielst. Mit dem Tier, das eine Rolle angenommen hat. Im Endeffekt aber bist du doch das Bewusstsein, das deine Gedanken, Emotionen und Handlungen wahrnehmen und sie auch verändern kann, wenn es etwas Neues im Leben will, oder nicht? Es ist nämlich eigentlich ganz einfach. Es ist wie gesagt alles eine Frage von Ursache und Wirkung. Du musst lediglich das hineintun, was nötig ist, damit du das herausbekommst, was du eigentlich willst. Ich habe es schon einmal in diesem Buch erwähnt. Wenn du Tomatensuppe willst, dann tu keine Rüben in die Schale, sondern Tomaten. Das ist doch vollkommen logisch. Die meisten Menschen verstehen diese Logik aber leider nicht, weil sie nicht begreifen, wie Ursache und Wirkung eigentlich funktionieren, und weil es leider ein kleines Problem dabei gibt zu verstehen, was für einen extremen Effekt deine Gedanken eigentlich auf dich und dein Schicksal haben.

URSACHE UND WIRKUNG

Was genau bedeutet Ursache und Wirkung? Es ist eigentlich ganz simpel. Alles, was du im Leben erfährst, hängt davon ab. Alles ist eine Frage von Aktion und Reaktion. Deine Eltern waren eines Tages unterwegs und haben sich plötzlich kennengelernt. Daraufhin haben sie sich regelmäßig getroffen. Dadurch ist eine innige Beziehung entstanden, und sie haben sich dazu entschieden, ein Kind zu kriegen. Daraus bist dann letzten Endes du entstanden. Du hast eine Kette von Dingen erlebt, die dich bis hierhin geführt haben. Jetzt liest du dieses Buch und denkst über diese Ketten in deinem Leben nach.

Es gibt täglich so viele Dinge, die passieren und die unser Geist kaum erfassen kann, deshalb lass es uns einfach auf das folgende Beispiel runterbrechen: Wenn du aus großer Höhe springst, dann landest du auf dem Boden, richtig? Exakt. Das ist die einfachste Art, um Ursache und Wirkung zu verstehen. Der Sprung wäre die Ursache, die Landung wäre die Wirkung. Es ist aber leider nicht immer so unkompliziert, denn wir haben ja noch so etwas wie Zeit. In dem Moment, wo du springst, verstehst du sofort, dass du das eigentlich nicht tun solltest, da es zumindest einen Schmerz, sehr wahrscheinlich aber Schlimmeres verursacht. Aktion und Reaktion sind sehr nah beieinander. Was aber, wenn Ursache und Wirkung weit voneinander entfernt sind? Was ist, wenn es einen großen zeitlichen Abstand gibt? Was wäre, wenn es möglich wäre, dass du heute springen, aber erst in einem Monat fallen könntest – würdest du es dann begreifen? Eben nicht.

Das ist das Desaster, in dem sich so manch einer befindet, denn das Denken funktioniert genauso. Klar, du hast jetzt eine Emotion und eine Verhaltensweise (Ursache), aber damit sich ein Charakter und dann ein Schicksal aufbaut (Wirkung), braucht es etwas Zeit. Forscher sagen, es braucht 64 Tage, um eine neue Gewohnheit zu formen. Andere wiederum sagen, es sind nur 21 Tage.

Ganz unabhängig davon, was hier oder da gesagt wird, Fakt ist, es braucht viele Tage, bis ein Gedanke bis in jede einzelne Zelle deines Körpers gerutscht ist und dein Leben bestimmt. Wenn du dich also fragst, warum dein Leben schrecklich ist, dann ist der Grund dafür der Gedanke, den du noch vor 21 bis 64 Tagen gedacht hast. Wie gehst du also mit deinen jetzigen Gedanken um? Was denkst du in jedem Moment deines Lebens? Was lässt du hinein, und was geht heraus? Was, glaubst du, wird passieren, wenn du nur noch positive Gedanken in deinen Kopf lässt? Denkst du, dass du in mehreren Wochen immer noch dasselbe Leben wie zuvor haben wirst? Nein, ganz bestimmt nicht. Die Welt ist wie gesagt nämlich nie so, wie sie ist, sondern so, wie wir sie sehen. Deshalb gilt ja die Devise »Verändere die Art, wie du die Welt siehst, und die Welt, die du siehst, verändert sich«. Das hat ganz bestimmten Gründe.

Als Erstes, weil wir in einer anderen Schwingung sind und nur noch mit bestimmten Dingen und Menschen in Resonanz treten. Das bedeutet: Wir fühlen uns bei bestimmten Menschen wohl und bei anderen nicht mehr. Menschen, deren Nähe wir vorher noch sehr gut vertragen haben, fühlen sich plötzlich bedrückend an, und Menschen, deren Anwesenheit wir überhaupt nicht vertragen konnten, sind plötzlich angenehm. Das ist so, weil wir in einer ganz bestimmten Frequenz schwingen; und auch wenn sich das jetzt merkwürdig anhört, ist es vollkommen logisch. Ich meine, wir benutzen die ganze Zeit über Frequenzen, zum Beispiel über unsere Radios. Diese Frequenzen sind davon abhängig, in welcher Energie du dich derzeit befindest.

Damit wir es leichter haben, lass uns mit der folgenden Skala arbeiten, damit wir ein Modell haben, an das wir uns richten können, falls ich dir etwas erklären muss, was vielleicht etwas komplizierter werden könnte. Ich verspreche dir jedoch, wenn du dich an diese Skala hältst, dann hast du einen sehr wichtigen Anhaltspunkt, an dem du dich jederzeit ausrichten kannst, wenn es darum geht, deine oder die Emotionen der anderen einzuschätzen. Der amerikanische Psychiater David Ramon Hawkins hat sehr viel Zeit damit verbracht, diese Bewusstseins- oder Energieskala zusammenzustellen, mit der man sich einen guten Überblick darüber verschafft, wie Emotionen eigentlich funktionieren. Dabei gibt es niedere Emotionen wie Schuld und Scham sowie sehr hohe Emotionen wie Freude und Erleuchtung. In der Mitte findest du die Neutralität. Alles, was unterhalb von Neutralität und Mut ist, kannst du als Emotionen ansehen, die im Mangel gefangen sind.

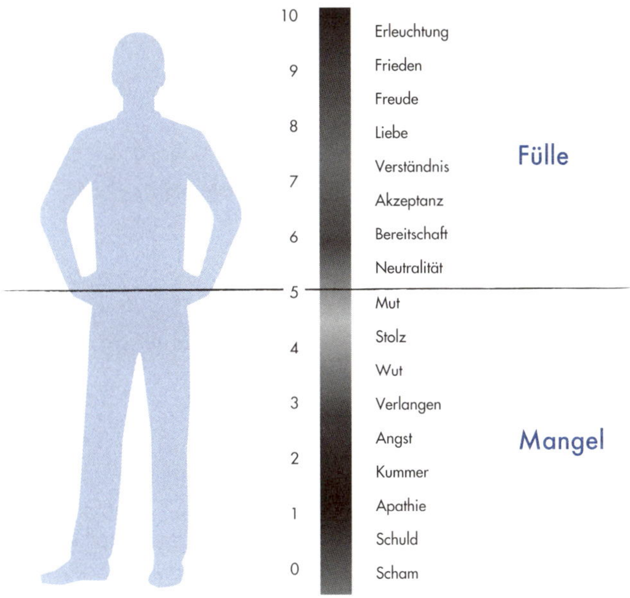

Das bedeutet: Hier gibt es Begrenzung. Es fehlt etwas. Du musst schließlich nicht wütend sein, wenn du zufrieden mit deinem Leben bist. Du musst auch nicht ängstlich sein, wenn dich nichts in deinem Leben stört, genauso wenig fühlst du dich schuldig für irgendetwas. Auf der anderen Seite haben wir Dinge, die über der Neutralität liegen. All das sind Dinge, die sich in der Fülle befinden. Das bedeutet: Dinge, die im Überfluss vorhanden sind. Liebe beispielsweise urteilt nicht, sie ist einfach. Sie ist für jeden frei verfügbar. Niemand hat ein Anrecht darauf, und jeder kann darauf zugreifen. Akzeptanz ist pure Hingabe und Annahme. Bereitschaft ist der offene Geist, zu lernen und zu erfahren. Freude ist der absolute Genuss des Lebens und des Daseins. Stell dir diese Skala als ein Glas vor. Neutralität ist das obere Ende des Glases. Alles unter Neutralität ist ein halb volles Glas, alles, was über Neutralität ist, ist ein Glas, dass vollkommen am Überschwappen ist. Der Schlüssel liegt darin, in die obere Hälfte zu kommen und auch dort zu bleiben, da du dir sonst das Leben sehr schwer machst. Dafür musst du Licht und Schatten verstehen. Was du begreifen musst, ist, dass Angst, Wut oder Scham an sich nicht schlecht sind. Nein, sie sind einfach nur anders.

Es gibt eine kleine Story vom jungen Einstein, die ich hier mal wie folgt wiedergeben will. Er sitzt im Unterricht, in dem der Professor der Klasse erklären will, dass Gott das Böse erschuf und deshalb böse sei:

Professor: »Hört mir zu, liebe Klasse. Ich werde euch gleich erklären, warum Gott böse ist. Also hört genau hin. Beantwortet mir bitte folgende Frage. Hat Gott diese Welt erschaffen?«

Die Klasse antwortete direkt mit: »Ja, Herr Professor.«

Anschließend fragte er: »Gibt es Böses auf der Welt?«

Die Klasse erwiderte: »Selbstverständlich, Herr Professor.«

Der Professor sagte schlussendlich: »Gott hat diese Welt erschaffen, und es gibt Böses auf dieser Welt. Gott muss also böse sein.«

Nun stand Albert Einstein plötzlich auf und fragte den Professor: »Herr Professor. Gibt es Kälte?«

Der Professor antwortete: »Selbstverständlich gibt es Kälte?!«

Albert Einstein: »Nein, Herr Professor. Kälte ist nicht messbar. Was wir eigentlich messen können, ist Wärme. Kälte ist nur das Fehlen von Wärme. Und, Herr Professor, gibt es Dunkelheit?«

Der Professor ist entsetzt und antwortet: »Natürlich. Was ist das für eine Frage?«

Albert Einstein: »Nein, Herr Professor, denn wir können Dunkelheit nicht messen. Was wir jedoch messen können, ist das Licht. Dunkelheit ist also nur das Fehlen von Licht. Also gibt es das Böse, Herr Professor?«

Der Professor reagierte völlig überfordert: »Ja ... Natürlich gibt es das Böse.«

Albert Einstein: »Nein, Herr Professor. Das Böse ist einfach nur das Fehlen von Güte.«

Noch mal zur Verdeutlichung: Was ich dir mit dieser kleinen Story sagen will, ist, dass es so etwas wie das Böse oder die Dunkelheit einfach nicht gibt. Dunkelheit ist nicht messbar, ebenso wenig Kälte. Das Einzige, was es wirklich gibt, ist Wärme oder Licht. Es gibt jedoch einen wesentlichen Unterschied zwischen diesen zwei Dingen. Licht ist nicht einfach. Licht ist etwas, das du aktiv erzeugen musst. Energie also muss generiert werden. Sie wandert dorthin, wo sie gebraucht wird. Ebenso ist es mit Wärme. Ich weiß, es ist einfach, sich in die Decke einzukuscheln und die Heizung anzuschmeißen oder sich unter die Sonne zu legen, aber wenn diese Dinge nicht da wären, dann würde uns nichts anderes übrig bleiben, als selbst Hitze zu erzeugen, genauso wie es die Steinzeitmenschen damals getan haben. Im Endeffekt sind wir nämlich immer noch Steinzeitmenschen, jedoch haben wir so viele Dinge gebaut, dass wir inzwischen bereits den kompletten Bezug zur Realität verloren haben.

Glaubst du, es ist selbstverständlich, dass du in Frieden leben kannst? Denkst du, es ist vollkommen normal, dass du jeden Tag zu essen hast? Bist du wirklich davon überzeugt, dass es natürlich ist, dass du vom Arbeitsamt aufgefangen wirst, wenn du keinen Job mehr hast? Wenn ja, dann bist du eben das perfekte Beispiel dafür, wie weit wir uns von der Realität entfernt haben. Dass wir nämlich in Höhlen leben und uns selbst Feuer machen, ist immer noch die Realität, sie wird nur von unserer heutigen Welt komplett verzerrt. Wir sind immer noch dieselben Tiere wie früher, nur sind wir uns dessen inzwischen bewusst, und wir werden uns immer bewusster. Das ist auch der Grund, warum wir es schaffen, über die Angst, Schuld und Scham hinauszuwachsen und eine spirituelle Evolution zu durchlaufen, aber dafür müssen wir aktiv etwas tun.

Wie gesagt: Unkraut wächst einfach vor sich hin, Blumen muss man pflegen. Dunkelheit ist einfach, Licht muss man erzeugen. Das bedeutet: Wenn du ein besseres Leben haben willst, dann musst du aktiv etwas dafür tun. Wenn du dies nicht tust, dann kannst du dich bereits darauf einstellen, dass dein Leben miserabel wird, ganz einfach. Wenn du also glaubst, dass du bereit dazu bist, dein Leben zu verändern, dann lies nur weiter, denn Zeile für Zeile wirst du bemerken, wie lange du dich bereits in einem Käfig befindest, den du dir selbst aufgebaut hast.

ES WERDE LICHT

Wenn du Licht erschaffen willst, dann musst du Licht erzeugen. Es ist wie bei einem Dynamo, den du am Fahrrad befestigst. Du trittst aktiv in die Pedale, um Licht zu erzeugen, sodass du eine Zeit lang Pause machen kannst, weil das Fahrrad von selbst fährt, aber dann irgendwann musst du wieder strampeln, um Licht zu bekommen. So läuft es die ganze Zeit in unserem Leben. Es gibt einen Rhythmus, dem wir folgen; und wenn wir diesen Rhythmus nach oben treiben wollen, dann müssen wir anfangen, aktiv etwas in unserem Leben zu verändern.

Die meisten Menschen glauben, dass, wenn sie nichts tun, sie einfach stehen bleiben, aber das entspricht leider nicht der Wahrheit, es zieht sie vielmehr runter. Stell dir vor, du stehst auf einer Rolltreppe, die runterfährt, aber du möchtest nach oben. Das Leben ist ganz simpel erklärt mit diesem Beispiel. Wenn du hochkommen willst, dann musst du ordentlich laufen, aber sobald du stehen bleibst, fährst du automatisch rückwärts nach unten.

Das bedeutet also: Du kannst es vergessen, wenn du glaubst, dass du irgendwann angekommen bist und dich gehen lassen kannst. Wie oft sehe ich Menschen, die beispielsweise in eine Beziehung springen und glauben: »Ja! Jetzt bin ich angekommen! Es ist geschafft! Jawoll!« Das ist der Zeitpunkt, an dem ich quasi an der Uhr ablesen kann, dass die Beziehung zunächst bröckelt und dann bald vorbei ist. Es gibt nämlich kein Ankommen. Du wirst immer weitermachen müssen. Stillstand heißt Rückwärtsgang. Vielleicht denkst du dir nun: »Echt jetzt? Aber wann soll ich denn endlich zur Ruhe finden? Ich habe doch gar keine Lust, mein Leben lang an mir zu arbeiten. Kann ich nicht irgendwann eine Pause machen?«

Du irrst dich. Nicht »du« willst nicht dein Leben lang an dir arbeiten, sondern diese falsche Version von dir, von der du glaubst, dass sie »du«

ist. Dein natürlicher Zustand ist nämlich, jeden Tag an dir zu wachsen. Was, denkst du, macht denn der Rest der Natur? Alles wächst, ganz egal, was es da draußen ist. Das gesamte Universum expandiert konstant, und du glaubst wirklich, dass es bei dir anders ist? Nein, das ist es nicht, dir wurde nur dein Leben lang weisgemacht, dass es so ist. In Wahrheit aber bist du pures Bewusstsein, das ständig wachsen will, und dafür musst du eben bereit sein, einen offenen Geist zu haben, um über dich selbst hinauszuwachsen. Dafür ist es eben wichtig zu verstehen, dass du nicht dein Denken, Fühlen oder Handeln bist, sondern dass all das nur Instrumente sind, mit denen du arbeiten kannst. Wenn du jedoch nicht daran arbeitest, Licht in dein Leben zu bringen, also dein Bewusstsein zu stärken, dann stellt sich die Dunkelheit und damit dein Ego automatisch ein.

Dieses Ego ist das Biest, von dem ich bereits gesprochen habe. Es sind die Gedanken, Gefühle und Gewohnheiten, die sich mit der Zeit einstellen, wenn du zu lange passiv bist. Damit du also in eine höhere Energie kommst, musst du lernen, dieses Biest zu zähmen und damit auch das Ego zu bändigen. Wie aber bändigst du dieses Ego oder Biest? Wie viele Menschen versuchen, ständig nur darauf einzuprügeln, um es endlich loszuwerden? So gut wie jeder Mensch ist leider in diese Falle getappt. Was aber passiert dann meistens, letzten Endes? Es wird nur noch wilder und mächtiger.

Damit du zu dem Diamanten in dir vordringen kannst, müssen wir also zuerst daran arbeiten, all den Dreck wegzuräumen, der ebendiesen Diamanten überdeckt, deshalb lass uns ein bisschen intensiver über diese Bestie in dir sprechen und warum du nicht mehr dagegen kämpfen musst, denn Liebe, Akzeptanz oder Freude erfordern keine Kraft. Sie erfordern keinen Widerstand. Sie sind leicht und einfach. Sie erschaffen einfach, was du im Leben haben willst. Es ist völlig simpel. Man muss einfach lernen, es zuzulassen.

DER DRANG

Kennst du diese Stimme in dir, die dir vorgibt, was du zu tun hast? Was glaubst du: Woher kommt diese Stimme? Denkst du, es sind deine Gedanken, die dir vorgeben, was du machen sollst, oder deine Emotionen? Ich meine, all das passiert ja irgendwo in deinem Kopf, oder? Was aber, wenn ich dir sage, dass es weder aus den Gedanken noch aus den Emotionen entspringt, was dir dort zugeflüstert wird, sondern aus deinem Körper? Ja, du hast richtig gehört. Ich habe ja bereits erwähnt, dass du deine Vorfahren bist. Du musst dir vorstellen, dass dein Körper ein Pool voller Informationen ist. Er ist das Glas, was ich vorhin erwähnt habe. Wenn du etwas oft genug denkst, dann wird es zu Emotionen und dann zu deinem Körper. Es wird in deinem Körper abgespeichert und kann von da an immer abgerufen werden. Die Frage ist natürlich, was du von da an abrufen wirst.

In diesem Körper sind ja Erinnerungen von etlichen Zeiten und Generationen vor dir gespeichert, allein in deiner Genetik enthältst du all das, was zuvor in deinem Stammbaum geschehen ist. Dazu enthält dein Körper noch all die Informationen, die du über dein Leben gesammelt hast, und hat auch diese eingespeichert. Diese Informationen sind es, die dein Ego kreiert haben, und dieses Ego ist dein Körper. Er sagt dir andauernd, was du zu tun hast. Er ist angekettet an das Überleben. Es ist das Wichtigste überhaupt für ihn, und das ist auch gut so, denn stell dir einmal vor, es wäre anders. Was wäre dann? Dann könntest du so bewusst sein, wie auch immer du willst, aber wenn dein Körper nicht verhindert, dass du von einer Klippe springst, dann bringt es dir auch nichts.

Dein Körper also schickt dir konstant Gedanken und Emotionen, damit du dich auf eine ganz bestimmte Art und Weise verhältst. Er versucht, eine ganz bestimmte Routine abzuspielen, damit du immer in dem gleichen Muster gefangen bleibst, sodass du deine Komfortzone nicht verlässt. So will dein Körper sicherstellen, dass du auf jeden Fall erhalten bleibst. Deine Genetik wird dadurch vielleicht nicht besser, aber dafür wird sie weitergereicht.

Die Frage ist natürlich, was du in deinem Leben willst. Es spricht nichts dagegen, weiterhin in deinem Drang und deinem Körper gefangen zu bleiben, aber wenn du daraus ausbrechen willst, dann musst du eben lernen, deinen Geist zu schärfen. Hier ist nämlich das große Problem, das wir meistens haben. Dieser Drang funktioniert folgendermaßen. Er passt sich deinem Umfeld an, und daraus formt er seine Gewohnheiten. Der Körper ist verrückt nach diesem Drei-Schritte-Prozess, den er immer wieder abspielt. Du kennst den Prozess bereits. Er lautet folgendermaßen:

Schmerz –> Handlung –> Belohnung

Solch ein Drei-Schritte-Ablauf ist wie ein Zahnrad. Wenn du dein Leben beobachtest, dann wirst du lauter solche Zahnräder finden, die dir vorgeben wollen, was du zu tun hast. Beispielsweise noch mal das Thema mit den Zigaretten. Wenn du wieder gestresst bist und ebendiesen Schmerz hast, was wirst du tun? Du greifst zur Zigarettenschachtel, und das ist die Handlung. Was wird die Belohnung sein? Die Entspannung durch das Nikotin. Was, denkst du, tut dein Gehirn nun? Es beobachtet genau, was kurz zuvor passiert ist und wo genau du dich befindest, um all das abzuspeichern und das nächste Mal noch einmal den Drang danach zu wiederholen. Nehmen wir mal an, du hast einen harten Arbeitstag und kommst nach Hause. Du fühlst dich angespannt, hast also einen Schmerz. Du legst dich aufs Sofa und denkst dir: »Puh ... So ein Bier wäre jetzt nicht schlecht.« Nun greifst du zu einer Bierdose und trinkst sie aus. Das ist die Handlung. Daraus erhältst du eine Belohnung, und zwar Glückshormone, die in dir ausgeschüttet werden. Nun hat dein Gehirn Folgendes vernommen:

Angespanntheit –> Sofa –> Bierdose –> Entspanntheit

Nun hat dein Gehirn dein Umfeld mit Belohnung durch eine Bierdose verbunden. Das bedeutet: Selbst wenn du jetzt aus dem Urlaub kommst und dich auf dieses Sofa legst, kann es dazu kommen, dass dein Körper einen Drang in dir auslöst, und zwar zu einer Bierdose zu greifen. Jedes Mal, wenn du auf diesem Sofa bist, aktiviert das nämlich etwas in dir.

Dies ist, wie unser Körper funktioniert. Da draußen gibt es unfassbar viele Marketer und Unternehmen, die genau das verstehen und deshalb extrem darauf aus sind, an solchen Gewohnheiten zu verdienen. Dies ist einer der Gründe, warum wir in solch verlockenden Gewohnheiten verwickelt sind.

Immerhin haben wir etwas, was dagegen wirken kann, und das ist unser Bewusstsein. Erst mal ist es jedoch wichtig zu verstehen, dass du eben wie eine Maschine bist, die voll mit lauter Zahnrädern ist, die wir »Gewohnheiten« nennen. Lauter Abläufe, die aus Schmerz, Handlungen und Belohnungen zusammenhängen. Wenn du diese Dinge erkennen kannst und verstehst, wie Ursache und Wirkung funktionieren, kannst du dafür sorgen, dass sich diese Verhaltensweisen endlich ändern, indem du sie nicht mehr so ernst nimmst.

Das ist eben das Problem, worauf ich zu sprechen kommen wollte. Sobald du glaubst, dass du ein schlechterer Mensch bist, nur weil du einen Drang oder gewisse Emotionen und Gedanken hast, dann verschwendest du mehr Energie darauf, dich selbst fertigzumachen, als deine Gewohnheiten einfach zu verändern. Wenn du diese nämlich verändern willst, dann ist Urteil vollkommen falsch am Platz. Was also kannst du tun, um auf körperlicher Ebene damit aufzuhören, dich selbst fertigzumachen und deine Verhaltensweisen endlich zu ändern?

Wir hatten ja bereits darüber gesprochen, dass es unfassbar wichtig ist, das Biest auf allen drei Ebenen in den Griff zu bekommen. Das heißt mental, emotional sowie körperlich. Lass uns also zuerst mit dem

Körper anfangen. Ich denke, das ist auch einer der schwierigsten Parts, wenn es um Veränderung geht.

Damit dies klappt, musst du dir zuallererst bewusst machen, dass es absolut nichts Schlimmes ist, einen Drang zu haben. Es ist etwas Evolutionäres. Wenn du an dir selbst rumspielen willst, dann hör auf, dich dafür zu verurteilen, denn sonst landest du wieder im Schamgefühl. Dies ist dann ein neuer Schmerz, der dich dazu treibt, noch mehr an dir rumzuspielen, damit du wieder Erleichterung findest, nur um dich wieder zu schämen, wodurch du am Ende wieder an dir rumspielst, um weiterhin Erleichterung zu finden – und so geht der Kreislauf ewig weiter. Das ist die Art, wie sich diese Gewohnheiten in unserem Leben immer mehr und mehr in uns einbrennen.

Damit dies nicht mehr passiert, tu bitte in Zukunft Folgendes: Geh zurück in den jetzigen Moment und spür deinen Körper. Das bedeutet: Erkenne, wenn sich wieder ein Drang zeigt. Sagen wir beispielsweise mal, dass du zu einer Zigarette greifen willst, und dann setz dich hin und werde achtsam. Am besten, du hast schon mehrere Tage meditiert und an dir gearbeitet, damit es dir umso leichter fällt, Macht über deinen Körper zu gewinnen. Wenn du das hinbekommst, dann wirst du einen gewissen Drang und einen Schmerz in deinem Körper fühlen. Es ist ziemlich unangenehm, einfach dort zu sitzen und nichts zu tun, obwohl dein Körper sich ablenken will. Unser gesamtes Leben ist voll mit solchen Drängen. Wie oft greifst du zu deinem Handy, ohne es wirklich zu merken? Das alles sind bereits so stark verankerte unterbewusste Mechanismen, dass wir komplett den Bezug dazu verloren haben.

Je bewusster wir werden, umso mehr beobachten wir und verlieren unser Urteil über unser Verhalten und betrachten es stattdessen einfach nur. Dies ist der Schlüssel zur Veränderung auf körperlicher Ebene. Nur so wirst du dich davon befreien können, alte Gewohnheiten beizubehalten, die du dir eigentlich nicht mehr wünschst. Das bedeutet: Das nächste Mal, wenn du einen Drang verspürst, dann beobachte ihn einfach für etwa zehn Minuten. Geh in den Schneidersitz und schau dir an, was in deinem Körper passiert. Wo fühlst du diesen Drang? Verurteile ihn dabei nicht. Verurteile dich selbst dabei ebenfalls nicht, und beobachte einfach nur. Nimm es bloß wahr und verharre mit diesem unangenehmen Gefühl. Was du in diesem Moment nämlich tust, ist, deinen Körper zu erziehen. Du sagst dem Biest: »Hey, hör zu. Ich verstehe, dass du glaubst, dass wir irgendwie überleben müssen, aber ich habe alles im Griff. Alles ist gut. Du kannst ruhig runterfahren.« Wenn du das getan hast und nach zehn Minuten immer noch einen starken Drang danach verspürst, deinen Gelüsten nachzugehen, dann mach es einfach, aber verurteile dich nicht dafür. Beim nächsten Mal setz dich einfach noch mal dorthin und wiederhole diesen Vorgang.

Du wirst merken, dass der Drang immer schwächer und schwächer wird. Weiterhin solltest du es dir natürlich auch zum Ziel machen, deine unerwünschten Gewohnheiten zu erschweren. Das bedeutet: Wenn du aufhören willst, an der Konsole zu hocken, und stattdessen lieber am Computer arbeiten willst, dann sollte deine PlayStation nicht gerade vor dem PC-Bildschirm stehen. All die Objekte, die wir heutzutage nutzen, sind unfassbar leicht zu handhaben und stehen uns andauernd zur Verfügung. Wenn du Videos schauen willst, geh einfach ins Internet und schau dir eins an. Wenn du etwas essen willst, geh einfach und bestell dir was. Wenn du Lust auf einen Fallschirm hast, dann bestell ihn dir einfach kurz bei Amazon, und er kommt sofort, wenn du dafür bezahlst. All diese Dinge haben dafür gesorgt, dass wir immer schneller und schneller unseren Impulsen nachgeben. Das heißt, es ist unfassbar wichtig, bessere Gewohnheiten so gut wie möglich zugänglich zu machen, während du schlechte Gewohnheiten so schwer wie möglich zugänglich machst. Wenn du anfangen willst zu laufen, dann leg ab morgen deine Laufklamotten neben dein Bett, damit du direkt darauf zugreifen kannst und nicht großartig darüber nachdenken musst. Wenn du aufhören willst, am Handy rumzuhängen, dann leg es weit weg von dir in einen anderen Raum, am besten in eine Schublade, damit du nicht direkt darauf zugreifen kannst, wenn du morgens aufwachst.

Wenn du das lang genug tust, wirst du merken, dass deine Gewohnheiten sich langsam umformen. Nicht, weil du ein guter oder besserer, mieser oder schlechterer Mensch bist, sondern weil die Mechaniken des Lebens von Ursache und Wirkung ebenso funktionieren, und das ist auch die Art und Weise, wie du an diese Dinge herangehen solltest. Ohne Urteil und ohne Idealisierung.

Damit kommen wir auch schon zum nächsten Thema, und zwar deinen Emotionen, denn sie sind ein weiterer Punkt, der es dir unfassbar schwer machen kann, endlich ins Sein zu kommen, wenn du nicht endlich die inneren Konflikte in dir gelöst hast. Dieses Thema ist schon um einiges tiefer und komplexer, aber bleib dran, und du wirst merken, dass es eine ganz einfache Methodik gibt, um diese Dinge in dir endlich aufzulösen. Wenn du es erst mal schaffst, auf allen drei Ebenen deine Dränge aufzulösen, dann wirst du merken, dass dich nichts davon abhält, ins Sein zu kommen und dein Traumleben zu manifestieren.

EMOTIONALE ABHÄNGIGKEIT

Vielleicht hast du schon mal das Gefühl gehabt, dass du ohne jemand anderen nicht mehr leben kannst. Kennst du dieses Gefühl? Am liebsten würdest du rund um die Uhr bei diesem Menschen sein, weil du unfassbar verliebt bist und nicht mehr aufhören kannst, darüber nachzudenken. Kommt dir das bekannt vor? Was glaubst du, wie so etwas zustande kommt? Das Ego hat einen großartigen Weg gefunden, um dich reinzulegen und dir vorzumachen, dass das, was du da tust, vollkommen in Ordnung ist. In der Psychologie nennt man es »rationalisieren«.

Das bedeutet, wenn du zum Beispiel beim Autohändler stehst und endlich diesen neuen Mercedes siehst, den du schon immer kaufen wolltest, dann wirst du emotional darauf reagieren. Warum, glaubst du, ist das so? Weil du in deinem Geist unglaublich viele Erwartungen errichtet hast. Dadurch hast du über die letzten Wochen, Monate, Jahre das Gefühl bekommen, dass du mit diesem Mercedes der absolut krasseste Typ im ganzen Viertel sein wirst. In deinen Erwartungen hast du bereits ein Bild davon geschaffen, wie alle Menschen dich ansehen werden, dir hinterherpfeifen und dir zu deinem starken Kauf gratulieren, also kaufst du dir das Ding und rollst die Straße runter.

Du schaust auf deinen Kontostand und siehst: »Puh ... das ist ja echt mehr reingeschlagen, als ich gedacht hatte ...« Du erhältst Anrufe von deinen Freunden, die dir sagen: »Hey, jetzt, wo du den tollen Schlitten hast, könntest du mich doch hier- oder dorthin fahren?« Du hast natürlich gar keine Lust, irgendwen irgendwohin zu fahren, aber du bemerkst lauter nervige Nebeneffekte, die durch dieses Auto entstanden sind. Da du natürlich nicht deine Erwartungen und deine Hoffnung zerstören willst, fängst du an zu rationalisieren: »Ah, besser so, als wenn ich die Kohle für Zigaretten, Alk und andere ›Vergnügungen‹ ausgegeben hätte«, »Ah, schön, dass sie mich fragen, wo ich sie hinfahren soll. Jetzt verbringe ich mehr Zeit mit ihnen« – und so weiter. Die Frage ist nur: Willst du das überhaupt, oder hat dein neuer Besitz dir einfach neue Zwänge aufgehalst, von denen du dir erzählst, dass du sie eigentlich willst? Unsere Emotionen entstehen also durch eine Erwartungshaltung in unserem Kopf, und durch diese Erwartungen entsteht auch Stress, denn wenn du etwas erwartest, dann kannst du auch enttäuscht werden – und wir werden andauernd enttäuscht. Das Problem dabei ist halt, dass dieser Stress dafür sorgt, dass du immer weniger und weniger Energie hast, weil du immer mehr und mehr Emotionen erschaffen musst. Die meisten Emotionen, die wir nämlich haben, sind diejenigen, die sich im Mangel befinden und damit Energie entziehen.

Es sind die Emotionen, die für das Überleben sorgen wollen. Wenn du überleben willst, dann gibt es die folgenden drei (Stress-)Reaktionen: Flucht, Kampf oder Starre. Das bedeutet: Sobald jemand dich angreift, gehst du sofort zu einer dieser Strategien über. Es passiert instinktiv. Damit meine ich die Reaktionen, die du hast, wenn du beispielsweise erschreckt wirst. Du denkst nicht darüber nach, du reagierst einfach.

Etwas Ähnliches tun wir inzwischen auch, wenn wir mit unserem Chef reden, unseren Freund treffen oder unsere Rechnungen bekommen. Wir haben im Kopf bereits so ein schlechtes Bild von alldem, weil wir bewerten, und dadurch glaubt unser Geist ständig, dass all das »lebensbedrohliche« Dinge sind, die wir unbedingt vermeiden, bekämpfen oder ausmanövrieren müssen. In Wahrheit aber sind es einfach nur ein Chef, ein Freund und eine Rechnung. Es ist kein Weltuntergang. Wenn du jedoch bereits so darauf vorprogrammiert bist, dass du dich in Lebensgefahr wähnst, was, glaubst du, wird dann mit deinem Körper passieren? Er ist definitiv in Lebensgefahr. Welche Emotionen wird er also sofort ausstoßen? Entweder wird er sich für Flucht und Starre entscheiden und Scham, Schuld, Apathie oder Angst wählen, oder er wählt Kampf und entscheidet sich für Emotionen wie Stolz und Wut.

In beiden Fällen hast du nicht das bekommen, was du eigentlich wolltest. Diese Emotionen verleiten dich dazu, das zu tun, was sie wollen, und nicht, was du willst. Wenn du dies lang genug tust, dann musst du dir im Klaren darüber sein, dass du deinem Körper unglaublich viel Energie entziehst.

Stell dir vor, um dich herum sei ein riesiger Energieball. Das sind deine Energiereserven. Du hast zehn von zehn Energiereserven für jeden Tag, je nachdem, wie du schläfst, isst und dich bewegst. Wir haben jetzt klargestellt, dass negative Emotionen dich Energie kosten. Nun passiert Folgendes über den Tag. Du hast mehrere Dinge, die du mit Negativität verbunden hast. Nehmen wir mal deinen (Ex-)Freund, die Rechnungen, den Chef, das Buch, das du fertig schreiben wolltest, deine Uni-Klausur und den YouTube-Kanal, den du noch auf die Beine stellen wolltest. Jetzt wachst du am nächsten Morgen auf und der Wecker klingelt. Du gehst kurz vor die Tür und schaust in deinen Briefkasten, und was findest du dort?

Eine Rechnung. Schon geht es los. Das erste Mal an diesem Tag, an dem du in den Überlebensmodus springst. Du regst dich auf und bist wütend. Jetzt wurden deinen Energiereserven zwei Punkte entzogen. Und du hast nur noch acht Energie-Einheiten. Du fühlst dich weniger motiviert und schlapper als zuvor. Das reicht aber noch nicht. Du gehst ins Wohnzimmer und willst einfach nur deinen Kaffee trinken und stößt dich beim Hinsetzen an all dem Uni-Zeugs, was du auf dem Tisch hast liegen lassen. Plötzlich realisierst du: »Oh mein Gott ... Ich muss noch für die Klausur büffeln ... Was, wenn ich sie nicht bestehe ...?« Du schüttest also die Emotion von Angst in deinem Körper aus.

Wieder eine Einheit verloren. Noch sieben Energie-Einheiten übrig. Auf dem Weg zur Arbeit hörst du, dass du eine Nachricht bekommen hast, von deinem Ex-Freund. »Hey, wie läuft es mit deinem Buch?« Du denkst dir: »Das kann doch nicht wahr sein! Das verdammte Buch! Dann schreibt auch noch er mir diese Nachricht! Was ist heute verdammt noch mal los?« Weitere drei Einheiten sind verloren gegangen, nur damit du bei der Arbeit ankommst und der Chef dir einen dummen Spruch drückt, sodass du nervlich fast am Ende bist und letzten Endes mit drei Energie-Einheiten zurückbleibst.

Deine Willenskraft ist inzwischen so weit gesunken, dass du auf YouTube gehst, um dich ein wenig abzulenken; und was du da siehst, ist nichts weiter als eine Erinnerung daran, dass du schon lange keine Lust mehr auf diesen Job hast und so viel lieber ein YouTube-Star wärst. Noch eine Einheit ist flöten gegangen. Du hast noch zwei Einheiten übrig, um den Tag zu überleben. Was, glaubst du, wirst du von nun an tun, um mehr Energie zu bekommen? Energydrinks, Kaffee und lauter andere Dinge, die dir angeblich helfen sollen, aber du wirst immer schlapper. Nun bist du nichts mehr als ein leerer, energieloser Sack, aber weißt du, was? Es gibt noch einen Weg, damit du Energie bekommst. Weißt du, was es ist? Ironischerweise genau das, was dich dort überhaupt reingebracht hat. Es ist Stress ...

Ja. Ich weiß, das klingt jetzt merkwürdig, aber vielleicht kennst du ja Menschen, die sich deswegen ritzen, also selbst ins Fleisch schneiden. Was glaubst du, warum diese Menschen das tun? Damit sie wenigstens etwas fühlen. Sie haben sich schon so sehr von ihren Gefühlen abgeschnitten, dass sie unbedingt eine Möglichkeit brauchen, um überhaupt etwas zu spüren.

Wenn es um emotionale Abhängigkeit geht, dann ist es bei uns Menschen nicht anders. Wir tun genau dasselbe. Wir sind bereits so sehr von unserer Lebendigkeit abgeschnitten und zu so leeren Säcken geworden, dass wir selbst Stress kreieren, damit wir überhaupt noch etwas fühlen können. Jedes Mal, wenn du nämlich in Stress gerätst, werden Adrenalin und weitere Stresshormone ausgeschüttet, die dir das Gefühl geben, dass du wenigstens ein wenig lebendig bist. Das ist die emotionale Abhängigkeit, von der die meisten betroffen sind. Bei Beziehungen geht das Ganze noch mal etwas tiefer.

Es ist wichtig zu verstehen, dass wir uns so in einem Kreislauf bewegen, der uns ewig süchtig macht. Das ist der Grund, warum wir all das

Drama in unserem Leben haben. Wir erzeugen es selbst, damit wir Stress haben können, sodass wir uns lebendig fühlen. Ja, du hast richtig gehört. Wenn du jetzt keine Angst bekommst, dann weiß ich auch nicht, wie ich dir helfen kann, denn jetzt solltest du Folgendes realisiert haben: Die Welt ist eine riesige Murmel voller Junkies. Wir alle sind bloß Drogensüchtige, Abhängige. Die stärkste Droge auf diesem Planeten sind nicht Heroin, Kokain oder sonst etwas, sondern Emotionen.

Was ist denn eine Abhängigkeit? Von etwas abhängig zu sein bedeutet, süchtig danach zu werden, richtig? Warum werden wir süchtig nach etwas? Weil es uns einen Kick gibt. Warum gibt es uns denn einen Kick? Weil es etwas in uns ausfüllt, was wir selbst nicht erzeugen können. Was passiert, wenn du das erste Mal Heroin nimmst? Du bekommst einen Kick, der unvergleichlich ist. Es ist nicht so, dass ich jemals Heroin genommen hätte, und du solltest das auch nicht tun, aber das sind die Erfahrungen derjenigen, die bereits durch diese Abhängigen-Phasen gegangen sind. Sobald sie nämlich erst mal diesen Kick bekommen haben, ist es wie ein Geist, den sie von nun an jedes Mal jagen. Die Wahrheit aber ist: Es wird nie wieder solch ein Kick wie beim ersten Mal kommen. Es ist unmöglich, und dennoch laufen wir dem Ganzen ohne Ende hinterher. Wie kommt es aber, dass wir uns überhaupt nach so etwas wie einer Droge sehnen?

Der kanadische Psychologieprofessor Bruce K. Alexander führte in den Siebzigern eine Studie mit Ratten durch, um herauszufinden, wodurch Abhängigkeiten entstehen. Der Grund dafür waren die Soldaten aus dem Vietnamkrieg. Unfassbar viele Soldaten nahmen Heroin, um im Krieg klarzukommen, doch als sie zurückkamen und zu ihren Familien zurückkehrten, waren es gerade mal bis zu zehn Prozent der Soldaten, die weiterhin Heroin nahmen. Lange Zeit ging man davon aus, dass es die Substanzen in den Drogen seien, die einen Menschen abhängig machen, doch es war etwas anderes, und zwar Emotionen.

Die Tests, die mit Ratten durchgeführt wurden, liefen zuvor folgendermaßen ab. Man nahm eine Ratte und gab ihr zwei Behälter. Einen mit Wasser und einen mit Heroin. Dann schaute man, wie diese Ratte sich benimmt. Mit der Zeit wurde die Ratte unfassbar abhängig vom Heroin. Automatisch ging man also davon aus, dass Heroin abhängig machen müsse. Nachdem sie jedoch die Soldaten aus dem Vietnamkrieg gesehen hatten, entschlossen sich die Forscher, ihre Annahmen noch einmal zu überdenken. Sie führten wieder das Experiment mit den Ratten durch. Diesmal aber war der Käfig um einiges größer und besetzt mit lauter spaßigen Rampen, Rädern und lauter anderen Ratten. Nun geschah etwas unglaublich Interessantes. Die Versuchsratte interessierte sich kaum noch für das Heroin. Sie nahm es zwar, jedoch reduzierte sich ihr Konsum drastisch. Was die Ratte also in erster Linie überhaupt abhängig gemacht hatte, war die Isolation. Der fehlende Kontakt zu anderen Ratten. Als die Soldaten aus dem Vietnamkrieg kamen und endlich wieder Verbindung zu ihrem alten Umfeld hatten, waren es andere Sorgen als Heroin, die sie in diesem Moment beschäftigten. Sie konnten wieder zu ihrem Ursprung zurückkehren und damit beginnen, ihr altes Leben zu führen.

Wie oft passiert es, dass man isoliert wird und dann anfängt, zu legalen oder illegalen Drogen zu greifen? Vor allem weil man sich nicht verstanden und allein fühlt? Wie viele Leute da draußen haben sich von der Außenwelt abgekapselt, um in ihrem Konsum unterzugehen? Wie viele Menschen haben jemand Wichtiges in ihrem Leben verloren und dadurch zur Flasche oder Schlimmerem gegriffen? Das ist eben das Drama, in dem so viele gefangen sind. Das Problem ist jetzt eben, dass es etwas gibt, das nicht wie Heroin irgendwo da draußen ist, sondern direkt hier, näher als unsere eigene Halsschlagader, und es kann uns ebenfalls abhängig machen. Diese eine Sache sind unsere Emotionen. Wie aber ist das überhaupt möglich?

Ich hatte ja bereits erwähnt, dass wir Menschen immer noch Tiere sind und immer noch von Instinkten gesteuert werden. Um es einmal komplett herunterzubrechen: Wir wollen Schmerz vermeiden und suchen die Belohnung. Was, glaubst du, ist der größte emotionale

Schmerz für uns? Es ist die Erfahrung, abgelehnt zu werden. Warum haben wir wohl so große Angst davor, abgelehnt zu werden? Weil in uns eine Überzeugung sitzt, die wir bis heute nicht verarbeitet haben.

Die Quelle all deiner Probleme ist der folgende Schmerz: »Ich bin nicht genug.« Dieser Glaube kann nur aus folgender Überzeugung entstehen, und zwar dass man glaubt, dass es Knappheit gibt, also Mangel. Die Wahrheit aber ist, dass es so etwas nicht gibt. Es ist absoluter Bullshit.

Alles in diesem Leben ist in vollkommener Fülle vorhanden, nur wollen es die meisten nicht realisieren. Damit du aus deiner emotionalen Abhängigkeit entfliehen kannst, musst du lernen, das, was du in anderen suchst, selbst kreieren zu können. Was ist nämlich, wenn du es schaffst, dir das Gefühl von Zusammensein selbst zu geben? Dir das Gefühl von Liebe, Freude, Akzeptanz selbst herbeizurufen, sodass du frei sein kannst von all den Dingen da draußen? Das ist der absolute Schlüssel zur Freiheit. Wenn du das schaffst, bist du endlich unabhängig und unfassbar mächtig, denn dann bist du wirklich in einem schöpferischen Modus. Das ist der Zeitpunkt, an dem du kreieren kannst, was auch immer dein Herz begehrt. Dafür musst du jedoch bereit sein loszulassen, was bereits ist, und zuzulassen, was sein kann. Was ich damit meine, ist, dass du lernen musst, zurück in dein Herz zu kommen und es wirklich zu fühlen, sodass du dich von all den Dingen loslösen kannst, die dir das Leben schwer machen wollen.

Es gibt also zwei Baustellen, an denen du arbeiten musst. Stell dir wieder das Glas vor. In diesem Glas ist bereits Flüssigkeit enthalten. Dies ist dein altes Ich, das abhängig von vielen Sachen in deinem Leben ist. Sobald du neue Flüssigkeit hinzuführst, wird die alte verschwinden müssen. Es ist ein gleitender Übergang. Es ist also egal, worüber ich zuerst spreche. Egal, ob es das Loslassen oder Zulassen ist. Beides sollte gleichzeitig geschehen. Jetzt aber lass uns erst einmal über das Loslassen sprechen, da wir eh schon bei dem Thema sind. Loslassen findet nämlich immer mit den Emotionen statt, dazu auch noch auf verschiedenen Ebenen. Wir haben bereits darüber gesprochen, dass du auf körperlicher Ebene den Drang überwinden musst. Auf emotionaler Ebene geht es ums Loslassen. Auf mentaler Ebene sind es die Glaubenssätze, die du in den Griff bekommen musst. Auf diese mentale Ebene werden wir später noch zu sprechen kommen, die Emotionen nehmen jetzt aber erst mal einen großen Teil ein, deswegen werden wir das nächste Kapitel nur diesem Thema widmen. Hier liegt nämlich die Kraft und die Power, dein gesamtes Leben zu verändern. Die Gedanken oder das Mentale sind ebenfalls unfassbar mächtig, doch dort ist es einfach nachzujustieren. Wenn es um Emotionen geht, wird es um einiges komplexer und schwerer für dich werden, gewisse Dinge loszulassen und dabei ebenfalls auch neue Dinge zuzulassen. Deshalb lass uns als Nächstes über das Thema »Emotionen« und eben auch das Auflösen derselben sprechen, damit wir eine gute Basis für das Manifestieren von neuen Dingen in deinem Leben haben.

KAPITEL 7

IN DER TIEFE

LICHT UND SCHATTEN

Da sitzen Dinge in dir, die sehr tief vergraben sind, und das ist auch der Grund, warum du das Leben führst, das du bisher geführt hast. Erst wenn du bereit bist, diese Dinge wirklich aufzuarbeiten, wirst du bemerken, dass sich in deinem Leben wirklich etwas verändert.

Ich möchte vorab eine Sache klären. Dein Fokus sollte dennoch immer auf das Positive gerichtet sein. Wenn es um das Loslassen geht, dann ist dieser Begriff an sich schon sehr negativ geprägt, denn man will ja nur das loslassen, was einen stört, oder? Hier ist eben das Problem. Wenn du mit diesem Mindset rangehst, dass du etwas loswerden willst, dann wirst du es niemals loswerden. Erinnerst du dich noch an die paradoxen Gesetze? Weniger ist mehr? Schwäche ist Stärke? Tod ist Leben und Leben ist Tod? Genauso ist es hier auch. Je mehr du loslassen willst, umso weniger wirst du es schaffen.

Die wahre Absicht also sollte es viel eher sein, annehmen zu wollen. Das ist letzten Endes wahre Liebe. Vorhin haben wir über Licht und Schatten gesprochen und darüber, dass Licht aktiv erzeugt werden muss. Licht ist etwas, das entsteht, wenn du etwas dafür tust. Hass entsteht von allein, mach dir da keine Sorge. Es ist das Unkraut und das Fehlen von Licht, also Dunkelheit in dir. Licht aber ist etwas, was du persönlich, aktiv schaffen musst, indem du nach innen schaust und akzeptierst.

Die Bewusstseins- oder Energieskala, die ich angesprochen habe, beinhaltet Mangel und Fülle. Ich hatte ja erwähnt, dass sie uns als Modell dienen wird. Dafür musst du dir einmal Folgendes vorstellen: Auf dieser Skala gibt es die Ziffern 1 bis 10. Wenn du Emotionen wie Scham hast, dann befindest du dich bei der 1. Ich weiß, Mathe ist nicht wirklich jedermanns Stärke, aber ich verspreche dir, es wird nicht allzu kompliziert. Alles, was du dafür tun musst, ist, davon auszugehen, dass es hier keine höhere Zahl als die 10 gibt. Stell dir das mal vor. Stell dir einfach vor, wir sind in einer Welt, in der wir bisher keine höhere Zahl als 10 entdeckt haben, und es gibt sie auch nicht. Das ist die höchste Zahl, die überhaupt existiert. Diese Zahl repräsentiert Erleuchtung auf der Skala. Das absolute Gegenteil davon ist also Scham. Nehmen wir diese beiden Zahlen einmal genauer unter die Lupe. Wenn du dir die 1 anguckst, was bemerkst du dann? Es fehlen weitere neun, oder? Das ist doch das, was die 1 zu einer 1 macht. Sie schließt alle anderen neun Zahlen aus, um existieren zu können. Genauso ist es auch mit Scham. Diese Emotion ist eine unfassbar egoistische Emotion, auch wenn du es vielleicht nicht glauben magst, aber sie ist vor allem so egoistisch, weil sie davon ausgeht, dass die Welt sich nur um sie dreht. Jeder Mensch, der beschämt ist, ist nur so, weil er ständig darüber nachdenkt, was all die anderen über ihn denken könnten.

Was glaubst du, wem das vor allem wichtig ist? Einem Menschen, der denkt, dass sich alles nur um ihn drehen würde. Diesem Menschen ist gar nicht klar, dass die Welt um ihn herum ihr eigenes Ding am Laufen hat und dass nicht jeder ständig nur über ihn nachdenkt, aber das ist wirklich das, was dieser Mensch glaubt. Genauso, wie die Emotion darüber, und zwar Schuld. Wenn wir etwas höher gehen, ist das Ego also etwas kleiner, aber es ist immer noch sehr stark.

Schuld ist nichts anderes, als mit dem Finger auf andere Menschen zu zeigen und so zu tun, als hätten alle es auf dich abgesehen. Jetzt mal im Ernst ... Glaubst du wirklich, dass du so wichtig bist? Glaubst du echt, die ganze Welt dreht sich um dich? Wenn ja, dann ist genau das der Grund, warum du in diesen niederen Emotionen gefangen bist, denn das ist der schnellste Weg dorthin.

Wir könnten jetzt eine Emotion nach der anderen durchgehen, aber das ist nicht der Sinn des Ganzen. Worauf ich nämlich hinauswill, ist, dass Schuld, Scham, Angst und all diese Emotionen, die unterhalb der neutralen Linie sind, eines gemeinsam haben: Sie schließen aus. Sie haben ein Problem mit irgendetwas. Genauso wie die 1 auf der Skala ein großes Problem mit den weiteren neun Zahlen hat. Genauso, wie die 2 ein großes Problem mit den weiteren acht hat. Genauso, wie die 3 ein großes Problem, mit den weiteren sieben hat. Und das geht so weiter bist zu der 10. Die 10 ist die absolute Vollkommenheit. Warum? Weil sie kein Problem mit nichts und niemandem hat. Sie *ist* einfach und akzeptiert einfach. Sie nimmt alles an, so wie es ist. Sie könnte ohne all die anderen neun Zahlen gar nicht existieren. Wie sollte das denn auch gehen?

Wieso aber erzähle ich dir all das? Wieso halte ich eine Mathematikstunde im Grundkurs? Damit du verstehst, wie Licht und Schatten funktionieren, und dafür habe ich eine wichtige Frage an dich: Was passiert, wenn du einen dunklen Raum hast, in dem alle Fenster und Türen verschlossen und verdeckt sind? Es ist dunkel, richtig? Stell dir vor, draußen ist es Tag, und die Sonne scheint wie verrückt – und nun öffnest du eines der Fenster in diesem dunklen Raum. Was passiert dann? Kommt das Licht rein oder geht die Dunkelheit raus?

Das Licht kommt natürlich rein. Die Dunkelheit hat gar nicht die Fähigkeit rauszukommen, weil es nicht ihrer Natur entspricht. Was ihrer Natur entspricht, ist, drinnen zu bleiben, sich zu verstecken und sich abzukapseln. Die Natur der Dunkelheit ist, Trennung zu kreieren und etwas vor das Licht zu stellen, ansonsten könnte sie nicht bestehen. Die Natur der 1 ist es, alle anderen neun Zahlen auszuschließen, da sie sonst nicht existieren könnte.

Ist sie deswegen »böse«? Nein. Selbstverständlich nicht. Es ist eben die 1, und die 1 ist die 1. So einfach ist es. Die Natur von Licht jedoch ist es, alle anderen neun Zahlen anzunehmen. Die Natur von Licht ist es, die Dunkelheit einzuschließen und anzunehmen. Sie zu umarmen und zu akzeptieren.

Was aber machen wir Menschen die meiste Zeit? Wir lehnen ab, wir verurteilen, wir bekämpfen und bewerten. Was unterscheidet uns von Dunkelheit? Nichts. Das ist auch der Grund, warum wir wie Blinde durch diese Welt tappen. Wir haben kein Licht in unserem Leben. Wie aber kreieren wir denn dieses Licht dann? Ganz simpel. Durch Liebe, Akzeptanz, Freude, Bereitschaft, Frieden. Durch all die Emotionen, die auf der höheren Ebene auf der Skala zu sehen sind. Diese Emotionen können aber ohne die unteren nicht existieren. Ohne Angst kannst du keinen Mut zeigen. Ohne Hass kannst du keine Liebe zeigen. Ohne Wut kannst du keinen Frieden zeigen. Die Welt ist dunkel, ja, ich weiß, aber sie ist es nur, damit du demonstrieren kannst, wie unfassbar hell du bist.

Und hier sind wir eben wieder bei dem Thema von Richtig und Falsch. Glaubst du immer noch, dass es Richtig und Falsch gibt? Ja? Dann hast du dich selbst versklavt. Du bist der eigene Wärter deines eigenen Gefängnisses. Wenn du dich selbst dazu verdammt hast, dann ist das auch dein eigenes Problem, und niemand wird kommen, um dich zu retten. Das hast du dir höchstpersönlich selbst eingebrockt. Wenn du jedoch sagst, dass du endlich ausbrechen und die Freiheit willst, dann will ich dir etwas Hoffnung geben, denn in den nächsten Zeilen werde ich dir erklären, wie du diese Dinge im Inneren auf konkrete Art und Weise endlich auflösen kannst. Als Erstes musst du verstehen, warum du solch eine Abneigung dieser Welt gegenüber hast, also lass uns über dein Unterbewusstsein sprechen, denn dort liegt so einiges vergraben, da bin ich mir sicher.

IN DER TIEFE DES UNTERBEWUSSTSEINS

Ich möchte für diesen Punkt hier das berühmte Beispiel mit dem Eisberg heranziehen. Vielleicht kennst du dieses Bild von der Eisspitze, die aus dem Wasser herausragt, während ein großer Teil des Eisklotzes unter dem Wasser versteckt ist. Genauso ist es mit unserem Bewusstsein, denn ein großer Teil davon ist in der Tiefe vergraben. Wir sehen diesen Teil nicht, und dadurch sind wir uns auch nicht im Klaren darüber, was für ein Problem wir mit uns selbst haben. Wie das Wort »Unterbewusstsein« schon sagt, gibt es Dinge, die sozusagen unter dem Radar fliegen und die wir nicht direkt wahrnehmen können.

Es gibt jedoch einen Weg, indirekt darauf zuzugreifen, genauso wie wenn du indirekt auf dein Herz zugreifst. Das Klopfen deines Herzens ist nämlich ebenfalls ein unterbewusster Mechanismus, oder? Ich meine, du machst dir doch gerade keine Gedanken darüber, wie schnell dein Herz schlagen soll, oder irre ich mich? Es schlägt einfach und macht den Job, den es bekommen hat, aber dennoch kannst du dafür sorgen, dass es sich beschleunigt oder verlangsamt. Wie machst du das aber? Beispielsweise indem du deine Physiologie änderst. Das bedeutet, du atmest schneller oder machst ein paar Hampelmänner-Sprünge. Dadurch wird dein Herz automatisch schneller schlagen. Was du nicht tun kannst, ist, deine Brust aufzureißen und irgendwie darauf einzugreifen, um es umzustellen. Das heißt, es gibt keinen direkten Weg, sondern eher einen indirekten, um dieses Herz noch mehr pulsieren zu lassen oder herunterzufahren.

Genauso ist es mit deinem Unterbewusstsein. Es gibt keinen direkten Weg, um es zu verändern. Der einzige Weg, um was daran zu bearbeiten, ist indirekt. Genauso ist der einzige Weg, um es zu erkennen, eben indirekt. Wenn du plötzlich anfängst zu schwitzen und Schwindelanfälle bekommst, kannst du auch davon ausgehen, dass dein Herz extrem schnell schlägt. Wenn es sogar so weit geht, dass du einfach umkippst und einen Zusammenbruch erleidest, dann wissen wir ebenfalls, dass dein Herz gerade einen kurzen Stillstand hingelegt hat. Das wissen wir nicht direkt, sondern indirekt. Nur so kannst du erkennen, was dort unten bei dir vorgeht. Wie aber erkennen wir das Unterbewusstsein denn nun? Was sind die Anzeichen?

Ganz einfach. Es ist dein Leben. Es sind deine Emotionen, deine Verhaltensweisen, deine Gedanken, deine Ergebnisse, dein Umfeld und all diese Dinge. Dies ist der indirekte Ausdruck deines Unterbewusstseins. Wenn du dein Leben betrachtest, dann kannst du ungefähr abschätzen, was dort unten in dir vorgeht, und nur so wirst du eine Spur haben, um diese Dinge im Inneren auch zu lösen. Ich verstehe, dass es nichts ist, bei dem man direkt angreifen kann, weil es klar und deutlich ist, sondern eher subtil, aber wenn du es tust, wirst du bemerken, dass du eine unfassbare Veränderung hinlegst, denn es gibt gewisse Dinge, die du unbedingt tun musst, um dein Leben zu verändern; und wenn du diese tust, dann kreierst du ein neues Wesen in dir selbst.

Lass uns dafür die folgenden Dinge einmal runterbrechen und definieren, was das zu bedeuten hat. Wir haben also Energie, Gedanken, Emotionen, Handlungen und unser Umfeld. Lass uns Energie als das Meer definieren, das dich umgibt, so wie der Fisch vom Wasser umhüllt wird. Aus diesem Meer der Energie kannst du Gedanken entziehen, die ein elektrisches Signal abgeben. Das bedeutet: Sie senden etwas ins Universum hinaus. Durch deine Emotionen und dein Herz kannst du ein Gefühl kreieren, das Dinge zu dir hinzieht wie ein Magnetfeld, und auf körperlicher Ebene kannst du direkt auf die Dinge in deinem Leben zugreifen. Ich will dabei, dass du Folgendes verstehst. Emotionen sind nicht unbedingt das Gefühl, das du hast, deshalb lass uns das auch noch einmal differenzieren. Ich will es dir am besten folgendermaßen erklären. Emotionen sind eher viele kleine Farbpatronen, die platzen, wenn du durch den Tag läufst. Angst beispielsweise hat die Farbe Blau, dann gibt es Wut mit der Farbe Rot, Stolz hat die Farbe Gelb, Schuld hat die Farbe Violett, und jedes Mal, wenn du beispielsweise eine dieser Emotionen spürst, kannst du dir vorstellen, dass eine Farbpatrone in dir platzt. Es gibt eine chemische Reaktion, die eine Emotion auslöst, die sofort durch deinen Körper schießt und diese Farbe verteilt. Wenn du also Schuld spürst, verbreitet sich die Farbe Violett in deinem Körper, dann kommt Stolz mit der Farbe Geld dazu und letzten Endes noch ein bisschen Wut, und schon hast du einen Cocktail aus Farben. Je mehr Farben zusammengemischt werden, umso mehr entsteht ein gewisses Gefühl. Dieses ist dann entweder ein Gefühl von Fülle und Überfluss oder eines von Mangel und Knappheit.

Unser Ziel ist es natürlich, ein Gefühl von Überfluss zu erschaffen, weil es das ist, was dir eine großartige Zukunft in deinem Leben verspricht. Das bedeutet also, das Gefühl ist eher deine Grundhaltung. Diese Grundhaltung ist dann entweder im Mangel oder in der Fülle. Wir wollen also eine Grundhaltung von Fülle in deinem Unterbewusstsein etablieren, und was wir dazu machen müssen, ist, auf gedanklicher, emotionaler sowie körperlicher Ebene Fülle reinzubringen. Aber wie kriegen wir das am besten hin?

Ich hatte ja erwähnt, dass ein »Ja« viele »Neins« kostet. Ich verstehe, dass du sagst, du möchtest glücklicher in deinem Leben sein oder neue Dinge erreichen. Aber um das zu schaffen, brauchst du eben die Fähigkeit, vor allem die Dinge loszulassen, die sich in deiner unmittelbaren Umgebung befinden. Dafür musst du etwas haben, das dir mehr wert ist als das und das du immer wieder und wieder ins Bewusstsein rufen kannst, ansonsten wirst du wieder in die alten Muster zurückfallen.

Dafür musst du zu der grundsätzlichen Frage zurückkehren: Warum willst du etwas? Wir haben bereits darüber gesprochen, dass wir Dinge in unserem Leben erreichen wollen, weil wir uns ein Gefühl wünschen. Wir wollen das neueste Handy, weil wir das Gefühl haben wollen, angesehen zu sein. Warum wollen wir dieses Gefühl haben? Weil wir tief im Inneren glauben, dass wir nicht angesehen genug sind. Wir wollen eine neue Partnerin, weil wir das Gefühl haben wollen, liebenswert zu sein.

Warum wollen wir dieses Gefühl haben? Weil wir glauben, dass wir im Inneren nicht liebenswert genug sind.

Es ist immer dieser Prozess. Wenn du deinem Unterbewusstsein also auf die Schliche kommen willst, dann frage dich zuerst, was du in deinem Leben haben willst, dann, warum du es haben willst, und daraus erschließt sich automatisch, was dir persönlich emotional in deinem Leben fehlt. Dir dieses Gefühl selbst zu geben, musst du lernen, aber dafür musst du halt erst mal erkennen, dass es dir fehlt, und ebendas akzeptieren. Dafür wäre es nicht schlecht, wenn du verstehst, warum dir diese Dinge so sehr fehlen und wieso du so danach trachtest.

ICH WILL DAS!

Ich denke, dieser Teil hier wird dir wirklich die Augen öffnen, denn er wird dir erklären, warum du solch einen Schatten in dir hast, den du nicht wirklich ansehen willst. Um wirklich etwas Neues in deinem Leben zu realisieren, musst du lernen, die alten Überzeugungen loszuwerden. Wir sprachen schon davon: beispielsweise Glaubenssätze wie »Alle Reichen sind böse« oder »Du darfst niemandem vertrauen«. Solche Überzeugungen haben sich wie gesagt über unser Leben in uns hineingefressen. Wie aber ist das passiert? Sprechen wir noch einmal über das Glas, das gefüllt werden kann. Du bist also dieses Glas. Stell dir nun einmal vor, dass dieses Glas komplett leer war. Es war also absolut nichts drin. Wie du weißt, war dies der Fall, als du ein kleines Kind warst. In diesem Alter hattest du noch gar nicht die Möglichkeit, um selbst dieses Glas zu füllen, weil du überhaupt nicht verstanden hast, wie die Welt funktioniert, also übernahmen das andere Menschen für dich. Wer waren denn die ersten Menschen, die das für dich taten? Es waren deine Eltern oder deine Erziehungsberechtigten. Deine Eltern haben oder hatten eine ganz bestimmte Auffassung von der Welt, und diese gaben sie dir gerne weiter, auch wenn es dir vielleicht nicht hilft oder nicht das ist, was du dir für dein Leben heute vorstellst. Das Problem dabei ist halt, dass du ziemlich viel aufräumen musst, wenn dort nicht alles so ist, wie du es dir gewünscht hast. Wie passiert das aber?

Du musst dir im Klaren darüber sein, dass Emotionen eine Sprache für sich sind. Sie sind die Sprache unseres Unterbewusstseins. Heutzutage verständigen wir uns mit Worten. Du musst dir vorstellen, früher haben wir Menschen mit unseren Emotionen kommuniziert. Das hört sich jetzt vielleicht komisch an, aber stell dir vor, wir wären wieder zurück in der Urzeit, als wir nur Uga-Uga-Geräusche gemacht haben. Damals konnten wir uns nicht miteinander unterhalten. Wir haben die

Körpersprache und unsere Emotionen genutzt. Stell dir vor, jemand aus deinem Rudel steht an der Ecke eines Felsen. Du kannst nicht um die Ecke sehen, dein Kollege aber schon, da er ja genau an dieser Ecke steht. Er sieht plötzlich einen Löwen auf sich zurennen und bekommt unglaubliche Angst. Du siehst den Löwen nicht, da er ja hinter der Ecke ist, aber du siehst deinen Kollegen. Du bemerkst und spürst, dass er Angst hat, und was du tust, ist loslaufen, ohne weiter darüber nachzudenken, weil du schon erahnst, was hinter dieser Ecke sein könnte. Das Fühlen seiner Emotionen hat dir einen ganz klaren Überlebensvorteil verschafft, wodurch du viel eher loslaufen konntest und es geschafft hast zu entkommen, während dein Kollege wohl weniger Glück hatte.

Damals war es also unglaublich wichtig zu fühlen, was die anderen fühlten, aber mit der Zeit haben wir uns weiterentwickelt und die Sprache entworfen. Das Problem dabei ist nur, dass sie wie eine billige Version unserer Emotionen ist und dass jeder unter den Worten etwas anderes versteht, wodurch es viel einfacher zu Missverständnissen kommt.

Das bedeutet also, wenn ich »Butterbrot« sage, dann verbindest du damit andere Emotionen als ich. Wie wollen wir also auf einen Nenner kommen? Indem wir so ziemlich dieselbe Sprache sprechen. Dafür muss ich eben wissen, was du unter gewissen Dingen verstehst, und dich dann eben mit dieser Sprache ansprechen. Das ist der Grund, warum Metaphern und Analogien so gut funktionieren. Sie sind eben jedem bekannt und so gut wie jeder verbindet so ziemlich dasselbe damit. Was ist aber, wenn ich über neuronale Netzwerke spreche? Synapsen oder Quantenmechanik? Du kannst damit nichts anfangen, also brauche ich dich nicht damit zu nerven.

Eher mit Worten, die einfacher zu verstehen sind, damit wir auf dasselbe emotionale Level kommen. Worauf ich aber damit hinauswill, ist, dass du als Kind eben an diesem Punkt bist, wo du vor allem die emotionale Sprache wahrnimmst anstatt die Worte deiner Eltern. Stell dir einmal vor, du bist gerade mal zwei Jahre alt und kippst etwas um. Nun kommt deine Mutter und schreit dich an. Sie sagt: »Weißt du eigentlich, wie viel das gekostet hat? Du hast gerade unglaublich viel Geld kaputt gemacht.« In diesem Moment kannst du nichts mit diesen Worten anfangen. Das Einzige, was du begreifst, sind die Emotionen, die deine Mutter in diesem Moment spürt, und diese Emotionen sind wahrscheinlich Wut und Zorn. Du bemerkst also: »Oh ... ich habe irgendwas falsch gemacht ...« Jetzt geht es noch weiter. Dein Gehirn fängt an zu berechnen, was zuvor passiert ist. Das Gehirn eines Kindes funktioniert in solch einer Situation ungefähr so: »Ich habe etwas umgeworfen. Davor war ich abenteuerlustig und neugierig. Das hat dann dazu geführt, dass ich das umgeworfen habe. Da meine Mutter das wundervollste Wesen ist, das es auf diesem Planeten gibt, muss der Fehler bei mir liegen. Das bedeutet also, ich sollte in Zukunft nicht mehr neugierig oder abenteuerlustig sein, da ich dadurch sonst etwas umwerfen könnte, wodurch das wundervollste und intelligenteste Wesen auf diesem Planeten, und zwar meine Mutter, verärgert sein könnte. Wenn ich sie verärgere, dann lässt sie mich vielleicht alleine, und dann habe ich keine Überlebenschancen mehr. Darum passe ich mich jetzt einfach an. Ab jetzt versperre ich den neugierigen und abenteuerlustigen Teil in mir und bin stattdessen nur noch stumpf.«

Ich weiß, das alles ist ein wenig plump ausgedrückt, aber so ungefähr könntest du dir das Ganze vorstellen. Das heißt also, du hast nun einen Teil in dir, den du weggesperrt hast. Einen Teil, den du nicht mehr magst und verurteilst. Und was, haben wir gelernt, passiert, wenn du etwas verurteilst? Du willst etwas nicht in deinem Leben haben, und das, was wir nicht in unserem Leben haben wollen, ziehen wir eben vor allem an. Das ist auch der Grund, warum du später immer wieder in Situationen kommst, in denen du dich plötzlich zu jemandem hingezogen fühlst, der neugierig und abenteuerlustig ist.

Es liegt daran, dass du diesen Teil in dir vermisst. Du wünschst ihn dir unterbewusst zurück, aber du traust dich nicht, ihn zuzulassen, und der Grund dafür ist deine Angst vor deinem Schatten. Dieser Schatten in dir wird dich aber für immer verfolgen. So lange, bis du ihn endlich beleuchtest, denn erst dann kann sich ein Schatten auflösen. Ein Licht darauf zu werfen bedeutet, deinen Schatten zu akzeptieren. Den Teil, den du nicht magst oder nicht abkannst, anzunehmen, um noch vollkommener in deinem wahren Selbst zu werden.

Sagen wir beispielsweise mal, dass du extrem laut bist als Kind. Nun wirst du von deinen Eltern dafür verurteilt, denn sie sagen dir, dass du damit aufhören und nicht nerven sollst. Du lernst also, dass du diesen Teil von dir wegsperren musst. In deinem Unterbewusstsein gibt es nun also Ablagerungen davon. Etwas in dir will laut sein, aber du kannst es einfach nicht. Du blockierst dich selbst. Später, wenn du erwachsen bist, siehst du Leute, die laut sind, und bewunderst oder verfluchst sie, weil sie dich so emotional machen, obwohl du nicht weißt, warum. Die Antwort aber liegt in dir. Das bedeutet, du siehst Menschen, die erfolgreich sind mit ihrem lauten Organ, und denkst dir: »Was für ein Idiot. Wie kann man für so was denn bitte Aufmerksamkeit bekommen? Fürs Schreien in einer Rockband? Ernsthaft?« Es kann aber natürlich auch sein, dass du nur Bewunderung dafür übrig hast und dich enorm zu jemandem hingezogen fühlst, der lautstark ist, weil du diesen Teil in dir am liebsten auch leben würdest. Das sind Signale dafür, dass dort unterbewusst etwas in dir vorgeht.

Beim Thema »Beziehungen« geht es wie angedeutet um ebendiesen Kontext. Das, was du am meisten verspürst, wenn du dich verliebst, ist nicht Liebe, sondern dein Ego. Es ist der Schatten, das Biest, das in dir sitzt und endlich befreit werden will. Der Mensch auf der anderen Seite ist nichts weiter als ein Spiegel für all die Dinge, die du in dir noch nicht gelöst hast, und das ist der Grund, warum du dich so unfassbar zu jemandem hingezogen fühlst.

Nehmen wir mal folgendes Beispiel. Stell dir vor, da ist eine Frau, die einen Mann kennengelernt hat. Die beiden verbringen viel Zeit miteinander und haben auch Spaß, aber mit der Zeit verliert sie das Interesse an ihm. Sie entscheidet sich also, sich von ihm zu trennen.

Er ist komplett am Boden zerstört, lernt aber ziemlich bald eine neue Person kennen und ist unglaublich glücklich mit ihr. Die Frau sieht das und fängt plötzlich an, Gefühle für ihn zu entwickeln. Jetzt versucht sie, ihre Gefühle mit ihrem Kopf zu interpretieren, und erzählt sich, dass sie doch in den Mann verliebt sein muss.

Das ist die Art und Weise, wie das Ego versucht, uns unsere negativen Schattenseiten gut zu reden und nur nach außen zu schauen, anstatt nach innen zu gucken. In Wahrheit nämlich ist es keine Liebe, sondern ein Ego-Problem. Was diese Frau dort Liebe nennt, ist nämlich lediglich Selbstzweifel. Sie sieht den Ex mit einer neuen Frau, mit der er glücklich ist, und fragt sich unterbewusst (obwohl *sie* es war, die sich trennen wollte): »Warte mal. Wenn er mit ihr so glücklich sein kann und es mit mir nicht war. Bin ich dann etwa nicht genug?« Deshalb will sie ihn so schnell wie möglich zurückerobern, damit sie die Bestätigung bekommt, dass sie doch genug ist, nur um dann zu merken: »Hm ... Irgendwie fühle ich mich doch nicht so zu ihm hingezogen.«

Natürlich nicht, denn es ging ja nie um ihn. Es ging immer nur um sie und ihren Wunsch nach Bestätigung, um ihre Angst davor, nicht gut genug zu sein, zu beruhigen. Es ist wie mit dem Mann, der an einem Tisch sitzt, Fisch isst und sagt: »Hm ... Ich liebe Fisch.« Seine Frau sitzt daneben und erwidert: »Du *liebst* Fisch? Darum hast du ihn aus dem Wasser gerissen, aufgeschnitten, in eine Pfanne geworfen und isst ihn jetzt? Nein, mein Lieber. Du liebst nicht den Fisch, sondern du liebst *dich*.«

Genauso ist es in dem Beispiel von der Frau. Sie will einfach nur ihren inneren Schmerz so schnell wie möglich beruhigen, auch wenn es bedeutet, dass sie die neue Beziehung ihres Ex ruinieren muss. All das ist ihr aber nicht bewusst. Es passiert komplett unter dem Radar, es sei denn, sie ist bewusst genug, um die Zusammenhänge von Ursache und Wirkung zu verstehen, wie wir sie bereits zuvor besprochen haben.

So gibt es unglaublich viele Muster, in denen wir Menschen gefangen sind. Es wäre viel zu kompliziert, um jedes einzelne davon aufzuzählen, und dann würden wir hier wohl noch bis nächstes Jahr sitzen, aber zum Glück gibt es einen Weg, um diese Dinge zu erkennen und aufzulösen, ohne viel interpretieren zu müssen. Dafür ist es das Sinnvollste, auf deine Triggerpunkte zu achten: zu erkennen, wann du einen emotionalen Widerstand in dir hast. Denn es ist ja nichts anderes als Widerstand, wenn du negativ wirst. Jedes Mal, wenn du gegen irgendetwas in diesem Leben bist, wirst du eine negative Reaktion haben.

ZWEI WELTEN

Hinnehmen und Akzeptieren sind dabei zwei komplett verschiedene Sachen. Wenn du etwas akzeptierst, dann tust du das im Geist, wenn du etwas hinnimmst, dann tust du das körperlich. Damit meine ich, dass du damit aufhören musst, im Geiste Grenzen zu ziehen, und anfangen musst, im physischen Leben Grenzen zu meistern.

Schau dir doch einmal folgendes Beispiel an. Stell dir vor, ein guter Freund von dir ruft bei dir an. Er meldet sich jeden Tag und will mit dir irgendwo rumhängen, du aber möchtest gern das Buch lesen, das du dir gerade gekauft hast. Da er aber jedes Mal anruft, kommst du einfach nicht dazu. Was passiert nun? Eigentlich könntest du ihm ja sagen: »Hey, hör mal zu. Ich habe keine Lust, mit dir rauszugehen, weil ich mein Buch lesen will«, aber das tust du nicht – und warum?

Weil eine Angst in dir sitzt, und zwar, dass du jemanden verletzen könntest, aber viel eher ist es, weil du das Gefühl hast, du könntest nicht gemocht oder abgelehnt werden – und was würde das bedeuten? Dass all die Gefühle, die dir sagen, dass du nichts wert bist, wieder hochkommen könnten. Mit der Situation bist du aber dennoch nicht zufrieden. Es stört dich extrem, dass er die ganze Zeit anruft und mit dir rausgehen möchte, aber du nimmst es trotzdem hin. Das meine ich mit hinnehmen. Du lässt es körperlich zu, dass du mit ihm rausgehst und deine Zeit für etwas opferst, was du eigentlich nicht willst. Du ziehst keine klaren Grenzen im Physischen, indem du sagst: »Bis hierhin und nicht weiter«, aber du ziehst ganz klar Grenzen in deinem Geist. Du sagst dir Sachen wie: »Wie kann man nur so blöd sein? Merkt der nicht, dass ich keine Lust habe? Der muss doch selbst mal auf den Trichter kommen, dass ich andere Sachen zu tun habe. So ein Idiot.« Damit verurteilst du dieses Verhalten in ihm, und deshalb ziehst du es auch die ganze Zeit an. Es ist, weil du Grenzen nur in deinem Kopf ziehst.

Du hast einfach nicht die Eier in der Hose, um Nein zu sagen, weil du unbedingt gemocht werden willst, um nicht in deinen Schatten schauen zu müssen. Das ist der Grund, warum du die Dinge da draußen geistig nicht akzeptieren willst, sie aber körperlich hinnimmst. Wenn du es nämlich umdrehen würdest und auf materieller, physischer, körperlicher Ebene all das nicht mehr hinnehmen würdest, was dir an dieser Welt nicht passt, und gleichzeitig dennoch alles akzeptieren und einsehen würdest, dass es bis hierhin vollkommen in Ordnung ist, dass die Dinge so sind, wie sie sind, dann würdest du ein viel leichteres Leben führen, das verspreche ich dir.

Alles ist möglich, nichts muss aber so sein. Das bedeutet, es ist einfach wichtig, diese Realität zu akzeptieren, auch wenn es paradox scheinen mag. Wenn du also sagst, dass ich ein dummes, hässliches Arschloch bin, dann hast du vollkommen recht. Du hast die absolute Berechtigung, mich abzulehnen. Weißt du, warum? Weil du zählst. Deine Meinung und deine Emotionen zählen für mich, und zwar weil du genauso ein Teil von diesem Leben bist wie ich und in keiner Weise mehr oder weniger wert, nur weil du eine bestimmte Realität für dich selbst vertrittst. Was soll das denn schon über mich aussagen, wenn du glaubst, dass ich ein Arschloch bin? Was spielt das für eine Rolle?

Du merkst vielleicht, ich habe schon ordentlich in meinem Unterbewusstsein aufgeräumt, und das wirst du nun auch lernen. Bis hierhin, hoffe ich, hast du verstanden, dass es eben daran liegt, dass dort ein inneren Widerstand in dir ist, weshalb du so leidest. Es ist, weil du glaubst, dass es, egal, was die Menschen da draußen sagen oder tun, ein persönlicher Angriff gegen dich ist.

Du bist so in dich selbst verliebt, dass du wirklich glaubst, die Welt ist einzig und allein dein Schauplatz. Du kleines selbstverliebtes Arschloch. Wenn dich das getriggert hat oder emotional gemacht hat, dann hast du hier schon mal das perfekte Beispiel dafür, dass da etwas in dir ist, was einen emotionalen Widerstand gegen meine Aussage hat. Warum? Weil du kein selbstverliebtes Arschloch sein willst. Warum nicht? Weil selbstverliebte Arschlöcher in der Regel nicht gemocht werden und abgelehnt werden. Das würde ja bedeuten, dass du weniger wert bist. Was wäre aber, wenn du es einfach annimmst? Was wäre, wenn du meine Aussage einfach akzeptierst und dir sagst: »Ja klar. Selbstverständlich bin ich ein selbstverliebtes Arschloch. Schön, dass es dir aufgefallen ist«? Würde sich der Widerstand dann nicht in Luft auflösen?

Stattdessen willst du dich aber vielleicht verteidigen. Wenn ja, dann hast du hier den perfekten Beweis dafür, dass du selbst schuld an deinem miserablen Leben bist. Was hält dich denn davon ab, genau das zu tun, was ich dir gerade empfohlen habe? Du oder dein Ego? Dein Ego natürlich. Du würdest es dankend annehmen und einfach darüber lachen. Der Diamant in dir hat kein Problem mit solchen Aussagen, weil er weiß, dass alles wahr ist. Wenn ich also sage, dass du ein dummes Arschloch bist, dann stimmt das. Es spricht nichts dagegen, es auf geistiger Ebene hinzunehmen. Wenn du jedoch ein Problem damit hast oder es dir im Weg steht, dass ich dich andauernd beleidige, dann wäre der nächste Schritt ganz einfach, den Kontakt mit mir zu reduzieren, ohne viel Gedankenkraft dafür zu verschwenden. So simpel kann das Leben sein.

Darum geht es nämlich. Es geht darum, diese Trigger zu erkennen, die dir zeigen, wenn du emotional reaktiv wirst. Was sind also Situationen in deinem Leben, die immer wieder aufkommen und eine emotionale Reaktion in dir auslösen? Deine Mutter, die dir ständig sagt, was du zu tun hast? Deine Freunde, die dumme Witze über dich reißen? Dein Partner, der sich heute nicht gemeldet hat? All das sind Wünsche, oder? Du wünschst dir, dass deine Mutter normal mit dir redet. Du wünschst dir, dass deine Freunde respektvoll mit dir sprechen, du wünschst dir, dass dein Partner sich regelmäßig meldet.

Wenn wir die Formel von vorhin anwenden, dann können wir all das, was wir bisher gelernt haben, auch hier benutzen. Wir wollen also etwas haben. Nehmen wir das letzte Beispiel. »Mein Partner soll sich öfters melden!« Jetzt ist die Frage: »Warum?« Nun ist es wichtig, extrem ehrlich zu dir zu sein. »Weil ich das Gefühl haben will, dass ich liebenswert bin.« Warum also willst du dieses Gefühl haben? Ganz einfach, weil du glaubst, dass du nicht liebenswert bist, richtig? Heißt also, das größte Problem hier ist, dass du einfach all die Emotionen, die du dir von dort draußen wünschst, nicht selbst kreieren kannst.

Du merkst, es gibt also einen Prozess. Du musst zuerst den Schmerz, also deinen Schatten, identifizieren, und dir dann selbst das geben, was du so sehr in anderen Dingen oder Menschen suchst. All das ist nämlich bereits in dir. Du musst einfach nur verstehen, wie du es abrufen kannst (»Wie erschaffe ich meine Emotionen selbst?«), und genau das werden wir jetzt als Nächstes tun.

Es ist an der Zeit, den Endspurt einzuleiten und zu dem Punkt zu kommen, weshalb du dieses Buch überhaupt in die Hand genommen hast.

KAPITEL 8

BILDER IM KOPF

DER WEG ZUR BEFREIUNG

Vielleicht begreifst du jetzt, das es etwas in dir gibt, was nicht zulassen will, dass du all das, was du dir im Leben wünschst, erreichst. Nicht, weil es böse ist oder ein Problem mit dir hat, sondern weil es dich beschützen will. Es nimmt einfach nur die Informationen, die es bekommen hat, und versucht, das Allerbeste daraus zu machen. Wenn deine Eltern, deine Freunde oder Bekannten dir dein ganzes Leben lang erzählt haben, dass Geld böse ist, oder deine Eltern dir ständig ein Beispiel dafür waren, wie viel Streit es in der Familie gibt, wie kannst du denn dann bitte etwas Besseres daraus machen, wenn du gar nicht die Informationen hast, die darüber hinausgehen? Es geht eben nicht. Ganz egal, wie sehr du es versuchst.

Wenn du anhand deiner Erinnerungen versuchen willst, dein Leben zu verändern, dann kannst du es vergessen. Weißt du, warum? Weil es eben nur deine Erinnerungen sind. Was, glaubst du, unterscheidet dich und jemanden, der bereits dort ist, wo du eigentlich hinwillst? Na, dass diese Person bereits mehr Erinnerungen gesammelt hat als du. Diese Person hat mehr Informationen und ist dir deshalb auch so einige Schritte voraus. Und wenn diese Person schlau ist, dann orientiert sie sich auch an jemandem, der ihr ein paar Schritte voraus ist und mehr Erfahrung hat. Warum ist das so wichtig? Wenn du in deinem Leben nur den Hammer als Werkzeug kennengelernt hast, dann wird für dich jedes Problem ein Nagel sein. Was ist aber, wenn du mal einen Schraubendreher brauchst? Wie willst du ihn benutzen, wenn du nicht mal weißt, dass es so etwas wie Schraubendreher gibt? Das ist eben dein größtes Problem. Du arbeitest nur mit den Informationen, die du bisher hast, und diese werden dich auch immer nur bis dahin bringen, wo du jetzt gerade bist. Sie können dich gar nicht darüber hinausbringen.

Das bedeutet: Wenn du mit deinem Denken versuchst, ein Problem zu lösen, dann ist es gar nicht möglich. Dein Denken bringt dich nur in immer wiederkehrende und gleiche Muster hinein, die immer wieder nur auf dieselben Erinnerungen zurückgreifen. Wenn du nämlich ein Problem in der Zukunft lösen willst, indem du auf die Vergangenheit zugreifst, was willst du dann an neuen Informationen aus der Vergangenheit ziehen, außer denen, die du bisher hast? Wenn deine Eltern eine unglückliche Beziehung geführt haben und du nun selbst in einer bist, die nicht so gut verläuft, und dich jetzt fragst: »Hm ... wie könnte ich diese Beziehung jetzt verbessern?«, und dann auf dein Denken zurückgreifst, dann schaut es in die Vergangenheit. Und was soll es denn da bitte finden?

Nichts. Absolut nichts, außer das bereits Bekannte. Erinnerst du dich noch an die unbewusste Inkompetenz? Es gibt Dinge, von denen weißt du noch nicht mal, dass du sie anwenden kannst. Wie aber kannst du denn nun auf diese Informationen zugreifen?

Wir haben ja bereits von der Energie um dich herum gesprochen. Diese Energie ist ein Meer voller Informationen. Genau so, wie das Wasser um den Fisch herum Informationen enthält, so enthält die Energie um dich herum Informationen. Diese sind nicht nur auf deine Erinnerungen beschränkt, nein, sie enthalten jegliche Information, die es überhaupt gibt. Ja, das mag sich schon ziemlich verrückt anhören, aber es ist tatsächlich der Fall, und das wirst du merken, sobald du lernst, darauf zuzugreifen. Ich gehe stark davon aus, dass du nun brennend daran interessiert bist, wie du auf diese Informationen zugreifen kannst, oder?

Es ist ganz einfach, und ich habe es schon angesprochen. Fühl dich so, als hättest du bereits erhalten, was du dir so sehr wünschst. Jetzt verstehst du vielleicht, warum das Gefühl so unfassbar wichtig ist. Es ist die absolute Grundlage dafür, um Dinge in dein Leben zu ziehen, die du dir wirklich wünschst. Die Menschen früher haben es »beten« genannt, die Menschen heute nennen es vielleicht »manifestieren«, aber am

Ende ist es einfach nur eine Sache: *Sei.* Geh in das Gefühl hinein, als hättest du all das, was du dir so sehnlich wünschst, bereits erhalten, und es wird zu dir kommen.

Damit diese Dinge in dein Leben kommen, musst du nämlich der passende Container dafür sein, und wenn diese Dinge, die du so sehr willst, nicht in dich hineinpassen, dann werden sie auch nicht kommen. Das heißt, es gibt da draußen für jeden Topf einen Deckel, aber bist du jetzt gerade auch der richtige Topf? Jetzt verstehst du vielleicht, warum es so wichtig ist, all die alten Lasten und Überzeugungen loszuwerden, aber auch gleichzeitig neue Überzeugungen in dich hinein zu installieren. Dafür sind zwei Dinge extrem wichtig. Lerne, in dein Herz zu kommen, um das Gefühl zu erschaffen, das nötig ist, um die Situation, die du dir so sehr wünschst, so realistisch wie möglich nachzuempfinden – und dann gib mit deinem Kopf ein Bild vor, das du dir wünschst, damit dein Geist eine bestimmte Richtung hat, in die er arbeiten kann. Was bedeutet das nun aber konkret?

Erinnere dich an die Bewusstseins- oder Energieskala: Es gibt einmal solche Emotionen, die unterhalb der Neutralität liegen und im Mangel sind, also niedere Emotionen; und es gibt welche, die oberhalb der Neutralität liegen, also erhöhte Emotionen. Diese erhöhten Gefühle sind es, die du brauchst, um wahre Anziehung aufzubauen. Der Schlüssel liegt darin, diese erhöhten Gefühle so lange wie möglich aufrechtzuerhalten. Wir müssen wie gesagt aktiv dafür sorgen, dass das Licht erhalten bleibt. Dafür musst du lernen, Folgendes zu tun: Lerne, die Macht der Dankbarkeit für dich zu nutzen.

Jeden Morgen und jeden Abend ist dein Geist in einer sehr verwundbaren Phase. Das heißt: Immer in diesen Momenten nimmt dein Geist Informationen sehr viel tiefer wahr. Wenn du merkst, dass du morgens noch in einem schläfrigen Modus bist, bei dem du vielleicht gerade noch der Traumwelt entfleuchst, um wieder zurück in diese reale Welt zu kommen: Das ist der Moment, in dem dein Unterbewusstsein besonders aktiv ist. Hier kann es am meisten aufnehmen.

Aber was tun wir meistens gleich morgens? Entweder der Wecker klingelt, und wir drücken ihn weg. Damit sagen wir unserem Unterbewusstsein indirekt: »Hey ... Ich bin ein Versager und halte mich nicht daran, was ich mir eigentlich vorgenommen habe ...« Oder wir greifen zum Handy und konsumieren Social Media, nur um lauter Trash-Informationen in uns hineinzustopfen. Was glaubst du, was das für eine Auswirkung auf unseren Geist hat? Definitiv keinen guten. Und glaub mir, es hat einen sehr viel schlimmeren Effekt auf deine Psyche, als du denkst. Das Schlimme dabei ist, dass es schleichend passiert und du es noch nicht einmal mitbekommst.

Dann haben wir noch eine Phase, in der wir und unser Unterbewusstsein besonders verwundbar sind, und zwar abends, kurz bevor wir uns schlafen legen. Was machen viele Menschen zu dieser Zeit? Sie gucken sich irgendwelche Serien an, die voll mit Drama sind, oder irgendwelche Horrorfilme, die Angstzustände in einem auslösen. Was, glaubst du, wird das wohl mit deinem Geist machen? Das ist auch einer der wichtigsten Gründe, warum dein Leben so miserabel ist. Du programmierst dich immer weiter und weiter in die Scheiße hinein.

Was wäre aber, wenn du es ab heute anders machen würdest? Was wäre, wenn du ab heute nach dem Aufstehen immer einen Ort aufsuchen würdest, an dem du meditierst? Und während du in die Meditation gehst, versuchst du alles Mögliche, um in das Gefühl der Dankbarkeit zu kommen.

Ich will dir das Ganze mal an meinem Beispiel erklären, damit du es ähnlich oder ebenso machen kannst. Jeden Morgen stehe ich sofort nach dem Aufwachen auf, damit ich nicht im Bett liegen bleibe und nachdenke, denn jede Sekunde, die ich nachdenke, könnte dafür sorgen, dass sich ein negativer Gedanke einschleicht, der mir den ganzen Tag vermiesen könnte. Damit das nicht passiert, lass ich auch mein Handy schön beiseite. Fass das Ding nicht an. Ich lasse mir Zeit, bis es Mittag ist, also circa zwölf Uhr, und dann nehme ich das Ding überhaupt erst in die Hand. Aber zurück zum Morgen. Ich stehe also auf, sofort, kein Handy oder sonstige Medien. Was ich dann tue, ist, eine eiskalte Dusche zu nehmen, damit ich eine Herausforderung des Tages bereits hinter mir habe. Was signalisiere ich meinem Unterbewusstsein damit? »Ich habe gesiegt! Ich habe etwas überwunden, worauf ich gar keine Lust habe! Ich bin ein Gewinner!«

Sobald das passiert ist, gehe ich zu meinem ganz besonderen Sessel, den ich einzig und allein für eine einzige Sache benutze, und zwar, um zu meditieren. Wie meditiere ich? Ich setze mich in den Schneidersitz und atme erst einmal tief durch. Ich konzentriere mich auf meinen Atem und beobachte, wie er durch meinen Körper fließt. Ich stelle mir vor, wie er in mein Herz wandert und dann zurück, damit ich ihn wieder aus der Nase oder dem Mund herauslassen kann. Mein Rhythmus ist: vier Sekunden hinein und dann vier Sekunden hinaus.

Sobald das ein paar Minuten gelaufen ist, gehe ich zum nächsten Schritt über. Ich bin dankbar. Hier ist der Schlüssel: Dankbarkeit. Warum sollte das der Schlüssel sein? Weil Dankbarkeit bedeutet, dass du etwas bekommst. Eine Sache, die die meisten Menschen nicht wissen, ist, dass ihr Gehirn nicht unterscheiden kann, ob es echt oder nicht echt ist. Das bedeutet: Wenn du dir vorstellst, dass du auf einem Hochhaus stehst und gerade herunterguckst, weil du kurz davor bist, zu fallen oder zu springen, dann wird es eine körperliche Reaktion geben. Die meisten Menschen denken ständig darüber nach, was sie wollen, aber was sagen sie damit gleichzeitig über sich aus? Es wurde schon gesagt: dass ihnen etwas fehlt. Das ist eben das, was sie jeden Tag ins Universum ausstrahlen. Wenn du das unbedingt ausstrahlen willst, dann herzlichen Glückwunsch: Du hast ein Ticket zum Unglück. Wenn du jedoch in Glückseligkeit leben willst, dann lerne, in die Dankbarkeit zu kommen. Wie gesagt: Dein Gehirn versteht nicht, ob das, was da draußen passiert, wirklich passiert oder nicht. Das Einzige, was es tut, ist, die Impulse wahrzunehmen und dann umzuwandeln. Das bedeutet: Wenn du die Augen schließt und dir vorstellst, wie du etwas bekommst, sendest du ganz bestimmte Informationen an die Schaltzentrale, und zwar:

»Ah ... Okay ... Ich verstehe. Ich bin ein Mensch, der Dinge bekommt. So sollte ich mich also am besten auch verhalten.« Dementsprechend fängt es an, sich in diese Richtung zu entwickeln.

Es wurde immer gesagt, dass du nichts mehr tun kannst, damit sich deine Überzeugungen verändern, sobald du ein bestimmtes Alter erreicht hast. Doch das stimmt nicht. Dein Gehirn ist plastisch, was heißt: Es bleibt immer veränderbar, und es passt sich genau dem an, was du ihm zusendest. Dadurch, dass du das tust, formst du dein Gehirn, ganz genau so, dass es die nötigen Informationen erhalten kann, um das Leben zu kreieren, das du dir eigentlich wirklich wünschst.

Das bedeutet: Sobald du dich hingesetzt hast und tief durchatmest, um in dein Herz hineinzuspüren, nimm dir genug Zeit und konzentriere dich wirklich auf das Klopfen deines Herzens. Wenn du es nicht sofort schaffst, dann kannst du auch deine Hände darauflegen, damit du ein besseres Gefühl dafür bekommst. Sobald du bemerkst, wie deine Aufmerksamkeit immer mehr und mehr zum Herzen wandert, versuche, dich in die Situation hineinzuversetzen, in der dir jemand etwas gibt, worüber du dich unfassbar freust. Stell dir vor, dir überreicht gerade jemand ein großartiges Geschenk, das dir genau das Gefühl gibt, das du dir schon so lange gewünscht hast. Spüre dabei, wie die Dankbarkeit durch deinen Körper zieht und ein Lächeln in dein Gesicht zaubert. Das ist der schnellste Weg, um in ein Gefühl von Dankbarkeit zu kommen, das du immer wieder abrufen kannst.

Sobald du in die Dankbarkeit gekommen bist, hast du bereits ein Fundament der Fülle errichtet. Jetzt musst du in deinem Geist noch ein Bild malen, das du mit dieser Fülle unterstützen möchtest, also etwas visualisieren. Als Nächstes brauchst du also ein bildliches Signal, sodass dein Geist weiß, in welche Richtung er gehen soll.

VISUALISIERUNG

Die wenigsten Menschen sind sich über die Macht der Visualisierung im Klaren. Visualisierung bedeutet, deine Vorstellungskraft zu nutzen, um deine persönliche Performance zu verbessern und dein Umfeld sowie dein gesamtes Leben neu umzuformen. Es ist also die Fähigkeit, deine Vorstellungskraft dazu einzusetzen, um Bilder zu kreieren, die deine Wunschträume unterstützen. Bist du schon mal kurz vorm Einschlafen erschrocken, weil du dachtest, du fällst gerade? So ähnlich kannst du dir das Ganze vorstellen. Dir muss eben eine Sache unbedingt bewusst werden: Alle deine Emotionen sind an Bilder geknüpft. In deinem Kopf ist eine riesige Kollektion von Bildern, beinah wie ein Fotoalbum oder, noch besser gesagt, wie ein Videoalbum. In deinem Kopf findet YouTube höchstpersönlich statt. Jedes Mal, wenn du eine Emotion hast, dann läuft unterbewusst ein Bild oder es laufen gleich mehrere Bilder durch deinen Kopf. Probier es einfach mal aus. Stell dir eine Situation in deinem Leben vor, die dich wirklich glücklich gemacht hat, oder eine, die dich wirklich traurig gemacht hat. Wirf dich zurück in diese Vorstellung und schau, was geschieht. Du fängst an, Emotionen zu fühlen, die sich durch deinen Körper ziehen.

Was, glaubst du, passiert nun mit deiner körperlichen Haltung, wenn du dabei an etwas Trauriges denkst? Sehr wahrscheinlich wirst du den Kopf senken und die Schultern nach vorn fallen lassen. Was, glaubst du, passiert mit den Menschen um dich herum, wenn sie dich so sehen könnten? Sie würden dich auch so behandeln, wie du dich gerade fühlst. Und das wird der Punkt sein, an dem sich dein Schicksal immer mehr erfüllt, denn sobald sie dich so behandeln, wie du dich fühlst, fängst du an, immer mehr Gedanken daran zu verlieren, dass du so bist, wie sie dich behandeln. Dadurch geht dein Kopf noch weiter nach unten, und die Menschen sehen dich noch schwächer als zuvor, worauf sie dich wieder so behandeln. Dieser Kreislauf geht dann immer weiter, und so formt sich Schritt für Schritt dein Schicksal.

Was also solltest du tun, um diesen Kreislauf zu durchbrechen? Etabliere neue Gefühle. Erst dann kannst du ein neues Leben erschaffen. Damit du neue Bilder kreieren kannst, musst du das Visualisieren eben trainieren und daran glauben, dass es funktioniert.

Der Forscher Dr. Blaslotto von der Universität von Chicago hat 1996 eine Studie durchgeführt, in der er drei Gruppen von Basketballspielern daraufhin testete, wie viele Freiwürfe sie schafften. Dann forderte er sie auf, sich für die nächsten 30 Tage mit den folgenden Dingen zu beschäftigen:

- Gruppe 1 hatte die Aufgabe, täglich in die Halle zu kommen und eine Stunde Freiwürfe zu trainieren.
- Gruppe 2 sollte sich nur vor ihrem inneren Auge vorstellen, wie sie Freiwürfe übt.
- Gruppe 3 sollte absolut nichts dergleichen tun.

Nach 30 Tagen testete er sie erneut

- Gruppe 1 erreichte eine Verbesserung um 24 Prozent.
- Gruppe 2 erreichte eine Verbesserung um 23 Prozent.
- Gruppe 3 erreichte gar keine Verbesserung.

Es bestand also lediglich *ein Prozent* Unterschied zwischen denjenigen, die wirklich geworfen, und denen, die es sich einfach nur vorgestellt hatten!

Die meisten Menschen unterschätzen die Macht der Visualisierung absolut, doch es ist eine der stärksten Fähigkeiten, die du hast. Sobald du das Gefühl von Fülle an ein Bild koppelst, wirst du bemerken, dass sich diese Dinge immer weiter nähern. Dann musst du das Ganze einfach nur noch zulassen.

Wenn du bereit bist, ein neues Leben zu realisieren, ist es also sinnvoll, dass du dich immer wieder an denselben Ort setzt, an dem du in die Dankbarkeit gehst und visualisierst. Dabei ist es wichtig, ein Bild zu kreieren, das du dir von Herzen wünschst. Ganz egal, ob es die Liebesbeziehung ist oder das Haus am Strand. Stell dir vor, wie es jetzt gerade bereits geschieht. Fang an, es auf der Haut zu fühlen, zu riechen, zu schmecken, benutze so viele Sinne wie möglich, um die Situation zu simulieren und nachzuahmen, sodass du in das ideale Gefühl kommst. Nimm dir vor, das Ganze erst mal für die nächsten 30 Tage zu machen und jeden Morgen oder jeden Abend diese Visualisierung durchzuführen.

Das ist aber noch nicht alles. Als Nächstes ist es wichtig, dass du auch über den Tag verteilt immer wieder in dieses Gefühl hineingehst. Das bedeutet: Wenn du an der Kasse stehst, wenn du auf den Zug wartest, wenn du gerade mit nichts beschäftigt bist und aus dem Fenster guckst, geh immer wieder in dieses Gefühl hinein, um diesen emotionalen sowie mentalen Strang in deinem Geist zu stärken. Es ist wie ein Seil. Je mehr Fäden du um dieses Seil herumziehst, umso stärker wird es und umso eher werden deine Wünsche realisiert. Doch dafür musst du das Ganze wirklich beständig machen. Schaffst du es nicht, das Ganze beständig zu halten, wirst du merken, dass es langsam, aber sicher abbricht, weil du in alte Muster zurückverfällst. Ich rede nicht davon, dass du alles aufgeben sollst, wenn du mal einen Tag ausgelassen hast, aber wenn du zu viele Tage hintereinander alles schleifen lässt, dann wirst du merken, dass das Ganze keine Früchte tragen kann.

Solltest du es nicht auf Anhieb hinbekommen, so wie viele Sachen, die wir uns oftmals im Leben vornehmen, dann mach dir nichts draus und verurteile dich nicht dafür, sondern fang einfach noch mal an. Es ist nichts Schlimmes daran. Du wirst bemerken, dass du eine Wesensveränderung hinlegen wirst, wenn du dranbleibst. Der Fokus ist eins der wichtigsten Dinge, wenn nicht das Allerwichtigste, die es gibt, wenn es darum geht, etwas in deinem Leben zu erreichen. Deshalb fokussiere dich darauf, was du haben willst, und fühl dich, als hättest du es bereits.

In meinem Coaching gehen wir auf dieses Thema sehr viel tiefer ein, aber hier will ich dir ebenfalls ein paar Schritte geben, wie du das Ganze noch verbessern kannst. Da wir Menschen visuelle Wesen sind, ist es unfassbar wichtig, mit Bildern zu arbeiten. Welche Bilder siehst du tagtäglich? Sind es Dinge, die etwas mit deinen Wünschen zu tun haben, oder eher Dinge, die jeder andere auch guckt? Beispielsweise die Serien, die gerade im Trend sind, oder die YouTube-Videos, die jeder mag? Wenn du dasselbe schaust, was alle schauen, dann kannst du auch nur dasselbe Ergebnis erwarten, wie es die anderen haben. Wenn du erfolgreich sein willst, dann schau dir nur noch Orte, Dinge, Menschen an, die ebenfalls an diesem Punkt sind, wo du hinwillst. Wenn du sagst, du möchtest finanziell unabhängig sein, um eines Tages reisen zu können, soviel du willst, dann geh auf YouTube und schau nur noch Videos von Reiseorten oder weißen Stränden sowie blauem, frischem Wasser, klaren Bächen, reinen Wasserfällen auf tropischen Inseln. Lass dich davon inspirieren und etabliere immer wieder das Gefühl davon in deinem Herzen. Wie sieht es denn mit deiner Wohnung oder deinem Zimmer aus? Hast du dort Poster oder Ähnliches hängen? Häng Bilder dorthin, die mit deinen Träumen zu tun haben. Was ist mit deinem Desktop? Welches Bild siehst du tagtäglich, wenn du auf deinen Bildschirm guckst? Wie sieht es mit deinem Handy-Screen aus? Welches Bild ist dort zu sehen?

All diese Bilder bewirken starke Veränderungen in deinem Geist, da kannst du dir sicher sein, aber es ist vor allem die Wiederholung, die hier eine wesentliche Rolle spielt. Damit es eine regelmäßige Wiederholung gibt, ist es wichtig, dein Umfeld so zu gestalten, dass es deinen Geist unterstützt. Wir Menschen wissen inzwischen, was für einen unfassbaren Einfluss unser Umfeld auf unseren Geist hat. Also warum nicht einfach unser Umfeld verändern, damit es Einfluss auf unseren Geist hat, damit dieser wiederum Einfluss auf unser Umfeld hat und sich dadurch ein Loop nach oben bildet?

Auch hier siehst du, wie wir indirekt in unser Schicksal eingreifen können. Alles, was du dazu tun musst, ist also, regelmäßig in dieses Gefühl hineinzugehen. Bau am besten noch Erinnerungen in Form von Weckern oder Klingeltönen in dein Handy ein, damit du immer wieder daran erinnert wirst, in dieses Gefühl einzutauchen, sodass es sich ordentlich formen kann.

Hast du das Ganze erst einmal in den Griff bekommen, kommt der wirklich schwere Teil. Ich hatte ja bereits mehrmals erwähnt, dass ein »Ja« viele »Neins« kostet, und ebendas ist hier das Ding. Sobald du anfängst, in ein neues Licht zu kommen, kann es sein, dass du sehr viele damit blendest und störst, dass du einen Schatten in ihnen wirfst, wodurch sie alles versuchen werden, um dich wieder zurückzuholen, damit sie wieder ruhig schlafen können. Damit du verstehst, was ich meine, lass mich noch einmal ordentlich ausholen und auf das Thema »Umfeld« zu sprechen kommen. Ich denke, das hier wird eins der interessantesten Kapitel in diesem Buch, denn es bereitet den meisten Menschen da draußen am allermeisten Kopfschmerzen.

HOHE MAUERN, DIE DICH SCHÜTZEN

Am Anfang haben wir darüber gesprochen, dass das Gefühl zuerst kommt. Als Nächstes haben wir klargestellt, dass du zuvor natürlich wissen musst, was du im Leben überhaupt willst, da du ja sonst gar kein Gefühl hast, welches du etablieren willst. Dann haben wir geklärt, dass die meisten Menschen aber ein großes Problem damit haben zu entscheiden, was sie wollen, da sie zu viele Auswahlmöglichkeiten haben, weshalb du den Mut fassen solltest, eine Sache auszuwählen und dabei zu bleiben. Du kannst ein Gefühl nur etablieren, wenn du das Konzept von Richtung und Falsch endlich fallen lässt.

Damit das passieren kann, ist es notwendig, dass dein Bewusstsein verstärkt wird, da du nur so einen massiven Fokus aufbauen kannst. Auf dem Weg, diesen Fokus aufzubauen, werden viele Hindernisse vor dir liegen, beispielsweise die Angst vor Fehlern oder dem Scheitern. Dazu gehört auch die Angst vor Ablehnung, doch wenn du es schaffst, deinen Fokus aufrechtzuerhalten, dann wird die Vision immer größer und größer werden, sodass deine Angst kaum noch so eine große Rolle spielt. Weiterhin haben wir darüber gesprochen, dass du aufhören musst zu wollen, da du sonst in deinem Selbstbild jemand bist, dem oder der etwas fehlt. Damit du jedoch neue Dinge in dein Leben ziehst, musst du im Selbstbild bereits die Person sein, die all das, was sie sich wünscht, bereits verdient hat.

Schaffst du es, dieses Selbstbild aufrechtzuerhalten, wirst du Schritt für Schritt an deine Ziele kommen, doch dabei wird es wie gesagt Hindernisse geben, und zwar auf mentaler, emotionaler sowie körperlicher Ebene. Auf mentaler Ebene ist es vor allem die Verurteilung oder Idealisierung von anderen Menschen. Auf emotionaler Ebene ist es das Festhalten an alten Mustern, die noch in dir sitzen, und auf körperlicher Ebene ist es das Beibehalten von alten Gewohnheiten, statt neue zu formen.

Darüber hinaus gibt es aber noch etwas, was dich aufhalten kann und dir Steine in den Weg legen wird, und zwar dein Umfeld. Damit meine ich nicht dein Zimmer oder deinen Desktop, sondern ich sprach ja schon davon: die Freunde, Bekannten, Verwandten und so weiter. All diese Menschen sind dir sicherlich ans Herz gewachsen und dir unglaublich wichtig, aber ich weiß jetzt schon, dass es welche unter ihnen gibt, die dir deinen Erfolg oder dein Leuchten niemals gönnen werden. Das bedeutet jetzt nicht, dass du sie alle in den Wind schießen sollst, sondern dass du verstehen musst, wie du mit solchen Dingen umgehst. Dafür will ich dir das Konzept vom Pendeln empfehlen. Der ehemalige russische Quantenphysiker Vadim Zeland hat dieses Beispiel in seiner Buchserie *TransSurfing. Die Realität ist steuerbar* vorgestellt, und ich denke, es ist die einfachste Weise, um das Ganze richtig zu verstehen.

Du musst dir vorstellen, dass es da draußen lauter Pendel gibt. Falls du schon mal ein Pendel gesehen hast, dann weißt du, dass diese Dinger die ganze Zeit hin- und herschwingen. Sobald ein neues Pendel in die Gegenwart des alten kommt, schwingt es einfach mit dem alten mit. Nun sind es schon zwei Pendel, die miteinander schwingen. Sollte ein drittes hinzukommen, wird dasselbe passieren. Das bedeutet: Es gibt Pendel da draußen, die alles dafür tun, damit du mitschwingst. Dabei gibt es nicht nur positive, sondern auch äußerst negative Pendel, die dort draußen sind. Das bedeutet: Vielleicht ist dir schon einmal aufgefallen, dass es Menschen gibt, die sich andauernd nur beschweren und aufregen, und wenn du dich in die Diskussion mit ihnen einlässt, fühlst du dich bereits grottenschlecht, sobald du auf dem Nachhauseweg bist, ohne dass du weißt, wie dir geschieht. Woran liegt das aber? Es liegt daran, dass du dich in ihr negatives Pendel hast einwickeln lassen, ganz einfach. Was bedeutet es aber, sich in ein Pendel einwickeln zu lassen?

Es bedeutet, diesem Pendel Energie zu schenken, ganz egal, ob es positive oder negative ist. Sobald du anfängst, mit einem Menschen darüber zu diskutieren, wie toll oder wie schlecht er doch ist, hast du bereits verloren und bist in die Realität und das Pendel dieses Menschen eingesogen worden. Ich habe ja oft genug erwähnt, dass es so etwas wie Richtig oder Falsch nicht gibt. Wenn ein Mensch aber davon überzeugt ist, dass die Welt ein böser Ort ist und du der Grund dafür bist, dann ist das so, und dann hat diese Person das Recht dazu. Wenn du jedoch anfängst, mit diesem Menschen zu diskutieren, was sagt das dann über dich und deine geistige Haltung aus? Dass du noch nicht okay damit bist, dieser Person ihr Recht zu geben, sondern dein Recht durchsetzen willst. Das bedeutet: Du versuchst, ihr deine Realität aufzuzwingen. Eben dadurch entsteht eine riesige Diskussion, und dann bist du an dem Punkt, an dem dir unglaublich viel Energie entzogen wird. Der Grund, warum du also in ihre Realität eingewickelt wirst, ist, weil du nicht weißt, wie du richtig reagieren sollst, wenn jemand versucht, dir deine Realität schlechtzureden oder dich einzuwickeln.

Hast du schon mal Freunde gehabt, die dir Schuldgefühle gemacht haben? Beispielsweise indem sie angefangen haben, dir zu sagen, dass das, was du tust, vollkommen unsinnig ist? Das heißt, sie standen auf ihrem Basketballfeld und haben verurteilt, dass du Fußbälle schießt, und du hast dich auch noch darauf eingelassen. Macht es wirklich Sinn, mit Menschen zu diskutieren, die auf einem vollkommen anderen Spielfeld sind? Denkst du nicht, dass das eine vollkommen hoffnungslose Situation ist? Warum sollte sich jemand, der Basketball liebt, vom Fußball überzeugen lassen? Auch wenn es so unglaublich unsinnig klingt: Das ist es, was wir die ganze Zeit tun. Warum? Weil wir emotional getriggert werden und glauben, wir müssten uns verteidigen, aber das ist kompletter Unsinn. Du musst gar nichts. Alles, was du tun musst, ist, so gut wie möglich du selbst zu sein. Damit meine ich, bei vollkommener Bewusstheit eine Rolle zu wählen, die momentan perfekt zu dir passt, und diese dann mit aller Kraft aufrechtzuerhalten, ohne ständig mit anderen darüber zu diskutieren, ob es in Ordnung ist oder nicht.

Dafür brauchst du folgende Dinge. Sei bewusst genug, wähle, was du im Leben haben willst, folge den nötigen Schritten, um diese Dinge zu erreichen, löse deine inneren Trigger und diskutiere nicht mit Leuten, die gar nicht auf deinem Spielfeld sind. Sorge dafür, dass du die nötigen Emotionen erschaffst, um ein Grundgefühl zu etablieren, das auf der Energie schwingt, in der du leben willst, und dann sorge dafür, dass diese Energie aufrechterhalten bleibt – wie ein Torwart, der keine Bälle mehr reinlässt. Das bedeutet: Wenn jemand versucht, ein Tor zu schießen, dir Schuldgefühle zu machen, dich runterzureißen, dann halte die Stellung, sodass du nicht runtergerissen werden kannst. Wie du das hinbekommst, erkläre ich dir auf den nächsten Seiten, damit es aber ein besseres Verständnis dafür gibt, was ich dir erklären will, lass uns einmal mit dem folgenden Modell arbeiten, welches auf der Energieskala aufbaut, die wir uns bereits angeschaut haben. Sobald du dieses Modell verstehst, wird dir so einiges sehr viel klarer werden, denn über die letzten Jahre habe ich eins und eins zusammengezählt, um auf ein Modell wie dieses zu kommen, damit jedermann verstehen kann, was es bedeutet, seine eigene Realität zu schaffen und diese dann auch aufrechtzuerhalten.

WILLKOMMEN IN DER MATRIX

Um in eine Energie zu kommen, solltest du so gut wie möglich die nötigen Emotionen erschaffen, um ein gewisses Gefühl aufzubauen, welches mit der Energie, die du dir wünschst, resoniert und sozusagen auf derselben Welle schwingt. Lass uns jetzt diese Energieskala noch einmal erweitern um ein paar Begriffe, die wir bereits verwendet haben. Wir haben ja schon darüber gesprochen, dass es so etwas wie Ursache und Wirkung gibt. Das bedeutet: Wenn ich aus einer gewissen Höhe springe, dann lande ich definitiv auf dem Boden. Das ist etwas, was vollkommen unvermeidlich ist. Darüber hinaus haben wir ja auch darüber geredet, dass alles dem Geist entspringt, also dass Ideen zuerst im Geist anfangen und dann erst zu Materie und realisiert werden. Nun gut, dann lass uns die Matrix folgendermaßen aufspalten. Wenn der Geist zuerst kommt, dann könnten wir sagen, dass dieser die Ursache ist. Die Materie wäre dann die Wirkung, die aus dem Geist entspringt. Du erinnerst dich? Aktion und Reaktion? Das Ganze würde dann aussehen wie in der Abbildung dargestellt.

Der Strich waagerecht, der in der Mitte ist (etwa bei der Neutralität), trennt Mangel und Fülle voneinander. Alle Emotionen darüber sind in der Fülle, alle darunter sind im Mangel. Der Strich in der Mitte, der senkrecht verläuft, trennt Geist und Materie voneinander, also das Sichtbare und das Unsichtbare. Dieser Strich trennt auch Ursache und Wirkung voneinander. In diesem Kontext also Geist und Materie. Stell dir nun einmal vor, du befindest dich geistig unten links in dieser Matrix, also dort, wo die Ursache ist. Das bedeutet: Du bist geistig in Angst, Zweifel, Schuld, Apathie, Kummer et cetera gefangen. Was, glaubst du, wirst du für eine Wirkung bekommen? Was also wird sich in deinem Leben materialisieren? Eben genau das.

Kannst du denn überhaupt Freude in deinem Leben manifestieren, wenn du eigentlich die ganze Zeit nur Angst oder Kummer verspürst?

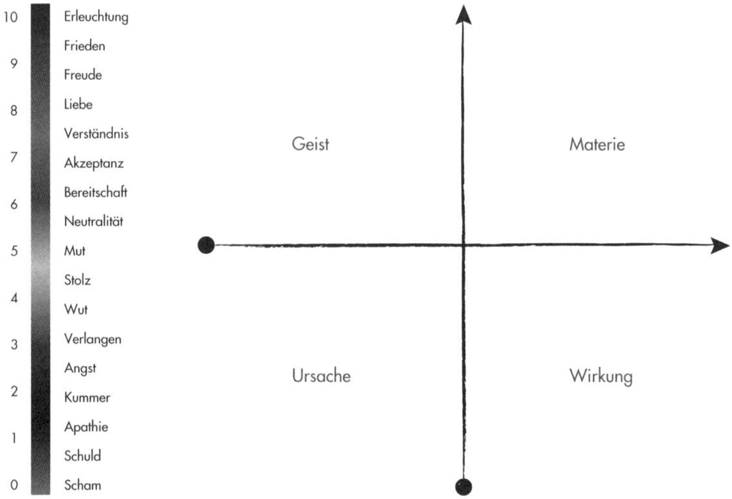

Nein, natürlich nicht. Es ist überhaupt nicht möglich. Was also musst du tun, um ein Leben auf einer höheren Ebene zu führen? Du musst lernen, bei der Ursache anzupacken und deinen Geist auf eine höhere Ebene zu bringen. Du musst lernen, mental und emotional auf ein neues Level zu kommen und es langfristig zu halten, sodass es Zeit hat, um sich zu manifestieren. Du kannst dir das folgendermaßen vorstellen. Wenn du diese alten Polaroidkameras kennst, dann weißt du, dass dort nach dem Schnappschuss immer Bilder rausgekommen sind, die noch schwarz waren. Dann hat man ein bisschen damit gewackelt, und das Bild ist nachgezogen, sodass man es nach circa einer Minute gesehen hat. Genauso kannst du dir das mit dem Visualisieren vorstellen. Die Vision ist der Schnappschuss und das Blitzlicht der Kamera. Du wählst eine Vision und stellst sie dir einmal vor, und dann musst du nur noch ordentlich wackeln, so lange, bis das Bild nachzieht und getrocknet ist. Dieses Nachziehen ist die Materie, die etwas Zeit braucht, um wahr zu werden. Ich weiß, das hört sich ziemlich verrückt an, aber am Ende ist es einfach nur reine Physik. Wir haben bereits über das Thema der Visualisierung gesprochen und dass du lernen musst, deine Emotionen auf ein höheres Level zu bringen. Das tust du, wie du weißt, indem du neue Gedanken hineinpackst und anfängst, dich so zu fühlen, als wärst du bereits dort, wo du hinwillst. Sobald das geschehen ist, hast du es geschafft, aus deinem alten Ich auszubrechen und geistig ein neues Ich zu kreieren, welches wie ein Samen in dir aufgehen kann.

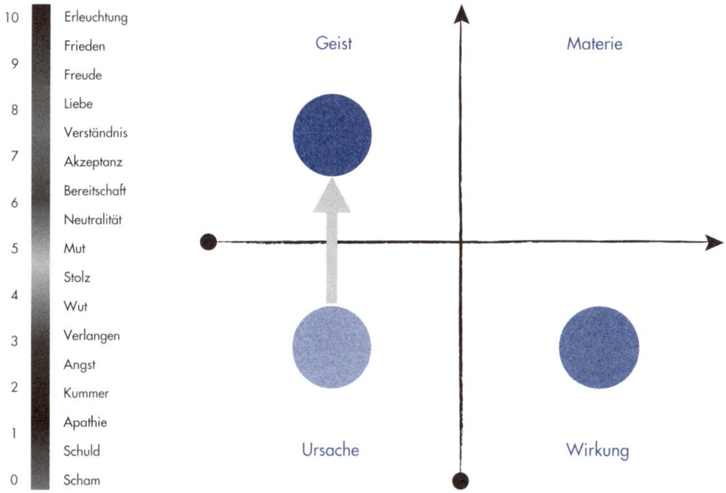

Sobald du das hinbekommst, darfst du dir bereits auf die Schulter klopfen, denn allein das ist schon eine ziemlich große Herausforderung für so manche Menschen da draußen. Sie schaffen es nicht, einen geistigen Zustand lang genug aufrechtzuerhalten, ohne in alte Muster zurückzufallen, weil sie sich die ganze Zeit von gewissen Ablenkungen die Aufmerksamkeit entziehen lassen. Wenn du es also schaffst, für die nächsten 30 Tage deine Aufmerksamkeit stabil zu halten, wirst du bemerken, wie du Schritt für Schritt immer näher an deine Ziele kommst, da dein Geist anfängt, sich neue Fragen zu stellen, beispielsweise: »Wie kann ich in diesem Projekt noch besser werden?« Oder: »Was muss ich tun, um noch eins draufzulegen?« Dein Geist passt sich deiner inneren Haltung an, aber es werden wie gesagt natürlich auch noch alte Gedanken und

Verhaltensweisen bestehen bleiben, die versuchen, dich zurückzuziehen. Das heißt, es gibt eine gewisse Schwerkraft, die versucht, dich herunterzuziehen. Dein altes Umfeld ist vollkommen mit Minen durchsetzt, auf die du einfach nicht mehr treten darfst. Hör auf, sie überhaupt wahrzunehmen und ihnen Beachtung zu schenken, denn sonst gibst du ihnen Energie und damit auch die Macht, Einfluss auf dich zu haben. Das Ganze könnte wie in der nächsten Abbildung aussehen.

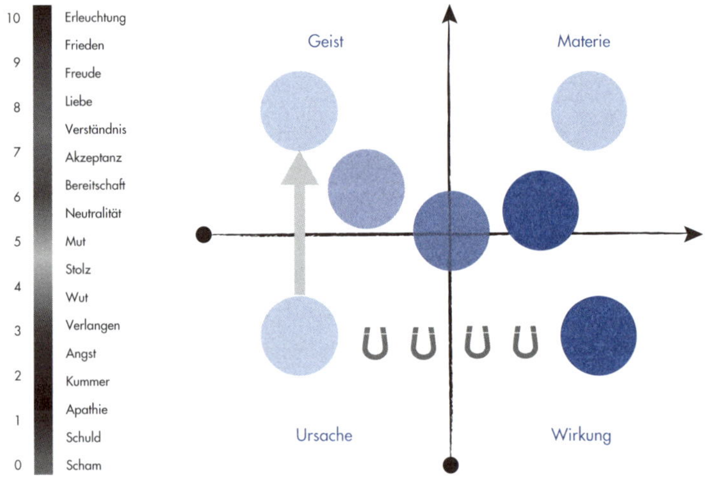

Dein altes Leben ist wie ein Haufen kleiner Magnete, die versuchen, dich wieder herunterzuziehen, und wenn du dich darauf einlässt, dann hast du so gut wie verloren, denn dann wird deine Willenskraft niemals ausreichen, um in das Feld oben rechts zu gelangen und deine neue Realität zu manifestieren. Wie aber schaffst du es denn, das zu verhindern? Als Erstes töte deine Hoffnung, und als Zweites löse den Kontakt zu Menschen oder Dingen, die dir nicht guttun. Ich weiß, das mag jetzt unfassbar hart klingen, aber hey, Überraschung! Die Welt ist tatsächlich hart. Das ist doch eben das, was die meisten Menschen nicht einsehen wollen und warum sie dauernd in Hoffnung verfallen. Was aber ist Hoffnung überhaupt?

DIE HOFFNUNG STIRBT ZUERST

Wozu brauchen Menschen eigentlich Hoffnung? Jetzt mal im Ernst. Was willst du damit? Hoffnung ist doch letzten Endes nur etwas, was du brauchst, wenn du keine Kontrolle über etwas hast. Ich meine, du kannst nicht entscheiden, ob jemand von uns geht. Das liegt nicht in deiner Hand. Du kannst auch nicht entscheiden, ob morgen ein Flugzeug in dein Haus abstürzt. Hoffst du nun jeden Tag, dass das nicht passiert? Natürlich nicht. Warum solltest du das denn auch tun? Was hoffst du aber stattdessen? Hoffentlich kriege ich den Job. Hoffentlich werde ich nicht krank. Hoffentlich schaffe ich diese Prüfung. Wer hat denn Macht darüber? Der heilige Vogel der kunterbunten Farben? Nein, selbstverständlich nicht. Der einzige Mensch, der Macht darüber hat, bist du – und jetzt, wo du weißt, wie du dich selbst neu erschaffen kannst, hast du umso weniger Ausreden, um allen anderen die Schuld dafür zu geben, wenn dein Leben scheiße ist.

Denn das ist doch der einzige Grund, warum du in Wirklichkeit hoffst. Wenn sie dich nicht zurückgerufen hat, dann gibst du ihr die Schuld und sagst: »Ah, sie ist eine dumme Schlampe!« Drehst komplett durch und explodierst innerlich beinah, aber hoffst, dass sie sich wieder meldet. Warum arbeitest du nicht einfach an dir selbst? Warum findest du nicht einfach heraus, was die Zutaten dafür sind, um der ideale Mann für diese Frau zu sein? Ich meine, du weißt ja nun, was du willst. Die richtige Frau. Als Nächstes musst du doch nur noch das Gefühl etablieren, wie es wäre, die richtige Frau zu haben, und es langfristig aufrechterhalten. Worauf wartest du? Warum fängst du nicht an? Weil die meisten Menschen sich eben mit Hoffnung zufriedengeben.

Hoffnung ist der letzte Hafen, in dem du dich befinden solltest. Es ist die Endstation. Es sollte nicht das Erste sein, was du nutzt, um in deinem Leben klarzukommen. Hoffnung sollte immer zuerst sterben, denn wenn du dich auf Hoffnung verlässt, dann bist du nichts weiter als ein Träumer oder eine Träumerin. Es bedeutet: Du wünschst dir, dass die Welt anders funktioniert, als sie in Wahrheit funktioniert. Und weißt du, was das bedeutet? Dass du ein verdammt egoistischer Mensch bist. In Wirklichkeit funktioniert die Welt nämlich so, wie sie jetzt funktioniert, und das wird sich auch in den nächsten Milliarden von Jahren nicht ändern.

Du kannst so viel hoffen, wie du willst; aber ich denke nicht, dass es sich für dich lohnen wird, wenn du eigentlich dein Leben verändern willst. Frag dich selbst mal: Hast du es schon mal geschafft, aus dem Fenster zu springen und in der oberen Etage zu landen? Ist das möglich? Sei bitte ehrlich zu dir selbst. Wie idiotisch hört sich das an? So ziemlich, oder? Warum hoffst du dann, dass es passiert, obwohl du weißt, dass du auf dem Boden landen wirst?

Das tun die meisten Menschen nämlich. Sie haben den Geist des Mangels angenommen, aber hoffen, die Wirkung der Fülle zu erhalten. Das ist genauso wie das Fensterbeispiel, vollkommen irrational und eine bloße Fantasie.

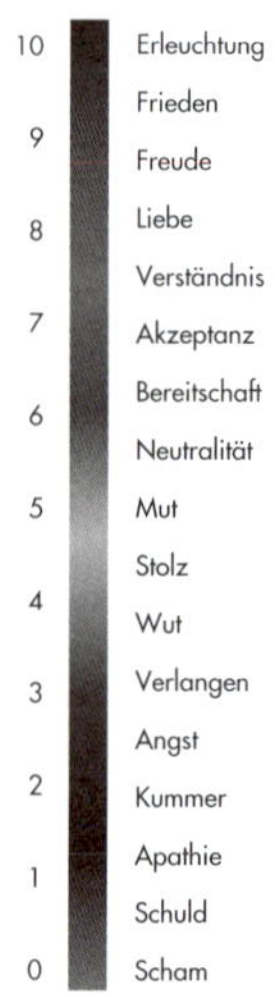

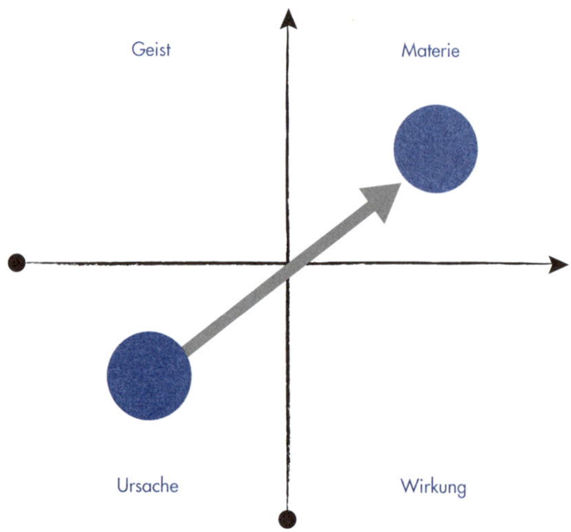

Kann es so, wie es in der Grafik links zu sehen ist, wirklich funktionieren? Nein, definitiv nicht. Aber das ist die Mentalität der meisten Menschen auf diesem Planeten. Sie hoffen, dass es irgendwie leichter geht. Sie hoffen, dass sie sich irgendwie einen Weg ins Glück erschleichen können. Lieber Leser, liebe Leserin, bei allem Respekt: Gib endlich die Hoffnung auf und erspar dir bitte all die Kopfschmerzen, die ich mir bereits machen musste, weil ich viel zu sehr gehofft habe. Weißt du, was oft der Grund dafür ist, dass wir von den Magneten, die ich vorhin erwähnt habe, runtergezogen werden? Weil wir hoffen. Wir hoffen, dass die Personen, die immer noch negativ sind, sich vielleicht eines Tages verändern. Aber ich hab schlechte Nachrichten für dich. Das tun sie nicht. Definitiv nicht. Vor allem nicht durch dich. Sie sind auf ihrem Basketball-Court unfassbar glücklich; und wenn sie dich Fußball spielen sehen auf deinem Feld, dann kann sie das schon ziemlich wütend machen, weil sie Basketball so glorifizieren. Wenn du aber ihre ständigen Sticheleien nicht mehr ernst nimmst und dein Fußballspielen so sehr feierst, dass sie es schon gar nicht mehr ignorieren können, dann werden sie den Teufel tun, weiterhin auf ihrem Basketballplatz zu bleiben. Was sie in diesem Moment wollen, ist, unbedingt aufs Spielfeld der Fußballer zu kommen. Aber hier wird es kritisch, denn du kannst nicht jeden auf das Feld lassen. Es wäre viel zu gefährlich. Das bedeutet: Wenn du ein einziges faules Obst in deinen Korb hineinlässt, dann wirst du ein gewaltiges Problem damit haben, die Dinge in deinem Leben zu manifestieren, die du dir so sehr wünschst. Wenn du das vermeiden willst, dann ist es unglaublich wichtig herauszufinden, wie du die Kommunikation zu solchen Menschen in deinem Umfeld meisterst, um bloß nicht wieder ein Opfer deiner Hoffnungen zu werden.

KAPITEL 9

DAS KÖNIG-REICH

DEIN KÖNIGREICH GRÜNDEN

Erinnerst du dich an das Beispiel mit dem Diener und dem König? Ich will einfach, dass du eine Sache begreifst. Auf diesem Planeten gibt es eben Diener und Könige. Diener hoffen, Könige erobern. Das bedeutet also: Solange du noch in deiner Hoffnung gefangen bist, wirst du weiterhin in dem armseligen Modus eines Dieners bleiben. Wenn du jedoch bereit bist, daraus auszubrechen, dann gibt es absolut nichts, was dich aufhält, außer dir selbst. Damit du dir selbst nicht im Weg stehst, ist es also äußerst wichtig, deine Mentalität zu verändern und ins Sein zu kommen. Sobald du gewählt hast, was du im Leben willst, und die Entscheidung getroffen wurde, ist es Zeit, dein Königreich aufzubauen. Das bedeutet: Im Geist findet die Architektur statt, doch das Handeln und Machen ist das Erbauen deiner Realität. Das heißt also, falls du noch an diese Pseudoauslegung des Gesetzes der Anziehung glaubst, wo man meint: »Setz dich einfach hin, wünsch dir was, und alles kommt zu dir geflogen«, dann muss ich dich leider enttäuschen. So etwas gibt es nicht. Die Wahrheit sieht anders aus. Die Möglichkeiten werden definitiv in dein Leben kommen, aber ergreifen musst du sie dennoch. Das heißt, wenn du sagst: »Ich möchte eine unfassbar glückliche Familie gründen«, dann wirst du definitiv die Möglichkeiten dazu erhalten, um der Mann zu *sein*, der dazu nötig ist, um solch eine Familie auf die Beine zu stellen, aber wirst du sie auch wahrnehmen?

Es ist nicht so, dass jetzt die ideale Frau oder der ideale Mann auf dich zurennen wird, um dir in die Arme zu fallen und dich von oben bis unten abzuknutschen, weil du doch so anziehend bist, da du was von dieser Visualisierungsgeschichte gehört hast. Es funktioniert eher so: Sobald du beispielsweise in das Gefühl des Mannes kommst, der du sein willst, und es endlich ausstrahlst, wirst du merken, dass sich plötzlich mehr Frauen für dich interessieren, aber du wirst immer noch Fehler machen. Was tust du dann? Siehst du diese Fehler als Erfahrungen und als Lernprozess, um dem Mann, der zu sein du dir so sehr gewünscht hast, näher zu kommen – oder stempelst du es sofort als einen Fehler ab, den du nie wieder machen willst, weil es ja so schrecklich war? Hier versagen nämlich die meisten Menschen. Sie hören einfach auf, weil es ja zu hart ist.

Komm schon, ist das dein Ernst? Was, glaubst du denn, wäre, wenn es nicht dieses Filtersystem gäbe? Ich meine, das ist doch der einzige Grund, warum so wenige so glücklich sind. Sie sind bereit, es sich zu holen. Sie haben die innere Überzeugung, dass sie bereits die Person sind, die es verdient hat, all diese Dinge zu haben, und sie sind bereit, über ihre Ängste hinauszuwachsen, um der Person, die sie sind, auch in materieller Art und Weise näher zu kommen und sie in dieses Leben zu manifestieren. Dafür musst du natürlich wissen, wie du all diese Ängste überwinden und meistern kannst, und all das ist eine Frage der Alchemie.

Wie gut bist du darin, all diese Dinge, die auf dich zukommen, nicht mehr so ernst zu nehmen und darüber lachen zu können oder dankbar dafür zu sein? Wir haben ja bereits geklärt, wie wichtig es ist, Licht ins Leben zu bringen, indem wir all die Dinge, die wir nicht annehmen wollen, akzeptieren. Wenn du Angst vor Ablehnung hast, was, glaubst du, ist es, was du dort nicht akzeptieren willst? Na, dass du nichts wert bist. Wenn wir noch mal zu unseren paradoxen Gesetzen zurückgehen, dann muss dir klar sein: »Wer jemand werden will, der ist ein Niemand. Erst wenn man ein Niemand ist, kann man alles werden.« Dieser Satz sollte Gesetz für dich sein. Die meisten jagen etwas hinterher, weil sie irgendwie den Eindruck bekommen haben, dass sie ein Niemand sind und davor weglaufen wollen, aber erst wenn sie akzeptieren, dass sie ein Niemand sind, dann können sie auch alles werden. Erst wenn du das akzeptieren kannst, wirst du eine Stufe aufsteigen können.

Das bedeutet: Es ist unglaublich wichtig auf deinem Weg, die Dinge zu erkennen, wo Widerstand herrscht, ganz egal ob auf mentaler, emotionaler, körperlicher oder sozialer Ebene.

Nehmen wir also mal die mentale Ebene und gehen wir die einzelnen Punkte einmal durch, damit du verstehst, was ich meine. Auf mentaler Ebene erkennen wir am schnellsten, was eigentlich in uns vorgeht. Das geschieht vor allem durch unsere Gedanken. Wenn wir die ganze Zeit an jemanden denken müssen oder jemanden unfassbar verurteilen, dann können wir mit sehr hoher Wahrscheinlichkeit davon ausgehen, dass wir bewerten; und wenn wir das tun, bringen wir das Universum ins Ungleichgewicht, wodurch es versucht, wieder eine Balance herzustellen, indem es das, was du fokussiert hast, abstößt oder noch mehr heranzieht. Auf dieser Ebene musst du eben einfach jederzeit bewusst genug sein, um zu erkennen, ob du gerade idealisierst und jemanden oder etwas auf ein Podest stellst oder ob du verurteilst, um dann das Ganze mit einem Gegengewicht zu neutralisieren.

Als Beispiel: Du siehst deinen Traumtypen, den du unbedingt kennenlernen willst, und lobst ihn hoch in den Himmel mit Sätzen wie »Er ist so wundervoll«, »Er ist so unabhängig«, »Er ist so unglaublich stark«. Um solche Sätze in deinem Kopf zu neutralisieren, brauchst du wie gesagt ein Gegengewicht, damit die Balance wiederhergestellt ist, zum Beispiel: »Aber der Typ hat bestimmt auch schlimmen Mundgeruch.« Selbst wenn das so ziemlich banal klingt, funktioniert es dennoch. Nachdem du dieses Buch gelesen hast, sollte dich sowieso nichts mehr überraschen. Das wäre also die Lösung für die mentale Ebene.

Auf emotionaler Ebene sieht es etwas anders aus. Dort ist es unglaublich wichtig zu erkennen, wo der Widerstand ist. Herauszufinden, was du um jeden Preis vermeiden willst oder wovor du gerade im Inneren wegläufst. Dafür ist es manchmal eben nötig, tiefer zu graben und hineinzuschauen. Wenn du also unglaublich emotional bist, weil sie einen neuen Freund hat, dann frag dich, was du dir am meisten wünschen würdest. Sei dabei ehrlich zu dir. Beispielsweise: »Ich wünsche, sie würde erkennen, wie schlecht er für sie ist und wie toll ich eigentlich für sie bin.« Jetzt frag dich, warum du dir das wünschst. Auch hier musst du lernen, unglaublich ehrlich zu dir zu sein. Beispielsweise wäre die Antwort: »Weil ich nicht daran glaube, dass ich besser bin als der neue Typ. Weil ich nicht so durchziehe, wie ich es eigentlich gerne hätte.«

Hier hast du also herausgefunden, was dir wirklich fehlt: das Gefühl, jemand zu sein, der wirklich durchzieht, was er sagt, um so neue Menschen kennenzulernen und ihre Achtung zu erhalten. Was kommt nun? Verantwortung. Sorry, aber da führt kein Weg daran vorbei. Jetzt kommt das Handeln ins Spiel. Sobald du deinen Schmerz identifiziert und ihn akzeptiert hast, geh in die Visualisierung und stell dir als Nächstes vor, wie du bereits jemand bist, der die Dinge durchzieht, die er sich vornimmt, und von den anderen angesehen wird. Das wird dir den nötigen Schwung geben, um langsam ins Handeln zu kommen.

Jetzt gehen wir eben zur körperlichen Ebene. Sobald du durch die Visualisierung einen gewissen Schwung erhalten hast, wirst du merken, dass dort trotzdem ein Druck oder Widerstand ist, den nächsten Schritt zu tun. Scheiß drauf. Tu es trotzdem. Das heißt, wenn irgendetwas in dir sagt: »Hey, der nächste Schritt ist es, sich an den Tisch zu setzen und zu lernen«, dann leg nicht so viel Wert auf deine Gedanken, Emotionen oder sonstigen Widerstände in deinem Körper, sondern tu es einfach! Es ist der einzige Weg, um ins Handeln zu kommen und langsam eine neue Gewohnheit zu etablieren. Das ist der einzige Weg, um zu manifestieren und Momentum aufzubauen. Wenn du nämlich von da an etwas tust, wird es deine Visualisierung und deine Überzeugung von deinem neuen Selbstbild stärken, wodurch es deine nächsten Aktionen bekräftigen wird, und der Schneeball kommt endlich ins Rollen, um zur Lawine zu werden. Alles andere ist absoluter Bullshit. Bitte glaube nicht, dass dir irgendetwas zugeflogen kommt. So funktioniert das Ganze nicht, denn ohne das Handeln ist es weiterhin nur ein Traum.

Diese Welt ist beides, Traum und Realität. Du musst lernen, diese beiden miteinander zu verbinden und dann zu manifestieren, um es am Ende zu behüten und zu beschützen, und das ist eben der letzte Teil. Der soziale Widerstand. Diesen in den Griff zu bekommen, ist noch einmal eine Nummer für sich, also lass uns etwas tiefer darauf eingehen.

DEIN KÖNIGREICH BESCHÜTZEN

Was passiert also, nachdem du dein Königreich erst einmal gegründet hast? Du musst es natürlich beschützen, denn wenn du das nicht kannst, dann wird es schwer sein, ein Königreich wie deines zu führen. Dabei soll es aber nicht darum gehen, rauszuziehen und andere Menschen zu attackieren, nein, stattdessen kannst du wie gesagt einfach hohe Mauern ziehen, damit niemand auf die Idee kommt, dich überhaupt anzugreifen, da diese Mauern eben schon für sich selbst sprechen. Was ist aber mit diesen Mauern gemeint? Es sind deine Grenzen.

Es gibt unglaublich viele Menschen da draußen, die tagtäglich unsere Grenzen überschreiten, und das ist der Grund, warum wir eben so unglücklich werden. Der Grund, warum wir das meistens zulassen, ist, weil wir unseren eigenen Wert nicht kennen und uns davor drücken, manchmal Nein zu sagen. Weißt du, warum? Man kann es nicht oft genug sagen: weil uns beigebracht wurde, dass es so etwas wie Richtig und Falsch gäbe. Es wäre also falsch, Nein zu sagen, weil du ja lieb zu jedem sein musst, glauben die meisten. Aber das ist wieder mal absoluter Unsinn. Ist Wut etwas Gutes oder Schlechtes? Es ist wieder eine Frage des Kontextes. Wenn du einfach nur wütend bist, weil jemand deinen Kaffee getrunken hat, dann bist du wie ein kleines Kind. Wenn du aber wütend bist, um deine Familie zu beschützen, weil jemand ins Haus einbricht, dann ist es das Beste, was du überhaupt tun kannst. Ist es also bösartig, Nein zu sagen? Ja und nein. Es ist schlecht, Nein zu sagen, wenn sich jemand vor dir öffnen will, da diese Person vielleicht gern ihr Herz ausschütten möchte und du ihr einen großen Gefallen tun würdest. Du musst natürlich nicht, aber es wäre toll, wenn dein Ziel ist, ein empathischer Mensch zu sein. Was aber, wenn dein Ziel ist, ein absoluter Macher zu sein, der eher Autorität ausstrahlen muss, damit er nicht den Respekt der anderen und den Respekt vor sich selbst verliert?

Dann ist es das Beste, was du tun kannst, ganz klar Nein zu sagen, wenn jemand über deine Grenzen tritt.

Mit diesen Grenzen gibt es nämlich vor allem das folgende Problem: Man kann sie nicht sehen. Wenn du an einer Kreuzung anhältst, weil ein Stoppschild zu sehen ist, dann hast du ein ganz klares Signal dafür, dass du erst mal nicht einfach so durchfahren sollst. Was aber ist mit unseren Grenzen? Man sieht sie einfach nicht. Das heißt, es gibt kein klares Signal dafür, dass man mit einer bestimmten Verhaltensweise aufhören soll. Die andere Person weiß nicht, dass du ein Problem damit hast, wenn sie sich dir gegenüber so verhält, wie sie es tut.

Nehmen wir noch mal das Beispiel mit dem Buch. Du willst eigentlich dein Buch lesen, weil du etwas Neues für dein Leben gewählt hast. Du willst erfolgreich werden und etwas aufbauen, das bedeutet, du wirst auch einen neuen Frame etablieren müssen. Dadurch werden gewisse Reibungen entstehen. Das heißt, deine Freunde und du werden plötzlich nicht mehr dieselben Interessen oder Werte haben. Jetzt ist natürlich die Frage, ob dazwischen dennoch der nötige Respekt herrscht oder ob sie dich zurückzuziehen versuchen oder du eben versuchst, sie mitzuziehen. Beides wäre in dem Fall respektlos, da es etwas ist, was die andere Person ja in erster Linie gar nicht will. Es ist, als würdest du die Basketballer dazu zwingen wollen, endlich Fußball zu spielen. Aber warum willst du das? Lass sie doch einfach ihr verdammtes Spiel spielen. Ich sehe es so oft, dass Menschen, die plötzlich ihr Leben verändern, glauben, sie müssten die gesamte Welt missionieren und überzeugen, dass das, was sie jetzt tun, so richtig auch für andere wäre, aber am Ende ist das doch Egoismus. Ganz einfach.

Das bedeutet: Es geht gar nicht darum, andere von deinem Frame zu überzeugen, sondern einfach nur darum, deinen Frame zu verteidigen. Wenn andere Menschen eine andere Ansicht vom Leben haben, dann ist das etwas Großartiges, und wenn sie noch nicht bereit dazu sind, etwas in ihrem Leben zu verändern, dann ist das ebenfalls vollkommen in Ordnung.

Ist das nicht auch die höchste Form von Liebe? Alles und jeden so zu nehmen, wie er oder sie ist, ohne sie verändern zu wollen? Richtig und Falsch endlich liegen zu lassen und stattdessen all die Dinge, denen du im Leben begegnest, neutral entgegenzutreten? Das ist eben der Punkt. Eine Sache ist nämlich den wenigsten bewusst. Jeder Mensch trägt ein Paket mit sich, aus dem er lernen muss. Genau so, wie du über deinen Schatten springst und spirituell, emotional oder energetisch an dir wächst, so muss es auch jeder andere tun. Das Einzige, was du tun kannst, um ihren Prozess zu beschleunigen, ist, das Beispiel dafür zu sein, dass es möglich ist; und wenn sie bereit sind, auf dich zuzukommen, dann kannst du gerne deine Erfahrungen mit ihnen teilen. Aber lass es, selbst aktiv auf Menschen zuzugehen und ihnen deine Überzeugungen aufzuzwingen.

Um jetzt noch einmal auf das Beispiel zurückzukommen, geht es also darum, dass dein Freund dich anruft und dich fragt, ob du rauskommen willst. Du aber willst unbedingt dieses Buch lesen. Jetzt wird es einen Konflikt in dir geben, und zwar zwischen deinem neuen Ich und deinem alten Ich. Dein neues Ich will nämlich großartige Dinge erreichen und weiß, dass es diese Bücher dazu braucht, dein altes Ich aber hat gelernt, dass man immer freundlich und lieb zu anderen sein und zu seinen Freunden stehen sollte, wenn sie Zeit mit dir verbringen wollen. Ein »Ja« kostet viele »Neins«, und die »Neins« sind sehr viel präsenter als das »Ja«. Das »Ja« ist dir noch unbekannt, du bist noch gar nicht auf den Geschmack davon gekommen, deshalb weißt du ja noch gar nicht, wie gut es sein könnte, es sei denn, du stellst es dir regelmäßig vor und versetzt dich in das Gefühl hinein, sodass du jetzt schon dort sein kannst.

Die »Neins« sind aber dennoch sehr viel präsenter und umgeben dich direkt, zum Beispiel in Form von Freunden, Bekannten, Verwandten oder irgendwelchen Dingen aus deinem alten Leben. Was also wirst du tun? Dies sind die alles entscheidenden Momente, die über unser Selbstbild bestimmen. Wirst du das alte Muster wählen oder dich für dein neues Ich entscheiden? Das wird einen massiven Effekt darauf haben, wie der Rest deines Tages verlaufen wird, weil es ein direktes Signal an dein Unterbewusstsein schickt, und zwar: »Entweder ich bin ein Gewinner, oder ich bin ein Opfer meiner Umstände.«

Was wirst du tun? Hier haben die meisten Menschen ein Problem, da ihnen unfassbar viele Gedanken in den Kopf schießen wie »Ist das wirklich das Richtige?«, »Sollte ich tatsächlich Nein sagen? Bin ich dann nicht ein schlechter Mensch?« ... Damit du aber verstehst, warum wir so ticken, lass uns ein weiteres Mal in die Vergangenheit zurückreisen, in die Zeit, als du noch ein kleines Kind warst. Dort liegt nämlich die Antwort auf diese Frage. Du musst dir im Klaren darüber sein, dass wir als Kinder verschiedene Phasen durchmachen, in denen wir lernen, mit unseren Grenzen umzugehen. Je nachdem, wie unsere Eltern auf uns reagieren, erlernen wir eine ganz bestimmte Art, mit unseren Grenzen umzugehen. Nachdem du geboren wurdest, ist es erst mal so, dass dir gar nicht klar ist, dass du schon von ihr getrennt bist. Und hier ist es unfassbar wichtig, dass du weiterhin ihre Nähe spürst, dass sie dich nicht irgendwo liegen lässt und nicht beachtet. Dadurch kannst du einen gesunden Bezug zu deiner Mutter und ihrer Liebe aufbauen. Mit der Zeit bemerkst du aber: »Warte mal ... Mama ist da und ich bin hier? Wie ist das denn passiert? Wir sind getrennt voneinander? Was zum Teufel ist denn hier los?« Du realisierst also langsam, dass Mama und du nicht mehr eins sind. Das ist oft der Zeitpunkt, an dem die Kinder lernen, was meins und was deins ist. Deshalb klammern sie sich so oft an gewisse Dinge und ärgern sich extrem, wenn du es ihnen wegnimmst. Mit der Zeit dann fängst du auch an, dich zu fragen: »Was ist eigentlich, wenn ich mal losschreie und mal auf Abenteuersuche gehe?« Nun willst du deine Grenzen austesten und gehst auf Entdeckertour, aber dabei kann es eben oftmals zu Schäden kommen. Wir hatten es an früherer Stelle ja schon mal besprochen: Zum Beispiel zerbrichst du etwas oder läufst jemandem zwischen die Füße, wenn es ihm gerade nicht passt. Wie reagieren deine Eltern darauf? Lassen sie dich einfach machen und erkunden, oder schreien sie dich an und sagen dir: »Was soll das, verdammt noch mal? Lass das gefälligst!« Falls sie das nämlich tun, dann wirst du große Schwierigkeiten mit deinen Grenzen haben, wenn du mal erwachsen bist. Die Wahrscheinlichkeit ist hoch, dass du niemals deine Grenzen austesten wirst, sondern viel eher in einer Komfortzone bleibst, um ja keine Fehler zu machen oder irgendjemandem auf die Füße zu treten. Mit der Zeit kommt aber auch schon die nächste Phase, und zwar, dass du verstehst: »Warte mal. Ich bin nicht Mama. Das bedeutet, ich kann raus und Abenteuer erleben, aber dort ist es echt verdammt gefährlich. Das bedeutet: Ich bin zwar nicht Mama, aber ich brauche sie immer noch.« Das ist der Moment, an dem das Kind wieder Liebe und bei Mama sein will, auch wenn es mal da draußen ist, um Abenteuer zu erleben. Was wird die Mama tun? Lässt sie das Kind raus und Abenteuer erleben, und nimmt sie es herzlich in den Arm, wenn irgendetwas schiefgelaufen ist, um dem Kind zu zeigen: »Hey, es ist okay, rauszugehen und Abenteuer zu erleben, und es kann auch etwas dabei schiefgehen. Das ist völlig in Ordnung. Du sollst wissen, dass du immer einen Ort hast, zu dem du zurückkehren kannst, wenn dir irgendetwas passiert.« Oder motzt sie viel eher rum, weil du rausgegangen bist, und sagt dir: »Jetzt brauchst du auch nicht mehr angekrochen kommen«, sobald du wieder zurückkommst?

Das alles wird einen massiven Effekt auf dein Verhalten im Erwachsenenalter haben, da kannst du dir sehr sicher sein. In einem Experiment haben Forscher geschaut, wie sich das Kind verhält, wenn die Mutter im Raum ist oder den Raum verlässt. Dafür haben sie einen Raum mit Spielzeugen gefüllt, damit das Kind auf Abenteuersuche gehen kann. Im ersten Fall stand die Mutter im Raum und hat das Kind unterstützt. Dabei haben sie vor allem Folgendes beobachten können. Bevor das Kind sich in das Abenteuer gestürzt hat, hat es immer erst zu Mama geschaut, um sicherzugehen, dass es auf Abenteuer gehen darf. Sobald Mama sich aber herausgeschlichen hat, ist das Kind sofort zur Tür gerannt und hat sich mehr darum gekümmert, dass Mama zurückkommt, als auf irgendwelche Abenteuersuchen zu gehen.

Hier sind wieder die Themen »Überleben« und »Kreativität.« Solange wir im Überlebensmodus sind, haben wir keine Chance, kreativ zu sein. Vorher müssen wir das Gefühl haben, dass es einen sicheren Hafen gibt, zu dem wir jederzeit zurückkehren können.

Anfangs sind das unsere Eltern, später sind das entweder wir oder etwas Größeres, was über unsere Vorstellungskraft hinausgeht. Sobald wir diesen sicheren Hafen nämlich haben, ist es kein Problem mehr, sich in Risiken zu stürzen und neue Abenteuer zu erleben; und ebendas ist auch, worauf es ankommt, wenn wir über uns selbst hinauswachsen wollen. Deshalb tust du sehr gut daran, diese Muster in dir zu erkennen.

Grundsätzlich gibt es vier verschiedene Typen von Menschen, wenn es um das Thema »Grenzen« geht. Dabei gibt es diejenigen, die *niemals Nein sagen* können, sowie diejenigen, die *immer Nein sagen*. Was mit »niemals Nein sagen können« gemeint ist, kannst du dir sicherlich vorstellen. Das sind diejenigen, die immer alles für die anderen tun, ohne auch nur eine Bitte abzuschlagen. Es sind die sogenannten »Everybody's-Darling-Typen«, die von allen gemocht werden wollen. Ich war sehr lange Zeit ganz genau so einer, und ich sage dir von ganzem Herzen: Es gibt nichts, wofür ich so dankbar bin wie dafür, dieses Verhalten abgelegt zu haben. Das heißt, inzwischen ist mir scheißegal, was du oder irgendwer anders von mir denkt. Es spielt absolut keine Rolle mehr für mich. Es ist vollkommen irrelevant. Das ist einer der besten Gefühle, die es geben kann. Es sollte jedoch nicht ausschweifen und zu etwas werden, wo du nur noch Nein sagst. Wo keine einzige andere Meinung der anderen mehr eine Rolle spielt und wo kein einziges Gefühl des anderen Menschen mehr wichtig ist. Das bedeutet wie schon gesagt: Wenn jemand sein Herz öffnen will und dich beispielsweise fragt: »Hey, ich habe etwas echt Wichtiges auf dem Herzen. Könnten wir bitte darüber sprechen?« Und das ist jemand, der es wirklich ernst meint, dann wirst du diesen Menschen definitiv verletzen, wenn du ihm oder ihr sagst: »Nein, sieh zu, dass du Land gewinnst, und hör auf rumzuheulen wie ein kleines

Baby, du Loser.« Das sind Menschen, die bereits extrem narzisstische Züge angenommen haben. Menschen, die sich über alles andere stellen. Menschen, die verurteilen und sich selbst als höher bewerten als all die anderen Menschen. Mit solch einem Verhalten wirst du nicht allzu weit kommen. Zumindest, was deine Glückseligkeit betrifft.

Des Weiteren gibt es eben noch die anderen zwei Seiten, und zwar diejenigen, die *immer nur Ja sagen*, und diejenigen, die *niemals Ja sagen*. Hier ist nicht das Wort »Ja« an sich gemeint, sondern damit ist gemeint, dass sie sich entweder viel zu schnell und viel zu oft öffnen oder dass sie sich gar nicht öffnen. Menschen, die sich andauernd öffnen, können auf Dauer extrem anstrengend sein, weil sie wegen jeder Kleinigkeit emotional werden, und infolgedessen werden sie auch oft verletzt. Menschen, die sich nie öffnen, sind meistens eben *auch* diejenigen, die niemals Nein sagen. Sie glauben, sie müssten sich andauernd für all die anderen aufopfern und dürften niemals Schwäche zeigen. Aber du siehst ja, auch das ist eine Konditionierung von früher, die auf dem Konzept von Richtig und Falsch entsteht: »Wenn du emotional bist, dann bist du schwach! Tu das nicht!« Schon hast du einen Glaubenssatz etabliert, der sich durch dein ganzes Leben zieht und es dir schwer macht, wenn du es irgendwann einmal verändern willst.

Was solltest du jetzt also tun? Als Erstes sei dir im Klaren, dass du emotionale Verbindungen zum Thema »Anderen Menschen Nein sagen« hast, und das liegt daran, dass all das in dich hineinkonditioniert wurde und nicht etwas ist, was du frei gewählt hast. Das bedeutet: Wenn du ein neues Ziel wählst, dann werden all diese Dinge plötzlich hervorkommen, die dir im Weg stehen, und sich besonders bemerkbar machen. Dann ist es an der Zeit, über deinen Emotionen zu stehen und den anderen Menschen klarzumachen, dass du nun einen neuen Weg gehen wirst. Anders wirst du es nicht hinbekommen, aus deinen alten Mustern auszubrechen.

Noch mal zurück zu unserem Beispiel. Da ist also dieser Freund, der sich von dir wünscht, dass du mit ihm rausgehst, aber du sagst diesmal Nein. Du hast begriffen, dass es nur ein emotionaler Widerstand in dir ist, der aus der alten Zeit noch immer in dir festhängt; und du springst über deinen eigenen Schatten, weil du weißt, dass du nur so dein gesamtes Leben verändern kannst.

Gratulation! Du hast es geschafft! Das ist einer der schnellsten Wege, um diese überkommenen emotionalen Muster aufzubrechen und in dein neues Ich einzutreten. Jetzt gibt es jedoch noch ein weiteres Problem, und zwar deinen Freund.

Eins von beidem wird jetzt passieren: Entweder er wird es vollkommen ruhig und gelassen hinnehmen und sich denken: »Hey, ist doch gar kein Problem. Immerhin hast du nun entschieden, auf dem Fußballfeld zu spielen, und das ist dein vollkommenes Recht. Ich bin solange auf dem Basketball-Court, aber wenn du Bock hast, dich auszutauschen, dann lass uns auf jeden Fall quatschen.« Das wäre die respektvolle und vernünftige Art und Weise, darauf zu reagieren. Wie aber reagieren die meisten auf solch eine Situation? »Wie, du hast keine Zeit mehr? Du hast doch sonst auch immer Zeit? Wo ist denn dein Problem? Seit wann bist du denn so komisch geworden? Ist alles in Ordnung bei dir? Bist du überhaupt noch ein echter Freund, eine echte Freundin?« Was macht diese Person hier? Sie versucht, dir Schuldgefühle zu machen. Wo ist Schuld auf der Energieskala? Ganz weit unten. Warum macht diese Person das? Damit sie bekommt, was sie will, und zwar dass du rauskommst. Es ist der beste Weg, um dich zu manipulieren, wenn du dich schuldig fühlst. Was hat die Person denn davon, wenn du rauskommst? Warum ist es ihr denn so wichtig? Na, weil sie ebenfalls ein großes Problem mit ihren Grenzen hat. Dein Freund kann es nicht ab, wenn er das Wort »Nein« hört, weil er glaubt, dass er dadurch die Kontrolle verliert. Und warum braucht er diese Kontrolle? Damit er verdammt noch mal Sicherheit hat. Aber wozu denn die Sicherheit? Weil er tief im Inneren glaubt, dass er nichts wert ist, und jedes Mal, wenn er Kontrolle über andere Menschen hat, gibt ihm dies das Gefühl, dass er gut genug ist. Und weißt du, wen er dafür benutzt? Dich ... Und das schon die ganze

Zeit. Auch wenn es für dich so scheint, als wäre er dein bester Freund und wolle nur das Beste für dich, die Wahrheit zeigt sich meistens erst, wenn man bereit ist, Nein zu sagen.

Es ist das ultimative Filtersystem, um herauszufiltern, welche Menschen wirklich in dein Leben passen, und es gibt nur folgende drei Sorten:

1. diejenigen, die neutral und respektvoll sind,
2. diejenigen, die dich energetisch unterstützen, weil sie im selben Frame sind, und
3. diejenigen, die dir deine Energie rauben, weil sie deinen Frame nicht respektieren.

Sobald du Menschen wie Letztere in deinem Umfeld hast, gilt es, ihnen sofort den Laufpass zu geben. Unverzüglich! Denn sonst wirst du nur darunter leiden, dass diese Menschen überhaupt in deinem Leben sind. Nur dadurch allein bestärkst du deinen Selbstwert bereits enorm, denn wie sehr du bereit bist, zu gewissen Dingen Nein zu sagen, entscheidet darüber, wie viel du dir eigentlich selbst wert bist.

Erinnere dich zurück an unser Flugzeug. Du sitzt in der Maschine auf dem Weg nach Italien und hast deine persönlichen Koordinaten. Da ist dieser Gegenwind, der dich vom Kurs abbringen will. Du aber hast die nötigen Koordinaten, die du einfach nur einhalten musst, und schon bist du wieder auf Kurs. Das sind eben deine Werte. Dies sind die Koordinaten, die du brauchst, um immer auf Kurs zu bleiben. Dies sind ebenfalls die Tomaten für die Tomatensuppe. Die richtigen Zutaten, um die Suppe zu bekommen, die du dir eigentlich wirklich wünschst. Der Wert, den du dir selbst zuschreibst, kommt also vor allem aus deinen Werten, die du selbst etablierst. Das meine ich mit »Ein ›Ja‹ kostet viele ›Neins‹«. Und ebendiese »Neins« sind abhängig von deinen Werten, und diese Werte repräsentieren eben deine Grenzen.

Nehmen wir mal folgendes Beispiel. Angenommen, du hast eine

Ewigkeit lang immer in Fast-Food-Ketten gehaust und dir den ganzen schönen Tag lang den Magen mit Burgern vollgestopft, sodass du unfassbar viel zugenommen hast und dadurch irgendwann eine Erleuchtung bekamst, und zwar, dass du endlich abnehmen willst. Was tust du nun? Du setzt dir ein festes Ziel. Usain Bolt, einer der schnellsten Läufer dieser Welt. Genauso willst du am Ende aussehen. Was tust du also? Du hast ein »Ja« gewählt. Nun setzt du dich hin, gehst in die Visualisierung und stellst dir glasklar vor, wie du über diese Laufstrecke rennst und eine Medaille nach der anderen einsammelst, wobei du einen Körper aus Stahl hast. Gleichzeitig musst du nun auch definieren, was für Werte du haben musst, denn »Werte« wie »Iss, was du willst« oder »Nachts essen ist am besten« funktionieren nicht mehr. Wenn du solch ein Ziel erreichen willst, dann sind es eher Werte wie »Gesundheit«, »ordentlich schlafen«, »regelmäßiges Training«, »vernünftige Ernährung«. Passen dort Berge von Burgern rein? Nein, natürlich nicht, deshalb wählst du hier deine »Neins«. Keine Burger mehr. Weißt du aber, was dadurch verloren geht? Die Schnittstelle zu deinen alten Freunden, mit denen du regelmäßig zum Klöpse-Laden gefahren bist, um die Dinger in dich hineinzustopfen. Was glaubst du denn, wie werden sie reagieren, wenn du nun neue Grenzen setzt, wenn sie dich das nächste Mal fragen: »Hey, Bock auf Burger heute?«? Was passiert, sobald du ihnen sagst: »Hey, hört zu. Ich habe mich entschieden, mehr auf meinen Körper zu achten«? Lachen sie dich aus und sagen dir: »Ach komm, mach dir doch nichts vor, Mensch. Ein Burger mehr oder weniger, was macht das schon?«? Oder respektieren sie deine Entscheidung und sagen dir: »Hey, finde ich cool, dass du damit aufhören willst, ich denke, das ist eh besser auf lange Sicht für deine neuen Ziele«?

Das ist eben der Punkt. Was hier geschieht, ist unfassbar entscheidend, weil es vieles hochholt, was für lange Zeit versteckt und verborgen war, und zwar vergrabene Bedürfnisse. Vielleicht warst du für diese Person(en) nämlich nichts weiter als ein emotionaler Platzhalter, der ihnen/ihr das Gefühl gegeben hat, wichtig genug zu sein, da du Zeit mit ihr/ihnen verbracht hast. Und ihre Reaktion wird verraten, was wirklich unter der Oberfläche liegt. Nutze solche Gelegenheiten also unbedingt, um zu identifizieren, was hier eigentlich los ist. Wenn du das für dich beherzigen kannst, dann wirst du niemals faules Obst in deinen Korb lassen, sodass du weiterziehen kannst, ohne dir ständig Gewissensbisse zu verpassen.

DER KÖNIG IST TOT, LANG LEBE DER KÖNIG

Es hört niemals auf. Es wird immer einen König geben. Ganz egal, was du tust, du kannst diesem Kreislauf des Lebens einfach nicht entkommen. Du kannst noch so sehr versuchen wegzulaufen, aber es wird niemals funktionieren, denn das Einzige, was du wirklich tun kannst, ist, dich deinen inneren Dämonen und der Verantwortung dieses Lebens zu stellen, indem du die hier vorgestellten Prinzipien vernünftig für dich nutzt.

Da es sehr viel gewesen ist und man sehr schnell den Überblick verlieren kann, lass uns noch einmal Revue passieren, was wir bisher besprochen haben, damit du die Punkte noch einmal rückwärts verbinden kannst. Die wichtigsten Punkte, um ein Leben zu kreieren, das du dir wirklich wünschst, sind also die folgenden drei:

1. Was will ich wirklich?
2. Wie komme ich dorthin?
3. Was hält mich auf?

Wir haben also erst einmal die Frage, wie dein Königreich aussehen soll. Geht es um absolute Dominanz? Ist es eine Demokratie? Ist es ein Haufen Adeliger, die sich wie verrückt vergnügen? Also: Ist dein Leben eine Eroberung, ein Weg des Friedens oder eine einzige Party? Weißt du, was? Du hast die Wahl! Das ist eben das, was vor diesen drei Schritten kommt. Zu erkennen, dass du pures Bewusstsein bist und dass du all diese Dinge, die hier passieren, vollkommen bewusst beobachten kannst. Deine Gedanken, deine Emotionen, deine Handlungen sowie dein sozialer Umgang sind nichts weiter als die Zutaten zu der Suppe, die du dir so sehr wünschst.

Damit du herausfindest, welche Suppe du eigentlich willst, haben wir bereits darüber geredet, dass du dir vor allem klarmachen solltest, was du im Leben haben willst, um danach zu verstehen, warum du es haben möchtest. Was sind die Gründe dahinter? Warum das Auto, das Haus, das Geld, die Beziehung? Was sind deine Beweggründe? Denn dort ist vergraben, ob du all diese Dinge aus einem Mangel heraus oder aus purer Fülle tust.

Wenn du immer noch im Mangel gefangen bist, dann, weil diese Wünsche, die du hast, eigentlich nicht deine eigenen Wünsche sind, sondern die der anderen und Konsequenz der ganzen Glaubenssätze, die bisher in dich hineinprogrammiert wurden. Da ist also ein Diamant, der von ganz viel Müll überschüttet wurde. Diesen Diamanten gilt es wiederzuentdecken, und um das zu tun, musst du lernen, dein Konzept von Richtig und Falsch endlich fallen zu lassen, denn nur so kann die Reinheit deines Herzens die Sturheit deines Kopfes durchbrechen.

Von da an hast du eine Quelle für dich entdeckt, aus der du wahre und pure Inspiration schöpfen kannst; und dann gilt es zu wählen, was wirklich wichtig für dich ist in deinem Leben. Dafür musst du lernen, unfassbar ehrlich zu dir zu sein und dich zu fragen: »Was ist es wirklich, was ich will? Was will ich in meinem Leben für Erfahrungen machen und wahrlich fühlen? Welche Gefühle wünsche ich mir zu erleben?«

Sobald das geschehen ist, sollte es dein Anliegen sein, das »Was« und das »Warum« mit Leben zu füllen. Das bedeutet: Dein Geist braucht etwas Greifbares. Dafür kannst du Bilder, Videos, Poster, deinen Desktop, den Handy-Bildschirm und all diese Möglichkeiten nutzen, sodass du diese Dinge immer im Auge hast und niemals den Fokus verlierst. Dazu visualisiere regelmäßig und fühle, wie du all diese Dinge bereits erreicht hast. Und etabliere eine Erinnerung, die dich immer wieder dazu bringt, zurück in dieses Gefühl zu gehen, sodass es sich über mindestens 30 Tage in deinem Geist manifestieren kann.

Dadurch kommst du immer mehr und mehr ins Sein. Sobald du in diesem Sein bist, wirst du bemerken, dass du den Drang danach entwickelst, neue Dinge zu tun, die du vorher noch nicht getan hast. Jetzt stehst du an der Schnittstelle von deinem neuen Leben zu deinem alten Leben. Hier kommt es nun dazu, dass ein neuer Drang gegen einen alten Drang kämpft, und es geht darum, wer gewinnt. Damit du das Sein aufrechterhalten kannst, reicht es nämlich nicht, nur zu visualisieren, sondern es zählen auch deine Taten. Das bedeutet: Es ist unglaublich wichtig, dass du die Dinge, die du dir vornimmst, auch durchziehst. Sollte das nicht passieren, ist das kein Grund, um sich selbst dafür zu verurteilen, sondern du kannst ganz einfach noch mal anfangen, die Aktionen am nächsten Tag in Angriff zu nehmen. Darüber hinaus wird es viele Muster in deinem Geist geben wie alte Gedanken, Gefühle und Handlungen, die dich zurückziehen werden, aber dafür haben wir ja darüber gesprochen, wie du diese Dinge ebenfalls auflösen kannst, auch wenn es nicht immer einfach ist. Auf mentaler Ebene haben wir von Nivellierung gesprochen und davon, dass die Bewertung in Form von Idealisierung oder Verurteilung eben das größte Problem ist, das dir selbst im Weg steht. Damit kein Ungleichgewicht in deinem Geist entsteht, ist es deshalb unglaublich wichtig, dass du immer ein Gegengewicht hast, um eine Balance wiederherzustellen. Wenn du beispielsweise einen Obdachlosen abwertest, weil er so arm ist, sollte es einen Gegensatz in deinem Kopf geben, der sagt: »Aber dafür sieht er echt verdammt gut aus.«

Auch wenn dieser Satz nicht stimmt, kennt dein Kopf den Unterschied nicht, er nimmt einfach, was er bekommt, und arbeitet damit. Wenn du also immer einen Kontersatz hast, dann tust du dir einen großen Gefallen damit.

Auf emotionaler Ebene ist es extrem wichtig, all die tief sitzenden Überzeugungen von Richtig und Falsch oder von Gut und Böse fallen zu lassen, damit eine Balance hergestellt werden kann. An diesem Punkt wird es etwas komplizierter, deshalb sind wir etwas tiefer in das Thema hineingegangen, damit du verstehst, wie emotionale Arbeit funktioniert. Die Krux liegt oft darin, dass wir uns gar nicht im Klaren darüber sind, was uns so beschäftigt. Wenn wir also unglaublich eifersüchtig sind, dann meistens, weil wir Angst davor haben, nicht gut genug zu sein. Wir tun es aber meistens damit ab, dass wir verliebt sind, und deshalb kommen wir gar nicht tiefer.

Dadurch haben wir nie die Möglichkeit, uns so kennenzulernen, wie wir gerade wirklich sind, und so werden wir es auch niemals schaffen, darüber hinauszuwachsen. Erst wenn du etwas annimmst, dann kannst du es auch verändern. Wenn du jedoch immer davor wegläufst, nicht gut genug zu sein, dann kannst du auch nichts daran ändern. Dies bedeutet also, dass es unfassbar wichtig ist, diese Dinge im Inneren genauer zu beleuchten und zu erkennen, wo die Wurzel des Ganzen liegt. Am besten, indem du dir klarmachst, was du dir in Wirklichkeit wünschst, und dabei ehrlich zu dir bist. »Ich wünsche mir, dass sie nur Augen für mich hat und nicht für irgendwen anders.« Als Nächstes frage dich, warum. Warum ist dir das so wichtig? Und sei dabei wieder ehrlich zu dir selbst. »Weil ich das Gefühl haben will, wichtig genug für jemanden oder liebenswert zu sein.« Nun könnte man natürlich noch tiefer und tiefer gehen, aber das wäre zu kompliziert für dieses Buch, deshalb melde dich gern über unsere Website www.master-your-mind.de für eine kostenlose Beratung. Bis dahin jedoch bitte ich dich, mit diesen Methoden zu arbeiten, die du bis hierhin bekommen hast. Sobald du nämlich weißt, was es wirklich ist, was dir fehlt, weißt du auch gleichzeitig, was es ist, was du dir von nun an selbst geben musst. Wenn du das hinbekommst, zum Beispiel durch die Visualisierung oder dadurch, dass du losgehst und anfängst, all diese Dinge in deinem Leben zu ändern, die du dir vorher noch nicht zugetraut hast, dann verschwinden diese inneren Zweifel automatisch.

Auf körperlicher Ebene gibt es aber dann noch den Drang, der dich aufhalten könnte, und zwar in Form von alten Gewohnheiten. Das heißt, wenn du wie verrückt masturbierst, rauchst, trinkst, Serien guckst oder sonstige exzessiven Gewohnheiten hast, die einem das Leben schwer machen können. An diesem Punkt ist es unglaublich wichtig, dem alten Drang einfach zu widerstehen. Es gibt leider keine andere Lösung als diese. Du kannst alte Gewohnheiten durch neue ersetzen, deine alten Gewohnheiten schwerer zugänglich oder neue Gewohnheiten leichter für dich verfügbar machen, damit das Ganze funktioniert. Wenn du es so angehst, dann wirst du merken, dass stetig und nicht schlagartig eine Veränderung stattfindet. Deshalb ist es auch wichtig, dir die Ruhe und die Zeit zu lassen, ohne dich dafür zu verurteilen, falls es mal nicht klappen sollte und du wieder ein paar Schritte zurückfällst. Denn Verurteilung kommt immer aus einem Vergleich von Richtung und Falsch, und somit würdest du wieder ins emotionale Chaos hineinfallen.

Der nächste Punkt, den es unbedingt zu beachten gilt, sind die Bindungen und Beziehungen zu anderen Menschen. Hier ist es unfassbar wichtig zu wissen, welche Werte es sind, die du repräsentieren musst, um dein »Ja« zu erreichen. Nur so kannst du letzten Endes wissen, was die »Neins« in deinem Leben ausmacht. Oftmals erkennst du nicht sofort, welche Menschen in deinem Leben vielleicht gar nicht gut für dich sind. Deshalb ist es wichtig, ein klares Filtersystem zu haben, um herauszufinden, wer es wirklich ernst meint und wer nicht. Das schaffst du vor allem durch das magische Wort »Nein«. Damit du dieses Wort etablieren kannst, musst du dir bewusst über deine eigenen emotionalen Muster werden, die sich in Bezug auf deine Grenzen entwickelt haben, sowie über die emotionalen Muster der anderen Menschen in deinem Umfeld. Die emotionale Welt ist leider unsichtbar und deshalb schwerer zu erfassen, doch mit ein bisschen Übung sollte es kein Problem für dich sein.

Wenn du das Ganze lang genug beachtest und dich darauf fokussierst, diese Schritte einzuhalten, wird kein Weg daran vorbeiführen können, dass du all diese Dinge langsam in deinem Leben manifestierst. Wir haben in dem Teil, wo wir über die Realität gesprochen haben, bereits geklärt, dass alles um dich herum nur ein Meer voller Möglichkeiten ist, welches in Partikel zerbricht, sobald du eine Sache, die für dich relevant ist, beobachtest und wahrnimmst. Das heißt also, es geht darum zu entscheiden, wie dein Königreich aussehen soll, dann das Königreich zu bauen, um dann die Mauern hochzuziehen und bloß keine falschen Leute hineinzulassen, da sie es von innen heraus zerstören könnten.

ZUM SCHLUSS

Ich kann mir vorstellen, dass sich das alles nach ziemlich viel Arbeit anhört, aber hey ... Das Leben ist eben Arbeit. Liebe und Erfolg – das sind die beiden Dinge, die wirklich eine Rolle spielen, und wenn du es schaffst, diese beiden Dinge in deinem Leben zu etablieren, dann wirst du merken, dass du unaufhaltbar bist. Dabei geht es wie gezeigt nicht darum, irgendetwas in ferner Zukunft *werden* zu wollen, sondern diese »Zukunft« in deinem Mindset bereits jetzt zu *sein* beziehungsweise zu leben – was sich zum Beispiel darin zeigen würde, dass du dich symbolisch gesprochen jetzt schon wie ein »König« verhältst, wenn du einer »werden« willst.

Das hier ist die ultimative Bedienungsanleitung, um das Leben deiner Träume zu kreieren. Ich habe mein Bestes getan, um es dir so detailliert und verständlich wie möglich rüberzubringen; und es mag wohl sein, dass du mehrmals drüberlesen musst, um zu verstehen, was das Ganze wohl bedeutet. Aber tu dir keinen Zwang an und lies das Buch ruhig, sooft du willst. Und du wirst verstehen, was all diese Dinge bedeuten, je mehr du sie im alltäglichen Leben beobachtest.

Allein von all diesen Punkten etwas gehört respektive gelesen zu haben, wird dir schon einen klaren Vorteil verschaffen, weil du dein Verhalten nun viel bewusster wahrzunehmen vermagst, sodass du anfangen kannst, daran zu schrauben.

Da ich nie jemanden gehabt habe, der mir zeigte, wie man diesen Weg gehen könnte, und ich niemals eine Betriebsanleitung für das Leben hatte, war es mir eine unfassbare Ehre, dir diese Betriebsanleitung ans Herz legen zu dürfen.

Ich weiß, es mag sein, dass es ein wenig überwältigend klingen mag, was du bis hierhin gelesen hast, aber es ist das, was ich über die letzten Jahrzehnte gelernt habe, in einem Buch zusammengefasst, und ich bin davon überzeugt, dass es dir viel Zeit und Kopfschmerzen ersparen wird, wenn du es vernünftig nutzt. Deshalb will ich dir von Herzen einfach nur Danke dafür sagen, wenn du dieses Buch bis zum Schluss gelesen hast, denn dann weiß ich, dass du einer der wenigen Menschen bist, die auf dem Weg sind, diese Welt auf ein komplett neues Level zu bringen und etwas zu bewegen.

Leider gibt es nicht so viele Menschen von dieser Sorte, deshalb danke, dass es dich gibt. Glaub mir, die Zukunft wird dir aus tiefster Seele dafür danken. Gott segne dich.

ÜBER DEN AUTOR

Isa Ulubaev wurde 1990 im Kaukasus geboren und kam im Alter von sechs Jahren nach Deutschland. Er geriet auf die schiefe Bahn und schaffte es, sich daraus zu befreien, sein Abitur zu machen und sein Leben grundlegend zu ändern. Von da an wollte er anderen auf ihrem Weg helfen. Heute ist Isa erfolgreicher YouTuber, Coach und Unternehmer.

https://www.master-your-mind.de/